Contrato de Garantia à Primeira Demanda

Contrato de Garantia à Primeira Demanda

2022

Amanda Lemos Dill

CONTRATO DE GARANTIA À PRIMEIRA DEMANDA

© Almedina, 2022

AUTORA: Amanda Lemos Dill

DIRETOR ALMEDINA BRASIL: Rodrigo Mentz
EDITORA JURÍDICA: Manuella Santos de Castro
EDITOR DE DESENVOLVIMENTO: Aurélio Cesar Nogueira
ASSISTENTES EDITORIAIS: Isabela Leite e Larissa Nogueira

DIAGRAMAÇÃO: Almedina
DESIGN DE CAPA: Roberta Bassanetto

ISBN: 9786556275420
Junho, 2022

Dados Internacionais de Catalogação na Publicação (CIP)
(Câmara Brasileira do Livro, SP, Brasil)

Dill, Amanda Lemos
Contrato de garantia à primeira demanda / Amanda Lemos Dill. -- São Paulo : Almedina, 2022.

Bibliografia
ISBN 978-65-5627-542-0

1. Contratos (Direito civil) 2. Direito civil 3. Direito civil - Brasil 4. Garantia (Direito) 5. Obrigações (Direito) I. Título.

22-106219

CDU-347.44(81)

Índices para catálogo sistemático:

1. Brasil : Contratos : Garantias : Direito civil 347.44(81)

Maria Alice Ferreira - Bibliotecária - CRB-8/7964

Coleção IDiP
Coordenador Científico: *Francisco Paulo De Crescenzo Marino*

Este livro segue as regras do novo Acordo Ortográfico da Língua Portuguesa (1990).

Todos os direitos reservados. Nenhuma parte deste livro, protegido por copyright, pode ser reproduzida, armazenada ou transmitida de alguma forma ou por algum meio, seja eletrônico ou mecânico, inclusive fotocópia, gravação ou qualquer sistema de armazenagem de informações, sem a permissão expressa e por escrito da editora.

EDITORA: Almedina Brasil
Rua José Maria Lisboa, 860, Conj.131 e 132, Jardim Paulista | 01423-001 São Paulo | Brasil
editora@almedina.com.br
www.almedina.com.br

AGRADECIMENTOS

Agradeço, antes de tudo, aos meus pais, Paulo e Soraia, que são a minha base. Sem eles nada teria sido possível, por isso dedico-lhes esta dissertação. Agradeço ao meu irmão, Leonardo, por me incomodar, fazer rir e incentivar a finalizar o mais breve possível o meu mestrado. Agradeço, também, a minha vó Hilda, minha dinda Paula e meu tio Pedro Paulo, por sempre estarem ao meu lado, me apoiando e celebrando minhas conquistas. Agradeço, especialmente, ao Rodrigo, meu companheiro de vida, de viagens e de estudo, que muito me escutou ao longo desse período, tendo me instigado, criticado, auxiliado e lançado luzes sobre a minha pesquisa.

Às minhas queridas amigas de longa data, Amanda Alves, Anna Luíza, Carolina Ramires e Clara Affeld, sou grata por compreenderem a minha ausência e por estarem ao meu lado, incentivando-me e dando-me forças para finalizar esta dissertação. Agradeço ao querido Patrício Alves pela amizade e por ter sido meu companheiro de aulas durante o mestrado.

Agradeço ao Prof. Gerson Branco, que desde a minha primeira participação em iniciação científica na UFRGS tem sido o meu orientador. Sou grata por aprender quotidianamente as suas brilhantes lições práticas e acadêmicas. A sua dedicação incansável é um modelo para mim, tendo sido essencial para o desenvolvimento dessa dissertação.

Aos integrantes do grupo de estudo e pesquisa orientado pelo Prof. Gerson — o NEF — agradeço pelas riquíssimas discussões e pelas contribuições nas "bancas de qualificações" da minha dissertação. Especialmente destaco as contribuições dos queridos Alexandre Barufaldi, Guilherme Bier, José Bráulio, Luciano Piva e Thyessa Junqueira.

À Prof.ª Lisiane, agradeço imensamente pelas discussões sobre o meu tema no âmbito do Direito alemão e inglês e por ter entrado em contato com o Prof. Giuseppe Portale, que disponibilizou materiais que foram essenciais para esta pesquisa. Sem dúvida, o meu trabalho não estaria completo sem o auxílio dessa querida professora. Agradeço, também, à Prof.ª Tula pelas contribuições sobre o meu tema na cadeira de mestrado por ela ministrada.

À Prof.ª Judith e ao Prof. Luis Renato, sou grata pelas importantes críticas e contribuições ao meu trabalho na banca de qualificação. Foi uma honra poder contar com a participação de juristas tão brilhantes.

A toda a equipe do escritório Gerson Branco Advogados, sou grata pela compreensão quanto aos meus períodos de ausência e pelo suporte nas atividades às quais não pude dedicar-me como eu gostaria. Agradeço, especialmente, ao Diogo Cruz por ter me auxiliado e incentivado a pesquisar no *Max Planck Institute for Comparative and International Private Law* em Hamburgo na Alemanha. Foi uma experiência incrível e primordial para o enriquecimento da minha pesquisa.

Aos membros do *Max Planck Institute for Comparative and International Private Law*, agradeço por terem gentilmente me recebido para o período da pesquisa. Aos professores e pesquisadores com quem convivi durante esse período, Ana Carolina Beneti, Dulce Lopes, Glauco Rocha, Rodrigo da Guia, Rodrigo Vaz e Ricardo Calderón, sou grata pelos laços de amizade criados, pela convivência e pelas discussões riquíssimas. À Mariana Martins-Costa, agradeço especialmente pela ajuda para enviar o pedido de pesquisa ao instituto, por me receber de braços abertos em Hamburgo e pela amizade.

Por fim, mas não menos importante, agradeço ao Prof. Diogo Costa Gonçalves por ter me recebido na Faculdade de Direito de Lisboa para um período de estudos e pesquisa, e pelas importantes contribuições sobre o meu tema. Ao Prof. José Ferreira Gomes, agradeço, também, pela recepção na Faculdade de Direito de Lisboa, pela riquíssima conversa sobre o meu tema da dissertação, e por possibilitar que eu me encontrasse com o Prof. Manuel Januário da Costa Gomes. A esse ilustre professor, agradeço pelas lições e pela grande aula sobre garantias autônomas e à primeira demanda. Agradeço imensamente por essa discussão, que foi determinante para a minha pesquisa, e pelos materiais que me foram disponibilizados.

APRESENTAÇÃO

A superação do velho modelo de garantias que foi legado pelo Código Civil de 1916 e reproduzido em parte no Código Civil de 2003, baseado de um lado, no contrato de fiança e de outro no penhor e na hipoteca, é voz corrente desde a metade do século XX, quando publicado o clássico texto de Waldemar Ferreira sobre o *trust* e o fideicomisso no Direito norte-americano.[1]

Tal obra e o debate sobre as insubsistências do modelo tradicional das garantias levou a edição do Decreto-lei 911/1967, que, de algum modo, incorporou um novo modelo de garantia no Direito brasileiro, mediante a transferência do direito de propriedade ao credor, todavia de modo restrito, a beneficiar unicamente as instituições financeiras integrantes do Sistema Financeiro Nacional.

Somente com as Leis n. 9.514/97, com a Lei 10.931/2003 e no Art. 1361 e ss. do Código Civil de 2003 é que se passou a admitir a alienação fiduciária e a cessão fiduciária de direitos como nova modalidade de garantia própria do Direito das Coisas, utilizando-se da transferência do direito de propriedade como garantia de obrigações, invertendo-se o caráter geral de que a hipoteca e penhor eram as garantias por excelência.[2]

---

[1] FERREIRA, Waldemar. O "trust" anglo-americano e o "fideicomisso" latino-americano. Revista da USP, Revista da Faculdade de Direito, Universidade de São Paulo, 51, 182-202.

[2] Sobre a evolução a matéria desde o advento do Decreto-lei 911/67 até o desenvolvimento da cessão fiduciária de recebíveis e seu regime na Lei 10.931/2003 ver CHALHUB, Melhim Namen. Negócio Fiduciário. SP: Renovar. O autor entende que desde a Lei 4864/65 já era possível a cessão fiduciária em garantia, todavia somente no âmbito das operações financeiras do Sistema Financeiro da Habitação, tendo sido ampliado posteriormente.

No plano das garantias reais o legislador avançou e hoje pode-se dizer que as diversas variações e regulações posteriores a essas leis indicam que é mais comum na realidade social identificar-se garantias circulantes mediante o penhor de títulos em carteiras de cobrança, trava de domicílio bancário realizada mediante a cessão fiduciária de recebíveis e mesmo a alienação fiduciária em garantia, além da modernização do penhor, com aplicação do penhor rural, ao qual a jurisprudência tem dado renovada eficácia.[3]

O mesmo não se pode dizer sobre as garantias pessoais, ainda dependentes em grande medida do contrato de fiança, com suas características próprias de acessoriedade e subsidiariedade, tal como previstas no regime clássico da matéria. Diferentemente dos modelos jurídicos próprios das garantias reguladas no Direito das Coisas, sobre as quais o legislador atuou muitas vezes nas últimas décadas, no plano das garantias pessoais e autônomas há praticamente nenhuma alteração legislativa e poucas decisões jurisprudenciais sobre o tema.

Por isso, o desafio da Autora passou pela elaboração de uma monografia para descrever um contrato socialmente típico e enfrentar os problemas de "qualificação jurídica" e da "tipicidade contratual" com todas as dificuldades que isso representa.[4]

A obra de Amanda Lemos Dill consiste em uma demonstração metodológica ímpar sobre como tratar de um tema tão árido, tal como são as garantias autônomas e especialmente o contrato de garantia à primeira demanda no Direito brasileiro, mediante a compreensão, primeiro, da funcionalidade contratual e, depois, dos problemas decorrentes da qualificação jurídica do contrato.

O plano cartesiano desenvolvido foi impecável e no desenvolvimento da matéria conseguiu apresentar de modo concreto a regulação do contrato no Direito brasileiro. Essa perspectiva concreta deu-se mediante a

---

[3] Exemplo disso é o conjunto de decisões proferidas no TJRS a esse respeito de Penhor Cedular e seus efeitos, como se pode ver na decisão proferida pelo TJRS, Ap. Civ. n. 0390422-11.2018.8.21.7000, 12ª C.Civ., Rel. Pedro Pozza, j. em 27.06.2019.

[4] A propósito do problema contemporâneo da qualificação jurídica e tipicidade social assumiu singular importância o trabalho do PAIS DE VASCONCELOS, Pedro. Contratos Atípicos. Coimbra: Almedina, 2009.

análise de decisões proferidas pelos Tribunais brasileiros, além de uma vasta pesquisa doutrinária e jurisprudencial no Direito Comparado, especialmente Direitos italiano, francês e português. Todavia, também há incursões sobre o tratamento da matéria no Direito alemão e no âmbito a *common law*.[5]

A obra monográfica é resultado de uma dissertação de mestrado, contudo contém proposições sólidas e inovadoras que lhe asseguram uma qualidade superior. A obra tem rigor científico, pesquisa profunda e trabalho analítico próprio de uma tese.

O principal desafio da obra foi construir diretrizes e bases para afirmar a existência de parâmetros dogmáticos que justifiquem a adoção de um regime jurídico específico para a Garantia à Primeira Demanda, como um contrato socialmente atípico e não como mera espécie de "fiança".[6] A submissão do regime da "garantia à primeira demanda" ao regime da Fiança, ainda que de modo subsidiário ou mediante o uso da analogia, praticamente fecharia as portas das garantias autônomas no Direito brasileiro, pois tanto a estrutura da fiança quanto a sua funcionalidade não permitem que sejam afastadas a subsidiariedade e a dependência unilateral, algo impensável em uma garantia autônoma.

Esse desafio foi enfrentado mediante a identificação da "causa" da garantia à primeira demanda, extraída de estudos já realizados no Direito Comparado, bem como de algumas decisões dos Tribunais brasileiros que identificam uma causa peculiar, que não se confunde com a causa da fiança, do aval ou mesmo do seguro, quando compreendido como contrato de garantia.

Em geral, o complexo tema da causa é desviado nos trabalhos monográficos, tendo em vista os inúmeros, incontáveis e inconclusivos debates

---

[5] A doutrina nacional também foi consultada, embora sejam poucos os artigos jurídicos desde o pioneiro texto de Arnoldo Wald (WALD, Arnoldo. A garantia a primeira demanda no Direito Comparado. Revista de Direito Mercantil, Industrial Econômico Financeiro, São Paulo, n. 66, 1987), não havendo nenhuma obra monográfica sobre o tema, até esta data.

[6] Em alguns ordenamentos há clareza entre as garantias autônomas e a "fiança ao primeiro pedido", o que não é tão claro no ordenamento brasileiro. No Direito português o assunto é bem apresentado por MENEZES LEITÃO, Luís Manuel Teles. Garantias das Obrigações. Coimbra: Almedina, 2012, p. 107.

a seu respeito. Todavia, no caso concreto a causa foi enfrentada com sinteticidade e precisão para conformação de uma concepção que permite espaço para a autonomia, afastando-o da fiança, assim como da relação com o contrato subjacente, afastando-o do aval e do contrato de seguro. Veja-se as palavras da autora:

> "A causa, enquanto função, é própria e intrínseca ao contrato de garantia, firmado entre o garantidor e o credor; como justificação da atribuição patrimonial, é *solvendi*, é garantir e solver outro negócio jurídico. Ainda que para a existência do contrato de garantia seja necessário haver uma relação a ser garantida, esta não é a sua causa, mas o pressuposto material para a sua constituição".[7]

Conectado a este ponto, um dos elementos mais importantes do livro foi a descrição analítica do fenômeno da "automaticidade" e da autonomia da garantia à primeira demanda quando confrontada com o sistema de execução das obrigações contratuais previstas no Direito brasileiro. Não sendo um contrato privativo de instituições financeiras, embora seja comum quando prestado por elas no comércio internacional, a autonomia e automaticidade transformam-se em desafios dogmáticos diante das dificuldades existentes no Direito brasileiro para a execução da garantia à primeira demanda.

A brilhante análise do caso INEPAR sintetiza o tema ao afirmar que pela utilização do mecanismo contratual da garantia à primeira demanda houve o pagamento de modo rápido pelo garantidor, que não teve à sua disposição quaisquer exceções, não impediu a discussão sobre a matéria. Todavia, essa discussão levou 16 anos para ser concluída, demonstrando o lugar do contrato no plano dogmático, assim como na vida social, comprovando sua tipicidade e utilidade social no âmbito das relações empresariais.

Embora pensando o contrato na perspectiva de sua funcionalidade, próprio das relações empresariais, a perspectiva estrutural e consequen-

---

[7] DILL, Amanda Lemos. Contrato de Garantia à Primeira Demanda. São Paulo: Almedina Brasil, 2022, p. 62.

temente a dogmática do Direito Civil foi bem analisada, tal como ocorreu em relação ao estudo da forma do contrato.

> "É preciso considerar, ainda, que a literalidade é um elemento essencial da garantia à primeira demanda, pois é nesse contrato em que estará expressa a soma pecuniária garantida, a existência de prazo para o seu pagamento e a estipulação de quem é o beneficiário. Em virtude da autonomia da garantia, o que está expresso no contrato é decisivo para a sua compreensão e sua interpretação, assim como para determinar a extensão da obrigação do garantidor. Não será possível buscar elementos externos ao contrato de garantia para interpretá-lo e definir o seu conteúdo. (...)
> É da forma interna que se está a referir no caso da garantia à primeira demanda. A ausência de sua estipulação escrita acarreta a sua inexistência no mundo jurídico, pois a forma, a literalidade, é característica inerente ao seu tipo social."[8]

O resultado da pesquisa e do rigor acima apresentado é uma obra inovadora e original, com grande utilidade prática, tanto para advogados, juízes e árbitros que atuam no contencioso contratual, pois a obra é um roteiro detalhado sobre como é possível compreender o contrato de garantia à primeira demanda em praticamente todos os seus aspectos.

Trata-se de obra inédita no Direito brasileiro, pois conforme já mencionado, ainda que existam escritos sobre a matéria, são alguns poucos artigos de doutrina praticamente apresentando o tema e falando de sua importância, sem o enfrentamento de elementos estruturais que permitem a resolução de problemas concretos ou mesmo a compreensão mais ampla do contrato e sua qualificação jurídica.

Em outras palavras, o leitor vai encontrar um trabalho sólido sob o ponto de vista teórico e analítico sob a perspectiva da aplicação prática, seja para elaboração do contrato ou mesmo para resolver problemas surgidos no contencioso contratual.

Por fim, deve-se dizer que tendo sido resultado de uma dissertação de mestrado, o trabalho mereceu o conceito máximo (conceito dez)

---

[8] DILL, Amanda Lemos. Contrato de Garantia à Primeira Demanda. São Paulo: Almedina Brasil, 2022, p. 161-162.

por uma banca de juristas extremamente exigentes e de alta reputação no cenário jurídico nacional, composta por Judith Martins-Costa, Luis Renato Ferreira da Silva e Jorge Cesa Ferreira da Silva.

Boa leitura!

Porto Alegre, 27 de março de 2022.

GERSON LUIZ CARLOS BRANCO
Professor de Direito Empresarial da UFRGS e Advogado

PREFÁCIO

Garantia é, para o Direito, palavra polissêmica[9] que indica vários fenômenos e admite vários níveis de concretização: desde o nível mais genérico e abstrato (*qualquer meio* que acresça a segurança acerca do gozo de um direito ou do adimplemento de uma obrigação, ou do afastamento de um risco), configurando elemento da própria noção de *relação jurídica*, juntamente com os sujeitos, o objeto, e o fato jurídico[10]; até, quando conotada especificamente à relação jurídica *obrigacional*, podendo referir modalidade de obrigação, ao lado das obrigações de meio e de resultado e designar institutos de especial reforço ao pactuado[11].

Dentre esses estão as garantias típicas das obrigações, como a fiança e o aval. E estão, também, novas garantias, ditas garantias legalmente atípicas, dentre as quais se alocam as garantias autônomas, assim designa-

---

9   A propósito, observa Luís Manuel Teles de Menezes Leitão: "O conceito de garantia não aparece definido em qualquer texto legislativo, o que tem sido explicado pelo fato de não constituir verdadeiramente um conceito técnico-jurídico, mas antes uma expressão da prática jurídica, que expressa o resultado ou o fim específico de assegurar a realização dos direitos do credor, indicando a lei apenas formas específicas de obtenção desse objetivo" (Leitão, Luís Manuel Teles de Menezes. *Garantias das obrigações*. 2ª ed. Coimbra: Almedina, 2008, p. 14).

10   Mota Pinto, Carlos Alberto da. *Teoria Geral do Direito* Civil. 3ª ed. Coimbra: Coimbra Editora, 1999, p. 168 ("Toda a relação jurídica existe entre *sujeitos*; incidirá normalmente sobre um *objecto*; a sua efectivação pode fazer-se mediante recurso a providências coercitivas, adequadas a proporcionarem a satisfação correspondente ao sujeito activo da relação, isto é, a relação jurídica está dotada de *garantia*").

11   Assim me pronunciei em Martins-Costa, Judith; Benetti, Giovana. As Cartas de Conforto: Modalidades e Eficácias. (Coautoria com Judith Martins-Costa). In: Guedes, Gisela Sampaio da Cruz; Bodin de Moraes, Maria Celina; Meireles, Rose Melo Vencelau. *Direito das Garantias*. São Paulo: Saraiva, 2017, p. 433-463.

das por não aguardarem vínculo de acessoriedade ou dependência de um contrato principal, dito "de base".

Como tudo no Direito Empresarial, as garantias autônomas surgiram em virtude de necessidades práticas e do dinamismo dos negócios, especialmente no comércio internacional[12], a exigir a criação de figuras que relativizassem ou até mesmo superassem a acessoriedade ínsita às garantias tradicionais. É espécie do gênero garantia autônoma a *garantia à primeira demanda*, proficientemente estudada e apreendida por Amanda Dill no livro que tenho a honra de prefaciar.

As garantias autônomas caracterizam negócio jurídico por meio do qual uma pessoa (dito *interessado*, ou mandante) e outra (dita *garante*) pactuam a garantia em favor de um terceiro, o beneficiário ou garantido. O garante se obriga a pagar ao beneficiário uma determinada importância, verificando-se esse pagamento "à primeira demanda", isto é, à primeira solicitação feita pelo beneficiário. Uma vez exigida a garantia, o garante só poderá opor ao beneficiário as exceções literais que constem do próprio texto da garantia, sem poder invocar meios de defesa ou exceções com base no contrato que ensejou a operação[13].

Trata-se de um formidável reforço, a propiciar o aumento na segurança oferecida ao credor, o qual poderá exigir automaticamente o cumprimento da obrigação. Com aguçado senso prático, Amanda Dill foi precisa ao perceber este ponto e identificar a função desempenhada pela garantia à primeira demanda, afirmando não estar tal função restrita a "destacar o contrato da relação subjacente, transformando-o em autônomo", mas voltando-se a "eliminar os riscos de contestação sobre a ocorrência ou não dos pressupostos que legitimariam o pedido de pagamento ao garantidor"[14].

---

[12] Vide, a este respeito, WALD, Arnoldo. A garantia à primeira demanda no direito comparado. *Revista de Direito Mercantil, Industrial, Econômico e Financeiro*, n. 66, p. 5-66, abril-junho 1987; FRADERA, Vera Maria Jacob de. Os contratos autônomos de garantia. *Revista da Ajuris*, v. 18, n. 53, p. 170-180, nov. 1991. Mais recentemente, debruçou-se sobre o tema GUILHARDI, Pedro. *Garantias autônomas*: instrumento para proteção jurídica do crédito. São Paulo: Quartier Latin, 2019.

[13] WALD, Arnoldo. A garantia à primeira demanda no direito comparado. *Revista de Direito Mercantil, Industrial, Econômico e Financeiro*, n. 66, p. 5-66, abril-junho 1987, p. 5.

[14] Vide, neste livro, p. 25.

PREFÁCIO

O olhar atento às necessidades práticas do tráfico jurídico, aliás, perpassa todo o texto do livro ora apresentando, cujo norte é, nos dizeres da Autora, "apresentar como funciona a garantia à primeira demanda, para que serve, e como se insere em nosso ordenamento jurídico"[15]. A preocupação prática, todavia, não se desgarrou da atenção teórica. Amanda Dill realizou substanciosa pesquisa doutrinária, contando, inclusive, com período de estudos no prestigiado Max Planck Institute for Comparative and Private Law, em Hamburgo na Alemanha.

Amparada em metodologia tradicionalmente adotada no Programa de Pós-Graduação em Direito da UFRGS, onde realizado o mestrado, a Autora estruturou o estudo em duas grandes partes, seguindo o "plano francês". Trata, na primeira, da função da garantia à primeira demanda e de questões atinentes à sua execução, o que denominou de "fase ativa" dessa garantia, englobando a sua forma de execução, as hipóteses de recusa legítima do pagamento e a recuperação do crédito após o pagamento pelo garantido. Apresenta, assim, "o que é, e como funciona", a garantia. Já na segunda parte se volta à qualificação jurídica dessa garantia no Direito brasileiro, a fim de situá-la e distingui-la de outros institutos.

Na primeira parte, começa por abordar a natureza jurídica da garantia à primeira demanda, apontando ser esta "(i.) um contrato, no qual (ii.) o garantidor obriga-se a pagar uma soma pecuniária, previamente acordada, (iii.) mediante simples pedido do credor, o beneficiário da garantia, (iv.) não podendo o garantidor invocar meios de defesa ou exceções relativas à relação jurídica garantida"[16]. Em seguida, identifica, como mais um exemplo de sua preocupação prático-teórica, a existência de cinco modalidades mais comuns de garantia à primeira demanda, a depender de qual seja a prestação garantida. Posteriormente, a Autora debruça-se sobre a caracterização e a extensão da obrigação de garantia; a causa do contrato de garantia à primeira demanda, assim como sobre a automaticidade e a autonomia dessa modalidade de garantia. Na sequência, o foco recai sobre aspectos relacionados à fase posterior à apresentação do pedido de pagamento pelo credor, adentrando-se em sua execução. Dentre os problemas examinados no âmbito da denominada "fase ativa",

[15] Vide, neste livro p. 33.
[16] Vide, neste livro, p. 37.

a Autora ocupou-se dos limites impostos pelo ordenamento jurídico ao direito de o beneficiário exigir o pagamento imediato do valor garantido, pois, apesar de envolverem situações excepcionais, os contratos "não se processa[m] em um espaço vazio de normatividade"[17].

Na segunda parte, ao examinar a qualificação jurídica da garantia à primeira demanda no Direito brasileiro, discorre sobre as diferentes relações jurídicas contratuais que compõem a operação econômica da garantia; os interesses dos figurantes do contrato de garantia; as características e a forma desse contrato; e as distinções em relação às garantias previstas no Código Civil. Bem examinados esses aspectos, conclui consistir a garantia à primeira demanda em "um tipo social de garantia", razão pela qual "as regras aplicáveis a esse instituto são apenas aquelas compatíveis com o seu próprio tipo social, não sendo possível a aplicação, ainda que analógica, de regras de institutos tão diversos"[18] (*i.e.*, as garantias legais).

Já por essas breves notas o leitor pode perceber o valor, prático e teórico, do livro que tenho a satisfação de prefaciar. Pode o leitor esperar, das páginas que a estas seguem, um guia útil e completo sobre as problemáticas envolvendo a garantia à primeira demanda no Direito brasileiro, resultado de um estudo ancorado em sólida pesquisa, marcada pela seriedade e pelo comprometimento da jovem pesquisadora. Não por outra razão o trabalho, elaborado originalmente como dissertação de mestrado na Faculdade de Direito da Universidade Federal do Rio Grande do Sul, sob a segura, dedicada e atenciosa orientação do Professor Gerson Branco, mereceu nota máxima da banca examinadora, da qual tive a alegria de participar juntamente com os Professores Luis Renato Ferreira da Silva e Jorge Cesa Ferreira da Silva.

São Paulo, abril de 2022.

JUDITH MARTINS-COSTA

---

[17] Como recorda a Autora ao citar RIBEIRO, Joaquim de Sousa. *O problema do contrato*: as cláusulas contratuais gerais e o princípio da liberdade contratual. Coimbra: Almedina, 1999, p. 214; DILL, Amanda Lemos. Contrato de Garantia à Primeira Demanda. São Paulo: Almedina Brasil, 2022, p. 99.
[18] Neste livro, p. 202.

SUMÁRIO

INTRODUÇÃO 19

PARTE I – A FUNÇÃO E A EXECUÇÃO DA GARANTIA À PRIMEIRA DEMANDA

1. A FUNÇÃO DA GARANTIA À PRIMEIRA DEMANDA................ 37
1.1. A natureza jurídica da garantia à primeira demanda 37
1.2. A caracterização e a extensão da obrigação de garantia................ 45
1.3. A causa do contrato de garantia à primeira demanda.................. 51

2. A AUTOMATICIDADE E A AUTONOMIA DA GARANTIA À PRIMEIRA DEMANDA... 63
2.1. A automaticidade: o pagamento imediato após o pedido do credor...... 63
2.2. A autonomia na garantia à primeira demanda: independência como padrão funcional... 68
2.3. O falso problema da abstração: a garantia à primeira demanda é autônoma e causal 78

3. FASE ATIVA DA GARANTIA À PRIMEIRA DEMANDA.............. 89
3.1. Execução voluntária e forçada da garantia à primeira demanda 89
3.2. Hipóteses legítimas de recusa do pagamento imediato................ 98
3.3. A recuperação dos valores após o pagamento da garantia à primeira demanda 111

PARTE II – A QUALIFICAÇÃO JURÍDICA DA GARANTIA À PRIMEIRA DEMANDA NO DIREITO BRASILEIRO

4. ANÁLISE DAS RELAÇÕES DA OPERAÇÃO ECONÔMICA DO CONTRATO DE GARANTIA À PRIMEIRA DEMANDA 119
4.1. A multiplicidade de contratos e a inexistência de coligação contratual em razão da autonomia 119
4.2. Os interesses dos sujeitos da operação de garantia à primeira demanda ... 129
4.3. A figura do garantidor à primeira demanda 133

5. MOLDURA CLASSIFICATÓRIA DA GARANTIA À PRIMEIRA DEMANDA.. 141
5.1. A tipicidade social da garantia à primeira demanda: dos usos internacionais aos ordenamentos jurídicos internos 141
5.2. A forma do contrato de garantia à primeira demanda 154
5.3. A unilateralidade, gratuidade e pessoalidade do contrato.............. 163

6. DISTINÇÃO DAS GARANTIAS LEGAIS PREVISTAS NO CÓDIGO CIVIL.. 175
6.1. A fiança e a garantia à primeira demanda 175
6.2. O aval e a garantia à primeira demanda 189
6.3. O seguro e a garantia à primeira demanda 197

CONCLUSÕES 205
REFERÊNCIAS 213

INTRODUÇÃO

A *garantia à primeira demanda* é um contrato que contém uma obrigação de garantia,[19] sendo um instituto novo se comparado às garantias tradi-

---

[19] Desde já cumpre alertar para a polissemia da palavra *garantia*, assim "apenas em cada preceito se torna possível determinar o preciso alcance do termo" (MENEZES CORDEIRO, Antônio. *Tratado de Direito Civil*. v. X, Direito das Obrigações, Garantias. Coimbra: Almedina, 2015, p. 44). Em razão de o objeto deste trabalho ser uma determinada modalidade de garantia, cumpre, preliminarmente, expor um conceito, ainda que amplo, de garantia. De acordo com Manuel Januário da Costa Gomes, "falar de garantia, num sentido que ultrapasse o domínio não só da linguagem comum como também da conveniência da própria linguagem técnico-jurídica de recorrer à utilização de designações qualificativas, supõe necessariamente que haja o aumento da possibilidade ou da probabilidade de satisfação do crédito, seja através do alargamento da massa de bens responsáveis seja através duma certa reserva de determinado bem, para servir de base (de novo) à satisfação do crédito." (GOMES, Manuel Januário da Costa. *Assunção fidejussória de dívida*: sobre o sentido e o âmbito da vinculação como fiador. Coimbra: Almedina, 2000, p. 18). Ainda, de acordo com Pontes de Miranda "garantia é o reforçamento de algum direito, ordinariamente de crédito" (PONTES DE MIRANDA. Francisco C. *Tratado de Direito Privado*. Parte Especial, t. XXII. atual. por Nelson Nery Jr. e Rosa Maria de Andrade Nery. São Paulo: Editora Revista dos Tribunais, 2012, §2740, p. 395). Por sua vez, Judith Martins-Costa e Giovana Benetti expõem que o termo garantia pode ser entendido (i.) em caráter geral, em que o patrimônio do devedor é a garantia geral do credor (artigo 391 do Código Civil); (ii.) como "síntese da expressão 'garantias gerais dos contratos', abrangente das arras, cláusula penal, astreintes, vícios redibitórios e evicção". A garantia, ainda, pode ser (iii.) instituto específico do direito obrigacional e do direito real, "cuja função é a própria garantia e o escopo de ampliar a garantia geral das obrigações" de forma qualitativa e/ou quantitativa; pode designar (iv.) novos institutos, como as chamadas garantias autônomas ou "certas figuras atípicas com função de garantia". O termo *garantia* também pode ser utilizado para designar (v.) "uma modalidade de obrigações, a obrigação de garantia, ao

cionais como a *fiança* e o *aval*. A garantia à primeira demanda é uma das espécies, ou modalidades, do gênero *garantias autônomas*, estando ao lado das *garantias autônomas simples*,[20] razão pela qual os antecedentes do instituto em estudo estão intrinsecamente relacionados ao próprio desenvolvimento do gênero das garantias autônomas.[21] O estudo desses antecedentes é essencial para a compreensão inicial dessa garantia, já que "o direito civil avança, sempre, aos ombros da história".[22]

A teorização inicial do contrato de garantia autônoma deve-se a Rudolf Stammler,[23] o qual, em 1886, publicou um trabalho em que distinguiu as *garantias acessórias* de uma obrigação principal (fiança, mandato de crédito) das garantias autônomas, independentes da relação garantida, cujo fundamento decorre da autonomia privada (contrato de garantia — *Garantievertrag*).[24] O exemplo dado por Stammler nessa teorização, consoante Portale,[25] foi de uma modernidade surpreendente: na metade de 1700, duas cidades-estados alemãs constituíram duas sociedades por ações e, para incentivar os cidadãos a subscreverem as ações dessas com-

---

lado das obrigações de meios e das de resultado". Por fim, garantia pode designar (vi.) "certas cláusulas de garantia". (MARTINS-COSTA, Judith; BENETTI, Giovana. As Cartas de Conforto: modalidades e eficácia. In: GUEDES, Gisela Sampaio da Cruz; MORAES, Maria Celina Bodin de; MEIRELES, Rose Melo (coord.). *Direito das garantias*. São Paulo: Saraiva, 2017, p. 435.) Nesse sentido, será visto que a garantia à primeira demanda se encaixa na quarta noção das supra referidas.

[20] JARDIM, Mónica. *A garantia autônoma*. Coimbra: Almedina, 2002, p. 84-85.

[21] Esclarece-se que, por vezes, a designação "garantia autônoma" será utilizada como sinônima de garantia à primeira demanda neste trabalho, pois muitas das características do tipo social da espécie são comuns ao gênero dessa garantia.

[22] MENEZES CORDEIRO, Antônio. *Tratado de Direito Civil*. v. X, Direito das Obrigações, Garantias. Coimbra: Almedina, 2015, p. 527.

[23] STAMMLER, Rudolf. *Der Garantievertrag. Eine civilistische Abhandlung*. Archiv für die civilistische Praxis, 69, n. 1, 1886, pp. 1-141. Disponível em https://www.jstor.org/stable/41039199. (Acesso em 22/03/2020)

[24] ALMEIDA COSTA, Mário Júlio; PINTO MONTEIRO, Antônio. Garantias Bancárias. O contrato de garantia à primeira solicitação. *Colectânea de jurisprudência*, Coimbra, ano XI, t. V, p. 16-34, 1986, p. 18. Ver também BENATTI, Francesco. Il contratto autônomo di garanzia. *Banca Borsa e Titoli di Credito*, Milano, XLV, parte prima, 171-191, 1982, p. 171.

[25] PORTALE, Giuseppe B. *Lezioni pisane di diritto commerciale a cura di Francesco Barachini*. Pisa: Pisa University Press, 2014, p. 28.

INTRODUÇÃO

panhias, elas garantiam às ações um percentual de rendimentos.[26] Essa garantia prestada aos acionistas era denominada *garantia de benefícios* e seria a figura antecedente à garantia autônoma.[27]

A teorização da garantia autônoma em 1886 não pode ser explicada por supostas dificuldades dogmáticas, porquanto, em princípio, sua compreensão é mais fácil do que a fiança, que é marcada por defesas, benefícios e exceções.[28] O uso tardio dessa garantia residia "nas soluções moderadoras inseridas nos códigos civis da primeira geração".[29] Nesse contexto, nos finais do século XIX, a Alemanha, diferentemente de outros países, reunia todas as condições para o surgimento de uma garantia pessoal autônoma, em oposição às garantias acessórias.[30] Havia um direito civil não codificado — permeável às construções jurídicas —, uma tradição romana bastante presente e a utilização de obrigações autônomas. Foram essas as circunstâncias que propiciaram a teorização por Rudolf Stammler.[31]

A garantia teorizada por Stammler foi acolhida nos Motivos do BGB de 1896, tendo sido largamente desfrutada pela doutrina e pela jurisprudência alemã, que fizeram do contrato de garantia autônoma uma espécie de solução para todos os problemas decorrentes de relações obrigacionais. A garantia autônoma foi utilizada não somente para caracterizar os negócios em que uma parte assumia a garantia de certo resultado,

---

[26] PORTALE, Giuseppe B. *Lezioni pisane di diritto commerciale a cura di Francesco Barachini.* Pisa: Pisa University Press, 2014, p. 28.

[27] RIBEIRO, Antônio Sequeira. Garantia bancária autônoma à primeira solicitação: algumas questões. *In:* MENEZES CORDEIRO, Antônio; LEITÃO, Luís Menezes; GOMES, Manuel Januário da Costa (Coord.). *Estudos em homenagem ao Professor Doutor Inocêncio Galvão Telles,* vol. II, Direito Bancário. Coimbra: Almedina, 2002, p. 309-310.

[28] MENEZES CORDEIRO, Antônio. *Tratado de Direito Civil,* v. X, Direito das Obrigações, Garantias. Coimbra: Almedina, 2015, p. 529.

[29] MENEZES CORDEIRO, Antônio. *Tratado de Direito Civil,* v. X, Direito das Obrigações, Garantias. Coimbra: Almedina, 2015, p. 529.

[30] Sobre a codificação alemã ver ZIMMERMANN, Reinhard. *The new German law of obligations:* historical and comparative perspectives. Oxford: Oxford University Press, 2005; WIEACKER, Franz. *História do Direito Privado Moderno.* Tradução de A. M. Botelho Hespanha. Lisboa: Fundação Calouste Gulbenkian, 1967.

[31] MENEZES CORDEIRO, Antônio. *Tratado de Direito Civil,* v. X, Direito das Obrigações, Garantias. Coimbra: Almedina, 2015, p. 529.

mas também para obrigar o promitente em qualquer situação, seja de nulidade do negócio principal, seja de ausência de forma escrita, já que ambas excluíam a possibilidade de subsistir uma fiança válida. Também passou a ser utilizada para enquadrar os contratos em que o fiador renunciava preventivamente à possibilidade de opor exceções relacionadas ao devedor principal. No entanto, o que foi citado nos Motivos do BGB não compreendia o vasto campo do *Garantievertrag* no Direito contratual, mas considerava-o um caso especial derivado da fiança.[32]

Após a Segunda Guerra Mundial, essa garantia ganhou destaque, sobretudo com a recuperação e a ampliação do comércio marítimo internacional e com o estabelecimento das relações comerciais com os países do leste europeu. Verificou-se, naquele contexto, um aumento dos riscos no comércio internacional, o que exigiu a ampliação das opções de garantias.[33]

Existia, naquela época, uma grande desconfiança dos países do leste europeu, o que era mais acentuado na Alemanha. Os alemães ocidentais não confiavam nos alemães orientais, especialmente depois de o primeiro presidente a assumir o posto pelo Partido Democrático Alemão, Walter Ulbricht, em setembro de 1960, ter sequestrado e expropriado todos os empréstimos dos bancos da Alemanha Oriental e, consequentemente, ter extinguido as garantias prestadas, devido à acessoriedade a elas inerentes.[34] Esse cenário alertou para a necessidade do uso de garan-

---

[32] BARILLÀ, Giovanni B. *Contratto autonomo di garanzia e Garantievertrag*: categorie civilistiche e prassi del commercio. Frankfurt: Ed. Peter Lang, 2005, p. 2

[33] FRADERA, Vera. Os contratos autônomos de garantia. *Revista da Ajuris*, v. 18, n. 53, Porto Alegre, p. 170-180, nov. 1991, p. 171.

[34] PORTALE, Giuseppe B. *Lezioni pisane di diritto commerciale a cura di Francesco Barachini*. Pisa: Pisa University Press, 2014, p. 27; MONTANARI, Andrea. Garanzia autonoma e autonomia privata. *Banca Borsa Titoli di Credito*, Milano, Anno LXXIX, fasc. 3, p. 347-367, 2017, p. 349: *"Una tale esigenza scaturiva, in particolare, dalla diffidenza nutrita nel mercato della Germania dell'Ovest verso i tedeschi della Germania dell'Est e cioè in quanto Ulbricht, il primo presidente della Deutsche Democratik Republik (DDR), aveva proceduto al sequestro di tutti i crediti che i cittadini della Germania dell'Ovest avevano nei confronti di banche e di imprese della Germania dell'Est. Risultava difficile, allora, afferire una risposta soddisfacente tramite il ricorso alla garanzia accessoria, la quale, generando l'obbligazione solidale tra garante e garantito, si traduce nella mera estensione della garanzia patrimoniale del creditore, abilitando il garante a opporre al creditore le eccezioni fondate sul rapporto garantito."*

tias autônomas que não estivessem sujeitas à sorte das relações jurídicas subjacentes.

Também a partir de 1960, o aumento da riqueza com produção de petróleo nos países do Oriente Médio possibilitou a conclusão de contratos com empresas ocidentais para projetos de larga escala, como planos de construção de infraestrutura (rodovias, aeroportos, instalações portuárias), obras públicas (habitação, hospitais, comunicação, estações de energia elétrica), projetos industriais e agrícolas e relacionados à defesa nacional.[35] O "boom" petrolífero em 1973 aumentou a liquidez das moedas dos países produtores de petróleo, o que acarretou uma enorme procura de bens e serviços. Esses países passaram a ser um mercado para empresas de construção e de fornecimento de produtos manufaturados. Ilustra esse cenário o fato de que em 1973 as despesas com a construção civil no Oriente Médio rondavam o montante de quinze milhões de Dólares norte-americanos e, em 1980, esse número passou para quarenta e seis milhões de Dólares norte-americanos.[36]

Além disso, os países que não produziam petróleo se aproveitaram desse período, tendo conseguido obter empréstimos para firmar grandes contratos. À medida que os créditos aumentavam, os contratos tornavam-se mais vultosos, em especial os relacionados a obras civis e serviços.[37]

As operações negociais, nesse contexto, passaram a ser maiores e os investimentos em grandes projetos foram ampliados.[38] Além disso, as operações de importação e exportação tornaram-se cada vez mais complexas, em razão de problemas não apenas jurídicos, mas também "técnicos, administrativos, econômicos, industriais, além de sujeitarem os contratantes às normas cogentes, traçadas pelas Ordem Jurídicas nacionais, do importador e do exportador".[39]

---

[35] BERTRAMS, Roeland. *Bank guarantees in international trade*. Amsterdam: Kluwer Law and Taxation Publishers, 2001, p. 1.

[36] JARDIM, Mónica. *A garantia autónoma*. Coimbra: Almedina, 2002, p. 19.

[37] PIERCE, Anthony. *Demand guarantees in international trade*. London: Sweet & Maxwell, 1993, p. 3.

[38] BERTRAMS, Roeland. *Bank guarantees in international trade*. Amsterdam: Kluwer Law and Taxation Publishers, 2001, p. 1.

[39] FRADERA, Vera. Os contratos autônomos de garantia. *Revista da Ajuris*, v. 18, n. 53, Porto Alegre, p. 170-180, nov. 1991, p. 171.

Nesse ambiente de complexificação das relações e de majoração dos valores envolvidos, as garantias até então conhecidas não estavam sendo suficientes para afastar os riscos de inadimplemento que não eram apenas relacionados ao pagamento do preço.[40] A fiança, acessória e subsidiária por natureza, não era suficiente diante da possibilidade de serem invocadas defesas para o não pagamento. Da mesma forma, o aval não respondia às demandas comerciais, diante de sua dependência em relação a certos títulos de crédito, rigidez e limitada autonomia.[41]

Diante desse contexto, a prática do comércio exterior alemão e dos países próximos ressaltou a importância da garantia autônoma (*Garantievertrag*), cujo caráter autônomo marca a inoponibilidade das exceções fundadas na relação jurídica subjacente (como a nulidade do contrato e impossibilidade superveniente da prestação, por exemplo).[42] A difusão dessa garantia estava, então, associada a uma necessidade de simplificação e de agilidade das garantias a fim de fornecer maior segurança às transações que estavam sendo realizadas.

O contrato de garantia autônoma, todavia, ainda deixava em aberto o risco de contestação acerca da existência dos pressupostos da obrigação do garantidor, como a exigência de prova do inadimplemento do devedor principal. Assim, a prática comercial criou, para evitar esse risco, a cláusula de pagamento "à primeira demanda".[43]

---

[40] BERTRAMS, Roeland. *Bank guarantees in international trade*. Amsterdam: Kluwer Law and Taxation Publishers, 1990, p. 2. No mesmo sentido: MENDES, Eduardo Heitor da Fonseca. A garantia autônoma no direito brasileiro. *In*: GUEDES, Gisela Sampaio da Cruz; MORAES, Maria Celina Bodin de; MEIRELES, Rose Melo (coord.). *Direito das garantias*. São Paulo: Saraiva, 2017, p. 105.

[41] CORTEZ, Francisco. A garantia bancária autônoma — alguns problemas. *Revista da Ordem dos Advogados*, Lisboa, ano 52, Vol. II, p. 513-610, jul. 1992, p. 518.

[42] PORTALE, Giuseppe B. Fideussione e Garantievertrag nella prassi bancaria. *In*: PORTALE, Giuseppe B. *Le garanzie bancarie internazionale*. Milano: Giufrè Editore, 1989, p. 9. No mesmo sentido: BARILLÀ, Giovanni B. *Contratto autonomo di garanzia e Garantievertrag*: categorie civilistiche e prassi del commercio. Frankfurt: Ed. Peter Lang, 2005, p. 2.

[43] BENATTI, Francesco. Il contratto autônomo di garanzia. *Banca Borsa e Titoli di Credito*, Milano, XLV, parte prima, 171-191, 1982, p. 173. Ver também PORTALE, Giuseppe B. Fideussione e Garantievertrag nella prassi bancaria. *In*: PORTALE, Giuseppe B. *Le garanzie bancarie internazionale*. Milano: Giufrè Editore, 1989, p. 11: "*La prassi del commercio estero, agevolata dalle esigenze soprattutto delle banche, che non hanno alcun interesse ad assumere il ruolo di arbitro, ha*

INTRODUÇÃO

A função dessa cláusula de pagamento à primeira demanda não é somente destacar o contrato da relação subjacente, transformando-o em autônomo — o que já acontece nos contratos de garantias autônomas que não possuem essa cláusula —, mas também eliminar os riscos de contestação sobre a ocorrência ou não dos pressupostos que legitimariam o pedido de pagamento ao garantidor.[44] Assim, com base na cláusula de pagamento à primeira demanda, o credor tem direito de reivindicar imediatamente a prestação do garantidor, que deverá pagar sem discutir.[45]

Diz-se, então, que a garantia na modalidade à primeira demanda funciona de forma automática, sem que o credor — beneficiário da garantia — tenha que justificar o seu pedido, e sem que o garantidor possa opor-lhe quaisquer objeções.[46] A partir da celebração desse contrato, o garantidor aceita correr o risco que seria suportado pelo credor, beneficiário da garantia, renuncia à possibilidade de opor as exceções e defesas atinentes à relação jurídica base (entre credor e devedor principais) e aceita postergar qualquer discussão para depois da realização do pagamento.[47] A garantia autônoma, que já não se sujeitava às vicissitudes da obrigação principal, acrescida da cláusula à primeira solicitação, foi dotada de eficácia imediata, "em virtude da celeridade assegurada pela ausência, em princípio, da litigância judicial antes do pagamento da garantia".[48]

---

neutralizzato quest'altro rischio con la tipizzazione di una nuova clausola. Si tratta della c.d. clausola di 'pagamento a prima richiesta', la cui funzione non è solo quella di staccare il contratto dal rapporto principale rendendolo autonomo (...), ma anche quella di eliminare, appunto, ogni rischio di contestazione sulla ricorrenza o no dei presupposti che legittimano la richiesta di pagamento al garante."

[44] PORTALE, Giuseppe B. Fideussione e Garantievertrag nella prassi bancaria. *In:* PORTALE, Giuseppe B. *Le garanzie bancarie internazionale.* Milano: Giufrè Editore, 1989, p. 11.

[45] PORTALE, Giuseppe B. Fideussione e Garantievertrag nella prassi bancaria. *In:* PORTALE, Giuseppe B. *Le garanzie bancarie internazionale.* Milano: Giufrè Editore, 1989, p. 11.

[46] TELLES, Inocêncio Galvão. Garantia bancária autônoma. Estudo e Parecer. *O Direito,* Coimbra, ano 120, III-IV, p. 275-293, 1988, p. 283. É importante destacar que, nada obstante o garantidor não possa opor objeções, há situações em que ele poderá recusar licitamente realizar o pagamento, conforme será abordado no terceiro capítulo dessa dissertação.

[47] CORREIA, A. Ferrer. Notas para o estudo da garantia bancária. *Revista de Direito e Economia,* Coimbra, p. 1-14, 1982, p. 5.

[48] EPIFÂNIO, Maria do Rosário. Garantias bancárias autônomas. Breves reflexões. *In:* VAZ, Manuel Afonso; LOPES, J. A. Azeredo. (Coord.) *Juris et de iure:* nos 20 anos da Faculdade de Direito da UCP Porto. Coimbra: Coimbra Editora, 1998, p. 324.

A garantia à primeira demanda, cujo nascimento está atrelado às necessidades práticas no seio da garantia autônoma no contexto internacional, passou a ser utilizada na prática interna de diversos países, tendo sido objeto de estudo pela doutrina, principalmente, na França,[49] Itália,[50] Espanha[51] e em Portugal.[52] Em virtude da importância da garantia autô-

[49] A título exemplificativo, cita-se as seguintes obras: PRUM, André. *Les garanties à première demande*: essay sur l'autonomie. Paris: Litec, 1994; PRUM, André. La consecration légale des garanties autonomes. *In:* ABRY, Bernard. Études offertes au Doyen Philippe Simler. Paris: Dalloz, 2006; SIMLER, Philippe. *Cautionnament. Garanties autonomes. Garanties indemnitaires.* Paris: LexisNexis, 2015; POULLET, Yves. *L'abstraction de la garantie bancaire automatique:* étude de droit civil comparé. Thése, Louvain la Neuve, 1982. Disponível em <https://research-portal.unamur.be/fr/studentTheses/labstraction-de-la-garantie-bancaire-automatique> (Acesso em 09/05/2020); POULLET, Yves. La jurisprudence recente en matière de garantie bancaire dans les contrats internationaux. *Banca Borsa e Titoli de Credito*, Milano, III, p. 397-440, 1982; POULLET, Yves. La garantie à première demande: un acte unilateral abstrait? *In:* MELANGES Jean Pardon. *Etudes en droit bancaire et financier Studies inzake bank — en financieel recht.* Bruxelles: Bruylant, 1996; MARTIN, Claude. Les Garanties bancaires autonomes. *In: Repertoire pratique du droit belge* — legislation, doctrine et jurisprudence. Bruxelles: Établissements Émile Bruylant, 1990; MARTIN, Claude; DELIERNEUX. *Les Garanties bancaires autonomes.* Bruxelles: Bruylant Bruxelles, 1991;
[50] A título exemplificativo, cita-se as seguintes obras: PORTALE, Giuseppe B. Fideussione e Garantievertrag nella prassi bancaria. *In:* PORTALE, Giuseppe B. *Le garanzie bancarie internazionale.* Milano: Giufrè Editore, 1989; PORTALE, Giuseppe. Le garanzie bancarie internazionale (Questioni). *In:* PORTALE, Giuseppe. *Le garanzie bancarie internazionali.* Milano: Giuffrè Editore, 1989; PORTALE, Giuseppe. Nuovi sviluppi del contratto di garanzia. In: PORTALE, Giuseppe. *Le garanzie bancarie internazionale.* Milano: Giuffrè Editore, 1989; PORTALE, Giuseppe. Le sezione unite e il contratto autonomo di garanzia (causalità ed astrattezza nel Garantievertrag). In: PORTALE, Giuseppe. *Le garanzie bancarie internazionali.* Milano: Giuffrè Editore, 1989; MASTROPALO, Fulvio. *I contratti autonomo di garanzia.* Torino: G. Giappichelli Editore, 1995; MASTROPAOLO, Fulvio. *I contratti di garanzia.* Tomo Primo e Secondo. Torino: UTET, 2006; CALDERALE, Alfredo. *Fideiussione e contratto autonomo di garanzia.* Bari: Cacucci Editore, 1989; NATUCCI, Alessandro. *Astrazione causale e contratto autonomo di garanzia.* Milano: CEDAM, 1992.
[51] A título exemplificativo, cita-se as seguintes obras: GUILARTE, Juan Sánchez-Calero. *El contrato autónomo de garantía. Las garantías a primera demanda.* Madrid: Centro de documentación bancaria y bursátil, 1995; PERERA, Angel Carrasco. *Fiança, accessoriedad y contrato de garantia.* Madrid: La Ley,1992; PERERA, Angel Carrasco; LOBATO, Encarna Cordeiro; LÓPEZ, Manuel J. Marín. *Tratado de los derechos de garantía.* Tomo I: garantias personales, introdución a las garanías reales, hipoteca. Cizur Menor: Aranzadi, 2015.
[52] TELLES, Inocêncio Galvão. Garantia bancária autônoma. Estudo e Parecer. *O Direito,*

INTRODUÇÃO

noma, foi incluída previsão sobre a matéria no Código Civil francês na reforma de 2006.[53]

Os primeiros estudos sobre a garantia à primeira demanda no Brasil iniciaram, ao que se tem conhecimento, em 1987.[54] Em que pese os mais de 30 anos desde então, a matéria carece de aprofundamento teórico, principalmente quanto às características, função e funcionalidade do instituto no Direito brasileiro. A garantia à primeira demanda parece ser pouco utilizada na prática brasileira, diante das poucas decisões proferi-

---

Coimbra, ano 120, III-IV, p. 275-293, 1988; PINHEIRO, Jorge Duarte. A garantia bancária autônoma. *Revista da Ordem dos Advogados*, Lisboa, ano 52, p. 417-465, julho 1991; GOMES, Manuel Januário da Costa. A Chamada "fiança ao primeiro pedido". *In:* GOMES, Manuel Januário. *Estudos de direito das garantias.* Coimbra: Almedina, 2003; GOMES, Manuel Januário da Costa. *Assunção fidejussória de dívida*: sobre o sentido e o âmbito da vinculação como fiador. Coimbra: Almedina, 2000; GOMES, Manuel Januário da Costa. Sobre a circulabilidade do crédito emergente de garantia bancária autônoma ao primeiro pedido. *In:* MENEZES CORDEIRO (Coord.). Centenário do Nascimento do Professor Doutor Paulo Cunha. Estudos em homenagem. Coimbra: Almedina, 2012; JARDIM, Mónica. *A garantia autônoma.* Coimbra: Almedina, 2002.

[53] FRANÇA. Code Civil, art. 2321. "*La garantie autonome est l'engagement par lequel le garant s'oblige, en considération d'une obligation souscrite par un tiers, à verser une somme soit à première demande, soit suivant des modalités convenues.*
Le garant n'est pas tenu en cas d'abus ou de fraude manifestes du bénéficiaire ou de collusion de celui-ci avec le donneur d'ordre.
Le garant ne peut opposer aucune exception tenant à l'obligation garantie.
Sauf convention contraire, cette sûreté ne suit pas l'obligation garantie."

[54] Os principais estudos brasileiros sobre a matéria são: WALD, Arnoldo. A garantia à primeira demanda no direito comparado. *Revista de Direito Mercantil, Industrial Econômico Financeiro*, São Paulo, ano XXVI, n. 66, abril/junho 1987; WALD, Arnoldo. Alguns aspectos da garantia à primeira demanda no direito comparado. *Revista da Ajuris*, Porto Alegre, v. 39, n. 40, p. 66-76, julho, 1987; FRADERA, Vera. Os contratos autônomos de garantia. *Revista da Ajuris*, v. 18, n. 53, Porto Alegre, p. 170-180, nov. 1991; HUCK, Hermes Marcelo. Garantia à primeira solicitação no comércio internacional. *Doutrinas Essenciais de Direito Internacional*, São Paulo, vol. 5, p. 447-458, fev. 2012; MENDES, Eduardo Heitor da Fonseca. A garantia autônoma no direito brasileiro. *In:* GUEDES, Gisela Sampaio da Cruz; MORAES, Maria Celina Bodin de; MEIRELES, Rose Melo (coord.). *Direito das garantias.* São Paulo: Saraiva, 2017; GUILHARDI, Pedro. *Garantias autônomas:* instrumento para proteção jurídica do crédito. São Paulo: Quartier Latin, 2019.

das até hoje;[55] nada obstante, são diversos os benefícios que essa garantia pode trazer às transações comerciais, especialmente em termos de segurança e agilidade no cumprimento das obrigações.

É de especial relevância um caso julgado pelo Tribunal de Justiça do Rio Grande do Sul,[56] que será utilizado como paradigma ao longo deste trabalho para compreender a função, o funcionamento e a estrutura da garantia à primeira demanda. O caso envolve a cessão de quotas de uma sociedade do ramo do vestuário, cujo contrato, firmado por MT e LT (cedentes) e LGM e CW (cessionários), continha uma cláusula de garantia à primeira demanda, assinada por OD (garantidor à primeira demanda), para assegurar o pagamento do preço. Essa operação era bastante complexa, pois foram previstas diversas hipóteses de variação do preço, relacionadas a diferenças de estoque e à descoberta de passivos ocultos.

---

[55] Até onde esta pesquisa conseguiu alcançar, são as seguintes as decisões sobre a garantia à primeira demanda: SÃO PAULO. Tribunal de Justiça de São Paulo. Agravo de Instrumento n. 79611-4/6, Nona Câmara Cível de Direito Privado, relator Des. Thyrso Silva,17 de março de 1998; RIO DE JANEIRO. Tribunal de Justiça do Rio de Janeiro. Apelação Cível n. 2007.001.15509, Décima Sexta Câmara Cível, relator Des. Mauro Dickstein, 07 de agosto de 2007; SÃO PAULO. Tribunal de Justiça de São Paulo. Agravo de Instrumento n. 1254799-0/0, Vigésima Quinta Câmara de Direito Privado, relator Des. Amorim Cantuaria, 19 de maio de 2009; BRASIL. Superior Tribunal de Justiça. Agravo em Recurso Especial n. 1.382.463-SP, relator Min. Paulo de Tarso Sanseverino, 20 de abril de 2012; BRASIL. Superior Tribunal de Justiça. Agravo em Recurso Especial n. 799.871-SP, relator Min. Paulo de Tarso Sanseverino, 24 de abril de 2017; SÃO PAULO. Tribunal de Justiça de São Paulo. Agravo de Instrumento n. 0028833-77.2013.8.26.0000, Segunda Câmara Reservada de Direito Empresarial, relator Des. José Reynaldo, 07 de maio de 2013; RIO DE JANEIRO. Tribunal de Justiça do Rio de Janeiro. Agravo de Instrumento n. 0000305-52.2018.8.19.0000, Nona Câmara Cível, relator Des. Adolpho Andrade Mello, 13 de março de 2018; RIO GRANDE DO SUL. Tribunal de Justiça do Rio Grande do Sul. Apelação Cível n. 70077074417, Décima Sétima Câmara Cível, relator Des. Giovanni Conti, 25 de outubro de 2018; SÃO PAULO. Tribunal de Justiça de São Paulo. Agravo de Instrumento n. 1118736-63.2014.8.26.0100, Vigésima Primeira Câmara de Direito Privado, relator Des. Silveira Paulilo, 06 de maio de 2019.

[56] RIO GRANDE DO SUL. Tribunal de Justiça do Rio Grande do Sul. Apelação Cível n. 70077074417, Décima Sétima Câmara Cível, relator Des. Giovanni Conti, 25 de outubro de 2018.

Diante da complexidade e de incertezas relacionadas ao preço a ser pago pelas quotas, os cessionários deixaram de pagá-lo, o que ensejou o ajuizamento de ação de execução pelos cedentes contra os cessionários e o garantidor à primeira demanda. Em resposta, estes sustentaram a iliquidez do preço do contrato, pois já estava em curso arbitragem para verificar a existência de variação do preço devido à descoberta de passivos ocultos.

Havia, nesse caso, evidentemente, interesses contrapostos e igualmente legítimos: de um lado, os cedentes buscavam a efetividade da garantia prestada; do outro lado, os cessionários e o garantidor entendiam não ser possível realizar o pagamento da garantia, já que não havia certeza se o preço era devido ou o quanto era devido. O conflito instaurado foi entre a segurança e a efetividade que se objetivava com a garantia em contraposição ao receio de haver pagamento indevido e às dificuldades que decorreriam para a sua restituição. Qual entendimento deveria prevalecer?

Em primeira instância, os argumentos dos cessionários e do garantidor à primeira demanda foram acolhidos, tendo sido determinada a extinção da execução. Em recurso, os cedentes sustentaram que a garantia à primeira demanda é autônoma em relação à obrigação garantida, sendo líquida independentemente do contrato base garantido. De acordo com a tese defendida, o garantidor à primeira demanda não poderia opor as matérias de defesa do contrato base para evitar a execução dos valores garantidos. Por outro lado, os cessionários e o garantidor arguiram ser incontroversa a iliquidez do contrato de cessão das quotas, sendo incerto e inexigível o valor executado. Assim, de acordo com a visão dos cessionários e do garantidor, nenhuma das partes poderia ser demandada a pagar o valor que estava em discussão na seara arbitral.

Os Desembargadores da Décima Sétima Câmara Cível do Tribunal de Justiça do Rio Grande do Sul entenderam que, nada obstante o contrato de cessão de quotas carecesse de liquidez, o garantidor à primeira demanda não poderia opor essa questão como matéria de defesa para recusar o pagamento, por conta da natureza da garantia prestada e do modo de seu funcionamento. Considerou-se que são elementos característicos dessa garantia a sua liquidez, independentemente do contrato base, e a inoponibilidade de matérias de defesa antes do pagamento. Portanto, houve a reforma da decisão de primeira instância para autorizar o prosseguimento da execução contra o garantidor à primeira demanda.

Sem analisar, ainda, a correção desse posicionamento, diversos elementos caracterizadores da garantia à primeira demanda podem ser extraídos do estudo desse caso. O primeiro é que o garantidor deve realizar o pagamento da garantia assim que o credor o solicitar, não podendo discutir o mérito desse pedido. O objetivo é abreviar longas discussões que envolvam matérias de defesa, como, por exemplo, iliquidez do contrato e exceção de contrato não cumprido, pretendendo-se conferir maior segurança e efetividade à operação.

O segundo elemento caracterizador é quanto à estrutura da operação, pois o garantidor assume a obrigação de garantir o pagamento de prestação de outro contrato ou negócio jurídico. Assim, para a sua existência, é necessário que haja uma relação jurídica a ser garantida, e uma relação entre o garantidor e o devedor para regrar eventual remuneração e restituição dos valores pagos pelo garantidor.

O terceiro elemento é que, diferentemente da fiança — a típica garantia pessoal — a garantia à primeira demanda não é acessória à relação garantida, não se sujeitando à sua sorte. Portanto, à primeira vista, pode parecer injusto que o contrato base seja ilíquido e o garantidor seja obrigado a realizar o pagamento da garantia. Porém, essa é uma das finalidades para qual a garantia à primeira demanda foi desenvolvida — isolar-se do contrato base.

A compreensão de todos esses elementos perpassa pelo estudo da função da garantia à primeira demanda, que é o ponto de partida desse trabalho, cujo objetivo é caracterizar esse instituto no Direito brasileiro para que, cada vez mais, haja a sua difusão na prática comercial e prevaleça a segurança jurídica nas decisões sobre essa matéria. Portanto, a primeira parte deste trabalho, composta por três capítulos, dedica-se tanto à função quanto ao funcionamento da garantia à primeira demanda. Verificar-se-á, a partir disso, que se trata de uma garantia civil e empresarial, não sendo aplicável às relações de consumo.

Inicialmente, no primeiro capítulo buscar-se-á entender a garantia à primeira demanda a partir de sua natureza jurídica. Será visto que se trata de um contrato, razão pela qual será estudado o seu objeto e o modo de sua operação econômica. Nessa perspectiva, competirá analisar se o con-

INTRODUÇÃO

trato de garantia à primeira demanda pode assegurar qualquer tipo de obrigação econômica, ou se há alguma limitação. Em seguida, a obrigação principal desse contrato será objeto de qualificação e, para isso, será adotada a visão de Fábio Konder Comparato, qual seja, que há obrigações de meios, de resultado e de garantia.[57]

Todos esses elementos auxiliarão a compreensão da função, principalmente a qualificação da obrigação principal do contrato. Ademais, será crucial entender a causa desse contrato, que, juntamente à função, define e diferencia a garantia à primeira demanda de outros negócios jurídicos.

A matéria a ser exposta no primeiro capítulo, no entanto, não será suficiente para a compreensão da função da garantia à primeira demanda em sua totalidade, pois, assim como todas as garantias, a sua função é assegurar outra obrigação. Então, o segundo capítulo parte da reflexão de que a garantia à primeira demanda possui algo que a diferencia das demais garantias, o que será visto a partir das noções de *autonomia* e *automaticidade*. Só é possível compreender a garantia à primeira demanda se houver o estudo adequado dessas duas características centrais.

A *autonomia* corresponde à impossibilidade de oposição de exceções relacionadas ao contrato garantido, ao passo que a *automaticidade* significa que o garantidor é obrigado a realizar o pagamento da garantia mediante um simples pedido do credor, que não precisa justificar ou provar o fundamento do seu pedido. Nenhuma dessas duas características acarreta ausência de causa da garantia ou abstração, no sentido de ausência de causa. Essa questão será aprofundada no segundo capítulo e é de suma importância, visto que foi objeto de confusão, por muito tempo, o conceito, antes pouco conhecido, de abstração na garantia à primeira demanda e o entendimento de ausência de causa. Essa situação deveu-se à importação descuidada do instituto em diversos países, não tendo sido observada a existência de múltiplos significados de causa e de abstração, os quais dependem do contexto de cada ordenamento jurídico.

E, para o fechamento dessa primeira parte, no terceiro capítulo será exposta a garantia à primeira demanda na sua fase ativa, isto é, como essa garantia funciona na prática. A função da garantia nesse capítulo será

---

[57] COMPARATO, Fábio Konder. Obrigações de meios, de resultado e de garantia. *Doutrinas Essenciais Obrigações e Contratos*, v. 1, São Paulo, p. 761-776, junho 2011.

posta em ação; será visto como ocorre a execução voluntária e forçada, e como os tribunais já enfrentaram a matéria. Estudar-se-á, ainda, que, nada obstante a autonomia e a automaticidade, há hipóteses em que o garantidor poderá deixar de pagar o valor garantido de forma imediata.

Caso a garantia siga o seu fluxo normal de execução, será preciso verificar como o garantidor poderá recuperar os valores despendidos. Aqui será importante verificar as disposições acordadas pelas partes, pois poderá haver uma pactuação mais acessória no momento após o pagamento; nesse caso, Manuel Januário da Costa Gomes[58] chama essa garantia de *fiança à primeira demanda*. Porém, entende-se que essa denominação não é útil, pois não há fiança nesse caso, apenas uma atenuação da autonomia.

Analisada a função e a execução da garantia à primeira demanda, será possível, então, buscar a qualificação jurídica dessa garantia no Direito brasileiro, a fim de situá-la e distingui-la de outros institutos. É a isso que se dedica a segunda parte do estudo.

No quarto capítulo, serão analisadas as relações que formam a operação econômica da garantia à primeira demanda. Diante da multiplicidade de contratos, será problematizada a existência, ou não, de *coligação contratual*, e como os efeitos de um contrato podem refletir em outro dessa operação. Após essa análise macro, analisar-se-ão os interesses dos sujeitos da operação da garantia à primeira demanda, e questionar-se-á quem poderá figurar como garantidor e se o Direito brasileiro impõe alguma limitação.

No quinto capítulo, o objetivo será expor o enquadramento classificatório da garantia à primeira demanda e os seus efeitos no Direito brasileiro. Será dada ênfase à análise da tipicidade do instituto, a fim de verificar se há um tipo social e se há exigência de forma para a pactuação desse contrato. Nesse caso, em que pese à ausência de lei, será preciso verificar se uma garantia tão severa para o garantidor pode ser celebrada de outras formas além da escrita.

---

[58] GOMES, Manuel Januário da Costa. *Assunção fidejussória de dívida*: sobre o sentido e o âmbito da vinculação como fiador. Coimbra: Almedina, 2000, p. 717; GOMES, Manuel Januário da Costa. A Chamada "fiança ao primeiro pedido". *In*: GOMES, Manuel Januário. *Estudos de direito das garantias*. Coimbra: Almedina, 2003, p. 162

Para finalizar a segunda parte e fechar a caracterização da garantia à primeira demanda no Direito brasileiro, no sexto capítulo será apresentada a sua comparação com as garantias legalmente previstas (*fiança, aval e seguro*). Pretende-se expor as diferenças para justificar a conveniência de sua celebração em determinados casos. Além disso, será problematizado por que a garantia à primeira demanda não viola as normas da fiança, a garantia pessoal típica.

Em suma, o objetivo deste trabalho é apresentar como funciona a garantia à primeira demanda, para que serve, e como se insere em nosso ordenamento jurídico. Pretende-se, com isso, lançar luzes sobre esse instituto, que, por tanto tempo, ficou esquecido no âmbito do Direito brasileiro.

PARTE I
A FUNÇÃO E A EXECUÇÃO DA GARANTIA À PRIMEIRA DEMANDA

Na primeira parte deste trabalho, o objetivo é expor a função e a forma de funcionamento da *garantia à primeira demanda*. No primeiro capítulo, será analisada a função dessa garantia, o que perpassa por estudar a sua natureza jurídica, a obrigação de garantia que é intrínseca ao contrato de garantia à primeira demanda e a sua causa. No segundo capítulo, será necessário aprofundar o estudo da função própria da garantia à primeira demanda, logo, sua *autonomia* e *automaticidade* serão analisadas. Além disso, será esclarecido que a garantia à primeira demanda não é abstrata, no sentido de ausência de causa, em que pese essas características possam, equivocadamente, indicar essa qualificação. No terceiro capítulo, para encerrar essa primeira parte, será problematizada a forma como a função da garantia à primeira demanda produz efeitos na prática, isto é, analisar-se-á a fase ativa da garantia. Será estudada, então, a execução voluntária e forçada da garantia, as hipóteses legítimas de recusa do pagamento imediato pelo garantidor e a maneira como ocorre a recuperação dos valores pagos pelo garantidor.

1.
A FUNÇÃO DA GARANTIA À PRIMEIRA DEMANDA

A *garantia à primeira demanda* é um contrato cuja função é eliminar os riscos de outro negócio jurídico, assegurando que haverá o pagamento do valor garantido ao primeiro pedido do credor, não sendo possível ao garantidor opor exceções da relação garantida. Em que pese pareça ser simples o enquadramento funcional da garantia à primeira demanda, esse tema é carregado de dificuldades. Para enfrentá-las, esse capítulo será dividido da seguinte forma: no primeiro subtópico (1.1), será tratada a natureza jurídica da garantia à primeira demanda; no segundo (1.2), a obrigação de garantia intrínseca ao contrato em estudo; e no terceiro (1.3), a causa do contrato de garantia à primeira demanda.

1.1. A natureza jurídica da garantia à primeira demanda

A garantia à primeira demanda é: (i.) um contrato, no qual (ii.) o garantidor obriga-se a pagar uma soma pecuniária, previamente acordada, (iii.) mediante simples pedido do credor, o beneficiário da garantia, (iv.) não podendo o garantidor invocar meios de defesa ou exceções relativas à relação jurídica garantida.[59] Objetiva-se, assim, assegurar o recebimento

---

[59] Ver: JARDIM, Mónica. *A garantia autónoma*. Coimbra: Almedina, 2002, p. 13. "a garantia autônoma, igualmente conhecida por garantia pura, incondicional, abstrata, independente, ou por garantia (bancária) automática, à primeira solicitação, à primeira interpelação ou de pagamento imediato, trata-se de um tipo de garantia que, na formula mais comum, é prestada por uma entidade, normalmente um banco, que se obriga a entregar, a pedido de um terceiro, uma soma pecuniária previamente acordada, ao beneficiário da garantia logo que este prove o incumprimento de determinado contrato por parte do terceiro (contrato

imediato do valor da garantia, evitando longas discussões atinentes à relação jurídica garantida.[60] Deve haver, primeiro, o pagamento do valor acordado e, segundo, a eventual discussão quanto ao cabimento, ou não, desse pagamento.

A garantia à primeira demanda pode ser firmada tanto em instrumento autônomo, como no próprio contrato garantido. Apesar de parecer ser uma simples cláusula nessa última hipótese, a sua estrutura, a sua autonomia, o seu objeto e a atribuição de direitos e deveres para as partes que a firmam justificam a formação de um verdadeiro contrato.

O conceito de contrato, por sua vez, se sujeita ao contexto em que está inserido, tendo sido diversos os seus significados ao longo da história. Consequentemente, afirma-se que não existe um "conceito imutável e naturalistamente apreensível"[61] de contrato, que tampouco pode ser

---

autônomo de garantia simples) ou de imediato, quando este simplesmente o interpele a realizar essa prestação (contrato autônomo de garantia automática ou à primeira solicitação), mas abdicando desde logo, em ambos os casos, a opor ao beneficiário quaisquer exceções derivadas tanto da sua relação com o terceiro garantido, como da relação jurídica cujo cumprimento garante." Ver também: WALD, Arnoldo. A garantia a primeira demanda no direito comparado. *Revista de Direito Mercantil, Industrial Econômico Financeiro*, ano XXVI, n. 66, abril/junho 1987, p. 5; MASTROPALO, Fulvio. *I contratti autonomo di garanzia*. Torino: G. Giappichelli Editore, 1995, p. 124: "*Il contratto autonomo di garanzia, caratterizzato dalla clausola di 'pagamento a prima richiesta e senza eccezioni', è un contratto obbligatorio unilaterale (...) con cui il garante si impegna a pagare un determinato importo allo scopo di garantire la prestazione da un terzo dovuta al creditore beneficiario " e ciò a semplice richiesta del garantito, con rinuncia correlativa a far valere qualsivoglia eccezione inerente all'esistenza, validità e coercibilità del rapporto obbligatorio garantito, al quale il garante resta estraneo."*

[60] PORTALE, Giuseppe B. *Lezioni pisane di diritto commerciale a cura di Francesco Barachini*. Pisa University Press, 2014, p. 29

[61] Sobre a inexistência de um conceito único de contrato e sua análise histórica ver MARTINS-COSTA, Judith. Contratos: conceito e evolução. *In:* LOTUFO, Renan; NANNI, Giovanni Ettore (Coord.). *Teoria geral dos contratos*. São Paulo: Atlas, 2011, p. 24. Sobre a importância da definição de contrato ver TEPEDINO, Gustavo. *Fundamentos do Direito Civil*. Contratos, vol. 3. São Paulo: Grupo GEN, 03/2020, acesso Minha Biblioteca (Bridge), p. 4: "a definição de contrato, tal como outras categorias jurídicas (próprias do contato social, como os negócios unilaterais e os atos jurídicos stricto sensu), destina-se à função normativa: determinar a quais suportes fáticos se aplica a disciplina legal prevista para a relação contratual, assim como excluir de seu âmbito de incidência os demais fenômenos, aos quais as normas em questão somente poderiam ser aplicáveis por interpretação analógica ou

"descoberto e descrito por estar gravado de uma vez por todas na natureza das coisas".[62] É preciso situar o contrato em algum contexto social e jurídico para buscar o seu conceito. Atualmente, no ordenamento jurídico brasileiro, em que pese a ausência de definição no Código Civil de 2002, entende-se o contrato como "negócio jurídico, bilateral em sua formação e patrimonial em seu objeto, destinado a autorregulamentar interesses".[63]

O primeiro traço distintivo quanto aos demais negócios jurídicos é a bilateralidade de manifestações de vontade, ou seja, o consentimento.[64] As manifestações de vontade do credor da relação jurídica subjacente

---

extensiva, devidamente fundamentada. Busca-se delimitar o que é contrato para identificar sobre quais situações devem incidir as normas de direito contratual. Igualmente, a definição de contrato também serve, a contrario sensu, para determinar o que não pode ser compreendido como contrato e, dessa forma, indicar as situações que restam excluídas, a princípio, da incidência dessas normas. Por conseguinte, a elaboração da noção de contrato não se destina à construção de categoria pura ou de conceito imutável, para fins de aperfeiçoamento da ciência do direito, mas sim à finalidade prático-social. Busca-se a definição que sirva para identificar a quais fenômenos se reputa adequada, a priori, a aplicação das normas de direito contratual.

[62] MARTINS-COSTA, Judith. Contratos: conceito e evolução. *In:* LOTUFO, Renan; NANNI, Giovanni Ettore (Coord.). *Teoria geral dos contratos.* São Paulo: Atlas, 2011, p. 24

[63] TEPEDINO, Gustavo. *Fundamentos do Direito Civil.* Contratos, vol. 3. São Paulo: Grupo GEN, 03/2020, acesso Minha Biblioteca (Bridge), p. 4. Em sentido similar e complementar ver: MARTINS-COSTA, Judith. Contratos: conceito e evolução. *In:* LOTUFO, Renan; NANNI, Giovanni Ettore (Coord.). *Teoria geral dos contratos.* São Paulo: Atlas, 2011, p. 37: "Conquanto a polivocidade e a multifuncionalidade do termo contrato tornem difícil a tarefa de assentar um 'conceito', pode-se, num esforço analítico, tentar apontar aos elementos constantes dos contratos como um seu mínimo denominador comum. Estes elementos são: a estrutura, consistente no 'acordo contratual' socialmente apreensível, estabelecido entre dois ou mais contraentes, ditos 'partes' do contrato; e função, atinente ao que a experiência indica ser, na atual configuração econômico-social, a distribuição de riquezas segundo arranjos de interesses modelados com relativa liberdade pelos seus agentes."

[64] TEPEDINO, Gustavo. *Fundamentos do Direito Civil.* Contratos, vol. 3. São Paulo: Grupo GEN, 03/2020, acesso Minha Biblioteca (Bridge), p. 5; PONTES DE MIRANDA, Francisco C. *Tratado de Direito Privado.* Parte Especial, t. XXXVIII. 3ª ed. São Paulo: Editora Revista dos Tribunais, 1984, § 4184, p. 7: "A bilateralidade, quando se fala de negócios jurídicos bilaterais, concerne às manifestações de vontade, que ficam, uma diante da outra, com a cola — digamos assim — da concordância. Há uma corda só que prende, que vincula as pessoas que estão nos dois lados."

e do garantidor plasmam-se para a formação do contrato de garantia à primeira demanda. Para isso, o credor, na relação jurídica subjacente, declara ser necessária a contratação dessa garantia. O devedor, a pedido do credor, busca um garantidor interessado em realizar o pagamento de determinado valor para assegurar o adimplemento parcial ou total do negócio jurídico subjacente. É a partir desse momento — quando o garantidor aceita a assunção da obrigação de garantia — que se forma o contrato em estudo.

A garantia à primeira demanda está inserida no gênero *contratos de garantia*, desempenhando função de garantia, embora não se enquadre nos tipos legais de contratos de garantia. De acordo com Pontes de Miranda, "contrato de garantia é aquele pelo qual alguém promete responder, no todo ou em parte, pelo risco que outro figurante possa sofrer em negócio jurídico de que seja figurante".[65]

Para além desse contrato, há, no mínimo, mais duas relações jurídicas que formam a operação da garantia à primeira demanda: a relação jurídica subjacente ou contrato base, relativa à operação econômica a ser garantida, e a relação pelo qual o garantidor se obriga perante o devedor do contrato base a prestar a garantia. Mas, quanto a essas duas relações jurídicas, a garantia à primeira demanda é autônoma, isolando-se, principalmente, do contrato base e de sua causa.[66]

A ligação da garantia ao contrato base pode ser mais ou menos autônoma, sendo comum a denominação *fiança à primeira demanda* para designar a ligação menos autônoma e mais *acessória*.[67] Essa nomenclatura, no entanto, tende a confundir o entendimento do instituto, pois não há fiança. Há apenas um resquício de acessoriedade, que se manifesta somente após o pagamento do valor garantido, no processo de recupera-

---

[65] PONTES DE MIRANDA, Francisco C. *Tratado de Direito Privado*. Parte Especial, t. XLIV. atual. por Cláudia Lima Marques, Bruno Miragem. São Paulo: Editora Revista dos Tribunais, 2013, §4785, p. 218.

[66] MASTROPALO, Fulvio. *I contratti autonomi di garanzia*. Torino: G. Giappichelli Editore, 1995, p. 5

[67] Sobre "fiança" à primeira demanda ver GOMES, Manuel Januário da Costa. *Assunção fidejussória de dívida*: sobre o sentido e o âmbito da vinculação como fiador. Coimbra: Almedina, 2000, p. 720 e ss. MENEZES CORDEIRO, Antônio. *Tratado de Direito Civil*, v. X, Direito das Obrigações, Garantias. Coimbra: Almedina, 2015, p. 507.

ção do crédito.[68] Logo, estamos diante de um contrato único, cujo núcleo duro é assegurar que o credor da garantia (beneficiário) receberá o valor garantido assim que realizado o pedido, não podendo o garantidor opor exceções relacionadas à relação jurídica subjacente.

O garantidor não promete o adimplemento por parte do devedor principal, mas responde pelo risco do negócio subjacente, devendo pagar uma indenização pecuniária pelos prejuízos sofridos no caso de incumprimento do negócio garantido. A garantia à primeira demanda é, assim, um contrato em que o garantidor obriga-se a pagar determinada soma pecuniária caso haja o incumprimento[69] de outro negócio jurídico, que é subjacente ao contrato de garantia, chamado, normalmente, de *contrato base* ou *relação principal.* Os acontecimentos nesse contrato subjacente são o gatilho para o credor realizar o pedido de pagamento da garantia, que deverá ser paga pelo garantidor de forma imediata, sem poder opor exceções relativas à relação jurídica subjacente. A responsabilidade do garantidor é por todos os prejuízos, previamente acordados no contrato de garantia, que forem decorrentes de algum incumprimento do contrato base, "inclusive os provenientes de casos fortuitos".[70]

O garantidor à primeira demanda assume uma obrigação distinta da obrigação garantida, não apenas quanto ao conteúdo, mas também

---

[68] GOMES, Manuel Januário da Costa. *Assunção fidejussória de dívida*: sobre o sentido e o âmbito da vinculação como fiador. Coimbra: Almedina, 2000, p. 721; GOMES, Manuel Januário da Costa. A Chamada "fiança ao primeiro pedido". *In:* GOMES, Manuel Januário. *Estudos de direito das garantias.* Coimbra: Almedina, 2003, p. 162; VASCONCELOS, Miguel Pestana. *Direito das Garantias.* Coimbra: Almedina, 2019, p. 114; JARDIM, Mónica. *A garantia autónoma.* Coimbra: Almedina, 2002, p. 198, nota 315.

[69] Diante da complexidade da noção de inadimplemento adotar-se-á ao longo desse trabalho a denominação incumprimento, com o objetivo de designar as hipóteses em que há o não cumprimento obrigacional, ainda que não esteja caracterizado o inadimplemento. Sobre a complexidade da noção de inadimplemento ver: SILVA, Jorge Cesa Ferreira da. Inadimplemento das Obrigações. *In:* MARTINS-COSTA, Judith; REALE, Miguel (coord.). *Estudos em homenagem ao Professor Miguel Reale*, v. 7. São Paulo: Editora Revista do Tribunais, 2007, p. 30 ss.

[70] PONTES DE MIRANDA, Francisco C. *Tratado de Direito Privado.* Parte Especial, t. XLIV, atual. por Cláudia Lima Marques, Bruno Miragem. São Paulo: Editora Revista dos Tribunais, 2013, §4785, p. 219.

quanto ao modo de seu cumprimento.[71] O interesse do beneficiário no âmbito da garantia à primeira demanda é proteger-se contra os riscos da relação subjacente e receber um valor a título de compensação monetária, caso esse risco venha a ser concretizado.

Nesse sentido, André Prum entendeu ser dúplice o objeto da garantia à primeira demanda, pois há o objeto de garantir a obrigação jurídica subjacente, e há o objeto, em sentido estrito, de pagar um valor pecuniário determinado na garantia, na hipótese de pedido do beneficiário.[72] É bastante conveniente essa distinção, pois expõe que o garantidor pode assegurar obrigações dos mais variados tipos, como as decorrentes de contratos societários ou de construção, e que o objeto de sua prestação, em sentido estrito, será sempre o pagamento de um valor líquido e pré--acordado. A liquidez da garantia à primeira demanda, independentemente da relação garantida, facilita a sua execução, afastando questionamentos quanto ao que deve ser pago pelo garantidor, tal como no caso paradigma apresentado na introdução.

Quanto ao objeto de garantia da obrigação jurídica subjacente, a natureza e a extensão dos riscos são determinadas pelo tipo do negócio garantido. Há, pelo menos, cinco modalidades mais comuns, de acordo com a prestação garantida.

A garantia pode ser emitida para assegurar a honorabilidade da proposta ou a subsistência da oferta, normalmente representando de 2% a 5% do valor do contrato a ser celebrado.[73] O seu propósito é garantir a seriedade da oferta do proponente (devedor) e que este se vinculará ao contrato, nos termos das negociações preliminares.[74] O pagamento da

---

[71] GUILARTE, Juan Sánchez-Calero. *El contrato autónomo de garantía*. Las garantías a primera demanda. Madrid: Centro de documentación bancaria y bursátil, 1995, p. 286.

[72] PRUM, André. *Les garanties à première demande*: essay sur l'autonomie. Paris: Litec, 1994, p. 76: *"l'obligation du garant autonome comporte elle-même un double objet: l'objet de la garantie, « qui n'est autre chose que la sûreté procurée à son bénéficiaire au moyen de l'engagement de payer qu'elle implique » et l'objet de l'obligation stricto sensu « qui est le paiement du montant tel qu'il est déterminé par les parties »."*

[73] JARDIM, Mónica. *A garantia autónoma*. Coimbra: Almedina, 2002, p. 68.

[74] POULLET, Yves. Apresentação e definição das garantias praticadas na Europa. *In:* LESGUILLONS, Henry (org.). *As garantias bancárias nos contratos internacionais*. Versão brasileira organizada e anotada por Luiz Olavo Baptista e José Alexandre Tavares Guerreiro. São

A FUNÇÃO DA GARANTIA À PRIMEIRA DEMANDA

garantia, nesse caso, terá por objetivo compensar a perda de tempo e os gastos que o credor terá para analisar as outras ofertas submetidas.[75]

Muito comum no âmbito da construção civil é a garantia de boa execução do contrato, que se destina a garantir, perante o credor (beneficiário da garantia) a correta execução das obrigações contratuais.[76] Visa a assegurar que a prestação do negócio jurídico subjacente será no modo devido e no prazo pactuado. Nesse caso, o valor da garantia é bastante variável, mas, normalmente, as partes estabelecem de 5 a 10% do valor do contrato base.[77]

Há, ainda, a garantia de reembolso de pagamentos antecipados ou de sinal, cujo objetivo é garantir, como o próprio nome indica, a restituição de valores antecipadamente pagos. O seu valor será correspondente ao montante antecipado no contrato garantido. Nessa modalidade, as partes podem estipular que o valor da garantia pode diminuir gradativamente à medida que houver o cumprimento da obrigação.[78]

Paulo: Saraiva, 1985, p. 37-38; GUILHARDI, Pedro. *Garantias autônomas:* instrumento para proteção jurídica do crédito. São Paulo: Quartier Latin, 2019, p. 146-147.

[75] BERTRAMS, Roeland. *Bank guarantees in international trade*. Amsterdam, Kluwer Law and Taxation Publishers, 1990, p. 26. Mais detalhes sobre a matéria poderão ser encontrados em PRUM, André. *Les garanties à première demande*: essay sur l'autonomie. Paris: Litec, 1994, p. 77-79; AFFAKI, Georges; GOODE, Roy. *Guide to ICC Uniform Rules for demand guarantees URDG 758*. Paris: ICC Services Publications, 2011, p. 2

[76] JARDIM, Mónica. *A garantia autónoma*. Coimbra: Almedina, 2002, p. 70.

[77] Para maiores detalhes quanto a essa modalidade de garantia ver POULLET, Yves. Apresentação e definição das garantias praticadas na Europa. *In*: LESGUILLONS, Henry (org.). *As garantias bancárias nos contratos internacionais*. Versão brasileira organizada e anotada por Luiz Olavo Baptista e José Alexandre Tavares Guerreiro. São Paulo: Saraiva, 1985, p. 39-40; GUILHARDI, Pedro. *Garantias autônomas:* instrumento para proteção jurídica do crédito. São Paulo: Quartier Latin, 2019, p. 147-150; AFFAKI, Georges; GOODE, Roy. *Guide to ICC Uniform Rules for demand guarantees URDG 758*. Paris: ICC Services Publications, 2011, p. 2; PRUM, André. *Les garanties à première demande*: essay sur l'autonomie. Paris: Litec, 1994, p. 80-81.

[78] JARDIM, Mónica. *A garantia autónoma*. Coimbra: Almedina, 2002, p. 72; ver também BERTRAMS, Roeland. *Bank guarantees in international trade*. Amsterdam: Kluwer Law and Taxation Publishers, 1990, p. 29; GUILHARDI, Pedro. *Garantias autônomas:* instrumento para proteção jurídica do crédito. São Paulo: Quartier Latin, 2019, p. 150-151; AFFAKI, Georges; GOODE, Roy. *Guide to ICC Uniform Rules for demand guarantees URDG 758*. Paris:

As partes podem pactuar uma garantia de retenção de valores, que visa a substituir a retenção de parte do preço, comum em contratos de engenharia e de aquisição societária. Essa modalidade de garantia à primeira demanda em contratos de aquisição societária, por exemplo, permite o recebimento integral do preço pelo vendedor; ao passo que o comprador não retém parcela do preço para garantir eventuais contingências, mas pactua a garantia à primeira demanda para esse fim.[79]

A garantia de pagamento, por sua vez, visa a assegurar o preço de determinada prestação pecuniária. Essa garantia pode ser do valor total da transação ou parcial, dependerá do ajuste das partes.[80] Pode ser usada, por exemplo, para garantir o preço de mercadorias ou o aporte de capital por sócios de uma sociedade.[81]

As modalidades citadas são apenas exemplificativas, já que as partes podem pactuar a garantia à primeira demanda para garantir qualquer relação jurídica, inclusive negócios jurídicos não contratuais. Independentemente do bem da vida assegurado — o que dependerá da relação jurídica subjacente — o garantidor obriga-se a pagar uma soma pecuniária líquida e definida previamente, que é o objeto em sentido estrito do contrato. Tendo em vista o rigor da garantia à primeira demanda — associado ao pagamento imediato do valor garantido —, esta é uma garantia aplicável somente às relações civis e empresariais, estando excluído do seu escopo as relações de consumo.

Constata-se, então, que a garantia à primeira demanda, por ter sua origem e desenvolvimento nas necessidades práticas do comércio internacional, é um contrato facilmente adaptável às mais variadas espécies de obrigações civis e empresariais a serem garantidas. É um instrumento

---

ICC Services Publications, 2011, p. 2; PRUM, André. *Les garanties à première demande*: essay sur l'autonomie. Paris: Litec, 1994, p. 79.

[79] GUILHARDI, Pedro. *Garantias autônomas:* instrumento para proteção jurídica do crédito. São Paulo: Quartier Latin, 2019, p. 152-153; AFFAKI, Georges; GOODE, Roy. *Guide to ICC Uniform Rules for demand guarantees URDG 758*. Paris: ICC Services Publications, 2011, p. 2.

[80] JARDIM, Mónica. *A garantia autónoma*. Coimbra: Almedina, 2002, p. 75-76; GUILHARDI, Pedro. *Garantias autônomas:* instrumento para proteção jurídica do crédito. São Paulo: Quartier Latin, 2019, p. 154.

[81] AFFAKI, Georges; GOODE, Roy. *Guide to ICC Uniform Rules for demand guarantees URDG 758*. Paris: ICC Services Publications, 2011, p. 3.

que visa a facilitar e simplificar as garantias das operações econômicas, em que a obrigação assumida pelo garantidor é distinta e autônoma da obrigação que é garantida. Essa característica está no centro da compreensão da função do instituto.

1.2. A caracterização e a extensão da obrigação de garantia

Após a análise da garantia à primeira demanda como contrato, o próximo passo para a compreensão da sua função é o estudo do tipo de obrigação assumida pelo garantidor. A qualificação dessa obrigação, a partir da qual a função de garantia será exercida, perpassa por relembrar a clássica distinção entre obrigações de meios, de resultado e de garantia.

Nas obrigações de meios a prestação não consiste em resultado certo e determinado a ser produzido pelo devedor, mas simplesmente em uma atividade diligente em benefício do credor.[82] O devedor assume a obrigação de cumprir do melhor modo possível para a obtenção do resultado. Ilustra esse tipo de obrigação a contratação de médico para cuidar da saúde do paciente; a obrigação do médico é atuar de forma diligente para o tratamento, não sendo exigível a cura do paciente.

Nesse caso, o resultado não entra na formação vínculo obrigacional por depender de fatores, que sob o ponto de vista legal ou negocial estão para além das forças do devedor.[83] Assim, o devedor só será responsável se o credor provar a ausência total do comportamento do devedor ou um comportamento pouco diligente. Ademais, a impossibilidade[84] superveniente objetiva ou subjetiva libera o devedor da prestação.[67]

---

[82] COMPARATO, Fábio Konder. Obrigações de meios, de resultado e de garantia. *Doutrinas Essenciais Obrigações e Contratos*, v. 1, São Paulo, p. 761-776, junho 2011, p. 764.

[83] COMPARATO, Fábio Konder. Obrigações de meios, de resultado e de garantia. *Doutrinas Essenciais Obrigações e Contratos*, v. 1, São Paulo, p. 761-776, junho 2011, p. 767.

[84] A impossibilidade mencionada é a superveniente objetiva ou subjetiva, absoluta ou relativa, definitiva, total ou parcial. Sobre impossibilidade ver SILVA, Jorge Cesa Ferreira da. Inadimplemento das Obrigações. *In:* MARTINS-COSTA, Judith; REALE, Miguel (coord.). *Estudos em homenagem ao Professor Miguel Reale*, v. 7. São Paulo: Editora Revista do Tribunais, 2007, p. 36 e ss: "Há impossibilidade da prestação quando esta não for realizável, em razão de barreiras de ordem física ou jurídica, seja por ter perecido, seja por exigir esforços extraordinários, injustificáveis em face das circunstâncias do vínculo concreto (no exemplo de escola, a busca de um anel que caiu no mar). Essa impossibilidade pode

A garantia à primeira demanda não pode ser enquadrada como obrigação de meio, pois não é compatível com o seu tipo contratual a mera atuação diligente do garantidor, que não é liberado de sua obrigação em caso de impossibilidade objetiva ou subjetiva. O garantidor deve realizar o pagamento do valor objeto da garantia em qualquer hipótese de incumprimento do negócio jurídico garantido. A contratação da garantia à primeira demanda visa a assegurar uma relação jurídica subjacente, indenizando os danos sofridos pelo credor em caso de não cumprimento da prestação pelo devedor, qualquer que seja, em princípio, o motivo.

preceder a constituição do vínculo, quando será tida como originária ou genética, ou pode ser posterior a ele, sendo então denominada superveniente. Na maioria dos ordenamentos da Família Romano-Germânica, regimes completamente distintos são conectados a cada uma: a impossibilidade originária conduz à invalidade do negócio jurídico, sendo matéria tratada, portanto, na parte geral; já a impossibilidade superveniente configura hipótese de inadimplemento, sendo objeto das normas ora analisadas. O direito brasileiro seguiu esse modelo, sustentado no pressuposto de que ninguém pode obrigar-se a realizar o irrealizável (...)" O autor menciona, ainda, que a impossibilidade pode ser imputável ou inimputável: "a impossibilidade imputável atribui ao devedor o dever de indenizar, alterando com isso o conteúdo do vínculo (...) "sendo inimputável ao devedor — por decorrer de caso fortuito ou força maior, fato do credor ou do príncipe —, a impossibilidade o libera, pondo termo ao vínculo." A impossibilidade pode ser absoluta e relativa: "é inquestionável que libera o devedor a impossibilidade inimputável extensível a todos, ou seja, a chamada impossibilidade absoluta (ninguém pode ou poderia prestar). Discute-se, porém, se no direito brasileiro, também a impossibilidade exclusiva do devedor, chamada relativa, subjetiva ou insolvência (em sentido amplo), igualmente liberaria o devedor, quando inimputável. (...) No âmbito das relações regidas pelo Código Civil, a resposta deve ser positiva." (...) "A impossibilidade pode ser também definitiva, quando o vínculo se extinguirá (inimputável) ou se alterará (imputável), ou temporária (p. ex. plano econômico governamental que veda temporariamente certa prática). A impossibilidade temporária enseja a paralisação da exigibilidade da prestação e mantém o vínculo até que a causa da impossibilidade se afaste ou até que se extingam os interesses do credor na prestação." (...) "Distingue-se também entre impossibilidade total e parcial".

[85] ALMEIDA COSTA, Mário Júlio de. *Direito das obrigações*. 12. ed. Coimbra: Almedina, 2012, p. 1039. Em sentido contrário ver ANTUNES VARELA, João de Matos. *Das obrigações em geral*. v. II. 7ª ed. Coimbra: Almedina, 2017, p. 74: "Pode no entanto, a obrigação ser apenas de meios, e haver elementos, apesar disso, para concluir que o devedor se pode (e deve) fazer substituir por terceiro no cumprimento dela: quando assim seja, também só a impossibilidade objetiva exonerará o devedor do vínculo que a contraiu."

Para além das obrigações de meios, há as *obrigações de resultado*, em que o objeto da prestação não é a atividade diligente, mas o resultado esperado. Utilizando-se do exemplo de Comparato, quando se leva uma mobília para conserto, o objeto da prestação é o resultado do conserto, não a atividade diligente do marceneiro.[86]

Nessa modalidade de obrigação, a ausência do resultado constitui o devedor em mora,[87] cabendo-lhe provar a ocorrência de caso fortuito ou força maior para se exonerar da responsabilidade.[88] Ou seja, somente a impossibilidade superveniente objetiva e não culposa da prestação exonera o devedor.[89]

Ainda que se afirme que toda obrigação comporta um resultado — que corresponde a sua utilidade econômico-social para o credor — nem sempre esse resultado integra o vínculo como elemento da prestação. Sendo assim, o que diferencia as obrigações de meio e de resultado é o objeto da prestação. Consequentemente, se em uma obrigação de resultado (como o conserto do móvel), este não é atingido, então há inadimplemento;[90] se, em uma obrigação de meios, o resultado esperado não é atingido, pode ou não haver inadimplemento, sendo necessário analisar a conduta diligente, ou não, do devedor.

Igualmente não é possível enquadrar a obrigação do garantidor à primeira demanda no âmbito das obrigações de resultado. Quando da pactuação desse contrato de garantia não há certeza da exigibilidade da

---

[86] COMPARATO, Fábio Konder. Obrigações de meios, de resultado e de garantia. *Doutrinas Essenciais Obrigações e Contratos*, v. 1, São Paulo, p. 761-776, junho 2011, p. 764.

[87] Sobre mora ver SILVA, Jorge Cesa Ferreira da. Inadimplemento das Obrigações. *In:* MARTINS-COSTA, Judith; REALE, Miguel (coord.). *Estudos em homenagem ao Professor Miguel Reale*, v. 7. São Paulo: Editora Revista do Tribunais, 2007, p. 67 ss.

[88] COMPARATO, Fábio Konder. Obrigações de meios, de resultado e de garantia. *Doutrinas Essenciais Obrigações e Contratos*, v. 1, São Paulo, p. 761-776, junho 2011, p. 769. Nesse sentido cumpre destacar o artigo 396 do Código Civil: "Não havendo fato ou omissão imputável ao devedor, não incorre este em mora". Esse dispositivo refere-se às obrigações de resultado, em que há a exigência de imputabilidade para a caracterização da mora.

[89] ALMEIDA COSTA, Mário Júlio de. *Direito das obrigações*. 12. ed. Coimbra: Almedina, 2012, p. 1040.

[90] Sobre o conceito de inadimplemento ver: SILVA, Jorge Cesa Ferreira da. Inadimplemento das Obrigações. *In:* MARTINS-COSTA, Judith; REALE, Miguel (coord.). *Estudos em homenagem ao Professor Miguel Reale*, v. 7. São Paulo: Editora Revista do Tribunais, 2007, p. 30 ss.

prestação do garantidor, pois dependerá de acontecimentos na relação jurídica subjacente. Portanto, quando a garantia à primeira demanda é firmada, não há um resultado que integre o vínculo como elemento da prestação. De acordo com Comparato, é "no critério da aleatoriedade do resultado esperado que se situa o fundamento"[91] para a existência do terceiro gênero de classificação das obrigações: *a obrigação de garantia.*

Na obrigação de garantia o conteúdo da prestação é a eliminação de um risco que pesa sobre o credor.[92] Nesse caso, "o devedor promete ainda mais do que nas obrigações de resultado, pois assume o risco da não verificação do evento pretendido".[93] A simples assunção de risco pelo garantidor representa o adimplemento de sua prestação.[94]

De acordo com Mastropaolo, quem presta uma garantia, assume um risco; o risco de divergência entre uma realidade hipotética, atual ou futura, pela qual o sujeito garantido é interessado, e uma realidade efetiva, atual ou futura, em que há a frustração da expectativa do sujeito garantido.[95] Ou seja, "o conteúdo das obrigações de garantia é a eliminação de um risco que pesa sobre o credor",[96] o que significa "*a fortiori* reparar as consequências de sua realização".[97]

Nas obrigações de garantia, o garantidor responde haja o que houver, não lhe sendo lícito invocar causa estranha que tenha tornado a prestação impossível.[98] A assunção de risco pelo garantidor e pagamento de inde-

---

[91] Comparato, Fábio Konder. Obrigações de meios, de resultado e de garantia. *Doutrinas Essenciais Obrigações e Contratos*, v. 1, São Paulo, p. 761-776, junho 2011, p. 767.

[92] Comparato, Fábio Konder. Obrigações de meios, de resultado e de garantia. *Doutrinas Essenciais Obrigações e Contratos*, v. 1, São Paulo, p. 761-776, junho 2011, p. 767.

[93] Almeida Costa, Mário Júlio de. *Direito das obrigações.* 12.ed. Coimbra: Almedina, 2012, p. 1040

[94] Comparato, Fábio Konder. Obrigações de meios, de resultado e de garantia. *Doutrinas Essenciais Obrigações e Contratos*, v. 1, São Paulo, p. 761-776, junho 2011, p. 768.

[95] Mastropalo, Fulvio. *I contratti autonomo di garanzia.* Torino: G. Giappichelli Editore, 1995, p. 21.

[96] Comparato, Fábio Konder. Obrigações de meios, de resultado e de garantia. *Doutrinas Essenciais Obrigações e Contratos*, v. 1, São Paulo, p. 761-776, junho 2011, p. 768.

[97] Comparato, Fábio Konder. Obrigações de meios, de resultado e de garantia. *Doutrinas Essenciais Obrigações e Contratos*, v. 1, São Paulo, p. 761-776, junho 2011, p. 768.

[98] Almeida Costa, Mário Júlio de. *Direito das obrigações.* 12. ed. Coimbra: Almedina, 2012, p. 1040; No mesmo sentido Pinto Monteiro, Antônio. *Cláusula Penal e indenização.* Coimbra:

nização ou o cumprimento da obrigação, que originalmente deveria ser prestada pelo devedor, representam o adimplemento de sua prestação.[99]

A prestação do garantidor à primeira demanda é, então, assumir um risco pelo credor, reparando as consequências econômicas oriundas de incumprimentos ocorridos na relação jurídica subjacente. Na garantia à primeira demanda, o garantidor obriga-se a pagar ao beneficiário (credor) certa quantia em dinheiro, sem poder invocar em seu benefício quaisquer meios de defesa relacionados com a relação jurídica subjacente.[100]

A obrigação do garantidor será pecuniária, correspondendo ao equivalente econômico da obrigação subjacente, que pode ser a entrega de uma mercadoria ou a realização de uma obra, por exemplo.[101] Em outras palavras, o garantidor não vai substituir o devedor no cumprimento da obrigação da relação jurídica subjacente, mas vai assegurar o seu resultado através do pagamento de uma soma em dinheiro anteriormente definida.[102]

Almedina, 1990, p. 266-267: "Assim, ainda que não haja culpa do devedor, mesmo que o cumprimento se tenha tornado impossível por força de circunstâncias exteriores, impossíveis de prevenir e/ou superar, se o credor tem a garantia de que o devedor responderá pela não obtenção do resultado prometido."

[99] COMPARATO, Fábio Konder. Obrigações de meios, de resultado e de garantia. *Doutrinas Essenciais Obrigações e Contratos*, v. 1, São Paulo, p. 761-776, junho 2011, p. 768.

[100] TELLES, Inocêncio Galvão. Garantia bancária autônoma. Estudo e Parecer. *O Direito*, Coimbra, ano 120, III-IV, p. 275-293, 1988, p. 283.

[101] RIBEIRO, Antônio Sequeira. Garantia bancária autônoma à primeira solicitação: algumas questões. *In*: MENEZES CORDEIRO, Antônio; LEITÃO, Luís Menezes; GOMES, Manuel Januário da Costa (Coord.). *Estudos em homenagem ao Professor Doutor Inocêncio Galvão Telles*, vol. II, Direito Bancário. Coimbra: Almedina, 2002, p. 308. No mesmo sentido: VAZ SERRA, Adriano Paes da Silva. Fiança e figuras análogas. *Separata do Boletim do Ministério da Justiça*, Lisboa, n. 71, 1957, p. 282; CALDERALE, Alfredo. *Fideiussione e contratto autonomo di garanzia*. Bari: Cacucci Editore, 1989, p. 200-201: "*Il garante (...) si impegna autonomamente ad assicurare al creditore il conseguimento della prestazione dedotta nel contratto, qualora si avervi il rischio coperto. Infatti, a fronte di obblighi di fari, spesso infungibili, o di dare del debitore, il garante assume, di solito, il diverso obbligo di dare una somma di denaro.*"

[102] TELLES, Inocêncio Galvão. Garantia bancária autônoma. Estudo e Parecer. *O Direito*, Coimbra, ano 120, III-IV, p. 275-293, 1988, p. 288: "a obrigação do garante autônomo, como do fiador, é sempre uma obrigação de pagamento de dinheiro, mesmo quando a obrigação garantida não seja uma obrigação pecuniária, mas de prestação de facto (como a execução de uma obra) ou de prestação de uma coisa que não espécies monetárias (como

No núcleo essencial da garantia à primeira demanda, assim como em todas as garantias, há características acentuadamente funcionais, em que um interesse ou situação jurídica subjetiva tornam-se realizáveis ou reforçados em razão da garantia.[103] Isso porque as garantias "não são definíveis nem pela sua estrutura, nem por uma especial origem histórica";[104] as garantias são definidas a partir da sua função de "reforçar a expectativa do credor à obtenção do bem representado por uma obrigação".[105]

No caso específico da garantia à primeira demanda, verifica-se que a função é ser um reforço quantitativo à probabilidade de satisfação do crédito, em que o garantidor assegura o credor contra os riscos do contrato base, afastando-o de litígios complexos e demorados para obter de forma rápida a reintegração patrimonial, em caso de inadimplência do devedor.[106] A função é garantir pessoalmente a "satisfação de uma obrigação assumida por terceiro, independentemente da validade ou eficácia dessa obrigação e dos meios de defesa que a ela possam ser opostos, assegurando assim que o credor obterá sempre o resultado do recebimento dessa prestação".[107]

Em suma, no contrato de garantia à primeira demanda o garantidor assume uma obrigação de garantia, que visa a eliminar determinado risco que pesa sobre o credor. A sua função é assegurar a satisfação do interesse econômico do beneficiário — comprometido pelo inadimplemento

---

a entrega de um imóvel). Não versando a obrigação garantida sobre dinheiro, o garante responsabiliza-se apenas pela indemnização resultante do incumprimento e não pelo cumprimento específico."

[103] MASTROPALO, Fulvio. *I contratti autonomo di garanzia*. Torino: G. Giappichelli Editore, 1995, p. 22.

[104] MENEZES CORDEIRO, Antônio. *Tratado de Direito Civil*, v. X, Direito das Obrigações, Garantias. Coimbra: Almedina, 2015, p. 35.

[105] MENEZES CORDEIRO, Antônio. *Tratado de Direito Civil*, v. X, Direito das Obrigações, Garantias. Coimbra: Almedina, 2015, p. 35.

[106] MASTROPALO, Fulvio. *I contratti autonomo di garanzia*. Torino: G. Giappichelli Editore, 1995, p. 124.

[107] MENEZES LEITÃO, Luís Manuel Teles de. *Garantias das obrigações*. 5.ed. Coimbra: Almedina, 2016, p. 137-138.

do devedor principal — ou em caso de impossibilidade da prestação ou de invalidade da obrigação.[108]

Semelhantemente à função, a causa da garantia à primeira demanda é pressuposto para entendê-la como instituto jurídico. Sendo assim, ultrapassada a apresentação da função da garantia à primeira demanda, passa-se ao estudo de sua causa, a fim de complementar e aprofundar o seu entendimento como instituto jurídico.

1.3. A causa do contrato de garantia à primeira demanda

A *causa* do contrato de garantia à primeira demanda foi bastante discutida quando da internalização desse instituto na França,[109] na Itália[110] e

---

[108] MASTROPALO, Fulvio. *I contratti autonomo di garanzia*. Torino: G. Giappichelli Editore, 1995, p. 124. Ver também: GOMES, Fátima. Garantia bancária autônoma à primeira solicitação. *Direito e Justiça*, Lisboa, vol. VIII, t. 2, p. 119-210, 1994, p. 149; RIBEIRO, Antônio Sequeira. Garantia bancária autônoma à primeira solicitação: algumas questões. *In:* MENEZES CORDEIRO, Antônio; LEITÃO, Luís Menezes; GOMES, Manuel Januário da Costa (Coord.). *Estudos em homenagem ao Professor Doutor Inocêncio Galvão Telles*, vol. II, Direito Bancário. Coimbra: Almedina, 2002, p. 308; CALDERALE, Alfredo. *Fideiussione e contratto autonomo di garanzia*. Bari: Cacucci Editore, 1989, p. 180.

[109] Sobre causa no Direito francês ver CARBONNIER, Jean. *Droit Civil*. Tome Second, Les biens et les obligations. Paris: Presses Universitaires de France, 1957, p. 368-369: "*C'est une condition essentielle à la validité du contratque toute partie qui s'y oblige le fasse pour une cause licite (a. 1108): il faut que la cause existe et qu'elle soit licite (a. 1131). Le C.C. n'pas défini la cause, et des controverses inépuisables se sont élevées en doctrine à ce sujet. (...) L'a. 1131 prend la question par son revers: l'obligation sans cause ne peut avoir aucun effet; c'est-à-dire qu'elle est nulle (d'une nullité absolue), ce qui entraîne, d'ailleurs, la nullité de tout le contrat*". É preciso registrar que os dispositivos referidos foram modificados com a reforma do Código Civil Francês de 2016, mas no momento de admissibilidade da garantia à primeira demanda vigia a redação original de 1804. O conteúdo do artigo 1.108 do Código Francês está atualmente no artigo 1.128: "*Sont nécessaires à la validité d'un contrat: 1° Le consentement des parties; 2° Leur capacité de contracter; 3° Un contenu licite et certain.*"

[110] Sobre causa no Direito italiano ver GALGANO, Francesco. *Trattado di diritto civile*. Volume secondo: Le obbligazioni in generale, il contratto in generale, i singoli contratti. Padova: CEDAM, 2010, p. 206-207: "*La concorde volontà delle parti è, con i limiti sopra indicati, requisito necessario, ma non ancora sufficiente, del contratto. Occorre altresì una causa, che l'art. 1325, n. 2, eleva a ulteriore requisito essenziale dei contratti e, per il richiamo di cui all'art. 1324, degli atti unilaterali. La causa è la funzione economico-sociale dell'atto di volontà; è, come la definiscono le relazioni che accompagnano il codice civile, la 'giustificazione della tutela dell'autonomia privata' (...); un 'vincolo al potere della volontà individuale'.*" BIANCA, Massimo. *Diritto Civile*, t. 3, il

em Portugal,[111] já que seus ordenamentos jurídicos exigem a presença de causa nos contratos.[112] Cada país seguiu o seu próprio caminho, haja vista a multiplicidade de significados da noção de causa — um dos termos mais polissêmicos do Direito Privado.[113]

Ante essa polissemia, reconhecendo-se que a causa, a depender do sistema jurídico, possa ser ou requisito do contrato, ou elemento de eficácia, poder-se-ia, desde, já, adotar uma das noções de causa compatíveis com o Direito brasileiro e transportá-la para o seio da garantia à primeira demanda. No entanto, isso, além de arbitrário, ignoraria anos de discussões em busca da compreensão da causa dessa garantia em sistemas causalistas, como o francês, italiano e português. Foi a partir da qualificação da causa da garantia à primeira demanda nesses países, que sua internalização e difusão ocorreu, auxiliando para afastar dúvidas a respeito do tema.

Ao examinar o caminho trilhado por esses países, constata-se que há um ponto em comum sobre a noção de causa desse instituto. A bagagem desse estudo em países que adotam conceitos de causa tão diversos,

---

contrato. Milano: Giuffrè Editore, 2000, p. 448: "*Ma in generale la causa deve essere sempre presente nel contratto, sia questo tipico o atipico. La causa è infatti espressamente indicata tra gli elementi essenziali del contratto (1325, n. 2, cc), e la sua mancanza comporta di regola la nullità dell'atto (1418 cc)*"; Sobre noção de causa ver também BETTI, Emilio. *Teoria generale del negozio giuridico*. Napoli: Edizioni Scientifiche Italiane, 1994, p. 170 e ss.; FERRI, Giovanni. *Causa e tipo nella teoria del negozio giuridico*. Milano: Giuffrè Editore, 1966.

[111] Sobre causa no Direito português ver MENEZES CORDEIRO, Antônio. *Tratado de Direito Civil*, v. II, parte geral, negócio jurídico. 4ª ed. Coimbra: Almedina, 2018, p. 101 e seguintes; ALMEIDA, Carlos Ferreira de. *Texto e enunciado na teoria do negócio jurídico*. V. I. Coimbra: Livraria Almedina, 1992, p. 500 e ss.

[112] CORTEZ, Francisco. A garantia bancária autônoma — alguns problemas. *Revista da Ordem dos Advogados*, Lisboa, ano 52, Vol. II, p. 513-610, jul. 1992, p. 573; ALMEIDA COSTA, Mário Júlio; PINTO MONTEIRO, Antônio. Garantias Bancárias. O contrato de garantia à primeira solicitação. *Colectânea de jurisprudência*, Coimbra, ano XI, t. V, p. 16-34, 1986, p. 22.

[113] BIANCA, Massimo. *Diritto Civile*, t. 3, il contrato. Milano: Giuffrè Editore, 2000, p. 448 e ss.; In: PORTALE, Giuseppe. *Le garanzie bancarie internazionale*. Milano: Giuffrè Editore, 1989, p. 38. Sobre as diferentes visões sobre a causa ver também SILVA, Luis Renato Ferreira da. *Reciprocidade e contrato*: a teoria da causa e sua aplicação nos contratos e nas relações paracontratuais. Porto Alegre: Livraria do Advogado Editora, 2013, p. 18; BRANCO, Gerson Luiz Carlos. *Função social dos contratos*: interpretação à luz do Código Civil. São Paulo: Saraiva, 2009.

mas que, ao final, possuem um entendimento comum quanto à causa da garantia à primeira demanda, facilitará a sua compreensão no Direito brasileiro.

No Direito Francês, a causalidade da garantia à primeira demanda foi objeto de estudo, sobretudo, por Yves Poullet,[114] que, após analisar a matéria no Direito Comparado, chegou a uma definição de causa da garantia à primeira demanda, que influenciou a doutrina subsequente.[115] Para ele, a causa dessa garantia reside no elo existente entre a causa-função da garantia e a sua causa material ou subjetiva.[116] A definição da causa é dupla, pois radica tanto na *causa-função*, como na *causa material*.[117]

A causa-função da garantia à primeira demanda é o suporte que justifica a transferência patrimonial do garantidor para o beneficiário. Já a

---

[114] Esclarece-se que o referido jurista é Belga, mas seus estudos são de grande valia para a compreensão do direito francês. Ver: POULLET, Yves. *L'abstraction de la garantie bancaire automatique: étude de droit civil comparé*. Thése, Louvain la Neuve, 1982. Disponível em <https://researchportal.unamur.be/fr/studentTheses/labstraction-de-la-garantie-bancaire-automatique >. (Acesso em 09/05/2020)

[115] PRUM, André. *Les garanties à première demande*: essay sur l'autonomie. Paris: Litec, 1994, p. 62.

[116] POULLET, Yves. *L'abstraction de la garantie bancaire automatique: étude de droit civil comparé*. Thése, Louvain la Neuve, 1982. Disponível em <https://researchportal.unamur.be/fr/studentTheses/labstraction-de-la-garantie-bancaire-automatique>. (Acesso em 09/05/2020), p. 212-213: "*La cause-fonction éclaire donc la théorie de la cause objective, mais celle-ci, à son tour, apporte à la conception de la cause conçue uniquement comme cause-fonction une précision importante. Si la cause-fonction est en effet indispensable pour comprendre et délimiter la prévision des parties, celle-ci n'a cependant de fondement réel que dans la mesure où elle renvoie à la présence d'une cause matérielle, c'est-à-dire à une possibilité effective de réalisation. D'emblée, il faut donc retenir comme cause de la convention et des obligations qui en naissent, ce lien entre, d'une part, la cause-fonction présente dans la volonté des parties et d'autre part, la cause matérielle nécessaire à la réalisation de leurs prévisions. Cette définition de la cause rejoint les définitions synthétiques de la cause élaborées par une doctrine française récente, en particulier par Hébraut et Hauser. C'est cette définition qui va être appliquée aux différents types des garanties.*"

[117] POULLET, Yves. *L'abstraction de la garantie bancaire automatique: étude de droit civil comparé*. Thése, Louvain la Neuve, 1982. Disponível em <https://researchportal.unamur.be/fr/studentTheses/labstraction-de-la-garantie-bancaire-automatique> (Acesso em 09/05/2020), p. 204: "*La définition de la cause de la garantie automatique est double: d'une parte, elle est présentée comme l'adhésion du banquier garant à la cause-fonction de la garantie automatique; d'autre part, elle est analysée comme la cause matérielle objective de son engagement, à savoir la réalité d'un marché ou d'une partie du marché. La relation, entre ces deux conception de la cause est évidente en droit français.*"

causa material, derivada das teorias subjetivas, de acordo com Poullet, são os motivos, as razões determinantes incorporadas no acordo de vontade. Essas duas visões são complementares.[118]

Em consonância com essa visão, André Prum assevera que a causa-função da garantia à primeira demanda é a assunção da álea que recai sobre o beneficiário. Esse risco é o antecedente material que determina a independência do vínculo do garantidor.[119] Já a *causa subjetiva* na garantia à primeira demanda é o interesse das partes de cobrir um risco, é a intenção de as partes fornecerem ao beneficiário uma proteção contra esse risco de forma específica e efetiva. Além disso, significa a intenção de fornecer segurança para servir de meio de pressão para o cumprimento do contrato principal.[120] A importância dessa distinção, de acordo com o autor, reside nos diferentes papéis que cada uma das dimensões da causa é chamada a cumprir. A existência de um apoio econômico possibilita buscar a base da operação e verificar a formação de um consentimento em torno de um objetivo comum, ao passo que o controle exercido sobre os motivos determinantes serve para avaliar a legalidade do vínculo.[121]

Em que pese a distinção entre a causa-função e a causa subjetiva, há uma unidade teleológica oriunda da operação econômica. Há uma união entre as relações que formam a operação da garantia à primeira demanda que alcança uma síntese entre as bases materiais indispensáveis para a

---

[118] PRUM, André. *Les garanties à première demande*: essay sur l'autonomie. Paris: Litec, 1994, p. 63.

[119] PRUM, André. *Les garanties à première demande*: essay sur l'autonomie. Paris: Litec, 1994, p. 65.

[120] PRUM, André. *Les garanties à première demande*: essay sur l'autonomie. Paris: Litec, 1994, p. 67.

[121] PRUM, André. *Les garanties à première demande*: essay sur l'autonomie. Paris: Litec, 1994, p. 68. No mesmo sentido ver SIMLER, Philippe. *Cautionnament. Garanties autonomes. Garanties indemnitaires.* Paris: LexisNexis, 2015, p. 1009: "*Il reste seulement à vérifier dans quelle mesure l'autonomie conférée aux garanties étudiées et son corollaire, l'inopposabilité des exceptions, sont compatibles avec le rôle habituellement reconnu à la cause. La distinction des deux acceptions de la cause, objective et subjective, est à cet égard essentielle.*"; POULLET, Yves. La garantie à première demande: un acte unilateral abstrait? *In:* MELANGES Jean Pardon. *Etudes en droit bancaire et financier Studies inzake bank — en financieel recht.* Bruxelles: Bruylant, 1996, p. 431: "*La théorie de la cause, outre qu'elle fonde l'indépendance de l'engagement bancaire, met en évidence l'unité profonde de l'opération triangulaire dans laquelle s'insère le contrar de garantie.*"

formação do vínculo e a motivação das partes, constituindo a justificação essencial e suficiente de todas as obrigações, ou seja, a causa das relações.[122] De acordo com a concepção francesa, a análise da causa da garantia autônoma valida essa instituição, justifica a sua autonomia e os limites dessa autonomia.[123]

Na Itália, por sua vez, foram várias as teorias criadas para justificar a causalidade da garantia à primeira demanda, refletindo a dificuldade que circunda a matéria. De acordo com Giuseppe Portale, essa garantia é causal quando há a declaração do escopo de garantia no próprio contrato de garantia e quando as partes fazem referência à relação subjacente para justificar a obrigação do garantidor.[124] Quanto às atribuições patrimoniais, Portale referiu que o fundamento econômico da atribuição patrimonial do contrato de garantia está nas demais relações que formam a operação econômica.[125]

Partindo da teoria da causa da garantia à primeira demanda criada por Portale, Francesco Benatti acrescenta que a causa tem a função dúplice de assegurar a seriedade da promessa e de controlar a sua licitude. Ante a primeira função, a causa aparece no interesse das partes em firmar um contrato para garantir outro negócio jurídico e, nesse caso, a confiança do beneficiário é merecedora de tutela jurídica segundo os cânones socioe-

---

[122] PRUM, André. *Les garanties à première demande*: essay sur l'autonomie. Paris: Litec, 1994, p. 70.

[123] POULLET, Yves. La garantie à première demande: un acte unilateral abstrait? *In:* MELANGES Jean Pardon. *Etudes en droit bancaire et financier Studies inzake bank — en financieel recht*. Bruxelles: Bruylant, 1996, p. 433: "*La définition de la cause-fonction de la garantie indépendant dessine en creux les limites de son abstraction en même temps que l'étude de telles limites permettra l'approfondissement de cette définition*"; POULLET, Yves. *L'abstraction de la garantie bancaire automatique: étude de droit civil comparé*. Thése, Louvain la Neuve, 1982. Disponível em <https://researchportal.unamur.be/fr/studentTheses/labstraction-de-la-garantie--bancaire-automatique>. (Acesso em 09/05/2020), p. 204: "*La nature causale de la garantie automatique permet non seulement de valider cette institution en vertu du principe de la liberté contractuelle, mais justifie et l'abstraction de la garantie et les limites de cette abstraction. L'analyse de ces limites met en relief les obscurités de la notion de cause.*"

[124] PORTALE, Giuseppe. Fideiussione e garantievertrag nella prassi bancaria. *In:* PORTALE, Giuseppe. *Le operazione Bancarie*, t. II. Milano: Giuffrè Editore, 1978, p. 1063.

[125] PORTALE, Giuseppe. Nuovi sviluppi del contratto di garanzia. In: PORTALE, Giuseppe. *Le garanzie bancarie internazionale*. Milano: Giuffrè Editore, 1989, p. 42.

conômicos. Quanto ao segundo aspecto da função da causa, o autor afirma que a garantia à primeira demanda contém a indicação do contrato base e que a ilicitude deste contrato conduz à nulidade da garantia, por ilicitude da causa. Afinal, a garantia à primeira demanda não se configura como um ato mudo de causa, mas que a sua função e relevo é reduzido nos limites previstos pelas partes.[126]

Outra concepção de causa da garantia à primeira demanda no Direito Italiano é a de Mastropaolo, que sustenta a existência de uma causa intrínseca ao contrato de garantia.[127] Essa causa produz uma obrigação autônoma de assegurar outra operação econômica, consubstanciada na indenização do beneficiário na hipótese prevista no contrato base.[128] A causa é o fim visado pelas partes, isto é, garantir um resultado considerado material e relevante ao beneficiário. A causa nessa concepção é função e não contradiz mas, pelo contrário, aumenta a autonomia da garantia quanto às demais relações jurídicas. Estas relações aparecem como pressupostos ou causas remotas (externas) do contrato de garantia, as quais não terão efeitos sobre o contrato de garantia.[129]

A tese de Mastropaolo foi criticada por Alessandro Natucci, pois, de acordo com o autor, baseia-se em um conceito muito amplo de *garantia*. Para Natucci, a causa da garantia à primeira demanda está na função de promoção contratual, no sentido de possibilitar a conclusão do contrato base,[130] sendo uma função não jurídica. No entanto, para o autor, não é possível falar de causa da garantia em sentido técnico, pois não há vínculo de acessoriedade.[131]

---

[126] BENATTI, Francesco. Il contratto autônomo di garanzia. *Banca Borsa e Titoli di Credito*, Milano, XLV, parte prima, 171-191, 1982, p. 179.

[127] MASTROPALO, Fulvio. *I contratti autonomo di garanzia*. Torino: G. Giappichelli Editore, 1995, p. 320.

[128] MASTROPALO, Fulvio. *I contratti autonomo di garanzia*. Torino: G. Giappichelli Editore, 1995, p. 320.

[129] MASTROPALO, Fulvio. *I contratti autonomo di garanzia*. Torino: G. Giappichelli Editore, 1995, p. 353-354.

[130] NATUCCI, Alessandro. *Astrazione causale e contratto autonomo di garanzia*. Milano: CEDAM, 1992, p. 109.

[131] NATUCCI, Alessandro. *Astrazione causale e contratto autonomo di garanzia*. Milano: CEDAM, 1992, p. 110.

Mais recentemente, Barillà considerou que a causalidade da garantia à primeira demanda reside em sua função de garantia, a de neutralizar os riscos da relação jurídica subjacente. Por sua vez, a justificação da transferência de patrimônio do garantidor para o beneficiário está na relação jurídica subjacente, cuja menção no contrato de garantia é suficiente para justificar a obrigação do garante.[132]

Ante as inúmeras teorias sobre a causa da garantia à primeira demanda no Direito italiano, Emanuela Navarreta sustenta a sua abordagem não como um dogma, mas como um elemento conectado a um sistema corretivo específico.[133]

No Direito português, a noção de causa foi desenvolvida de forma mais uniforme pela doutrina. A defesa do caráter causal da garantia à primeira demanda foi realizada pela primeira vez por A. Ferrer Correia, que entendeu a causa como o escopo de garantia.[134] De modo similar, Galvão Telles afirma que a garantia à primeira demanda visa a uma função de garantia "e essa função, que constitui a sua causa, está objetivada no respectivo contrato".[135]

Acresce-se a esses posicionamentos, a posição de Mário Júlio de Almeida Costa e Antônio Pinto Monteiro, que afirmam que a garantia à primeira demanda é uma *obrigação causal*, pois apresenta uma função de garantia, que é expressa e objetivada no próprio contrato.[136] Também nesse sentido, destaca-se o posicionamento de João Calvão da Silva, que acredita que a causa está no escopo de garantia da relação principal, isto é, na finalidade típica de garantir o beneficiário. Essa causa é externa,

---

[132] BARILLÀ, Giovanni. Causa esterna e garanzie bancaria autonome. *Banca Borsa e Titoli di Credito*, Milano, vol. LIX, p. 659-677, novembro-dezembro, 2006, p. 670-676.

[133] NAVARRETA, Emanuela. Il contratto autonomo di garanzia. *In*: GITTI, Gregorio; MAUGERI, Marisaria; NOTARI, Mario (coord.). *I contratti per l'impresa*. I. Produzione, circolazione, gestione, garanzia. Bologna: Il mulino, 2012, p. 559.

[134] CORREIA, A. Ferrer. Notas para o estudo da garantia bancária. *Revista de Direito e Economia*, Coimbra, p. 1-14, 1982, p. 4.

[135] TELLES, Inocêncio Galvão. *Garantia bancária autônoma*. Lisboa: Livraria Arco-íris, 1991, p. 288.

[136] ALMEIDA COSTA, Mário Júlio; PINTO MONTEIRO, Antônio. Garantias Bancárias. O contrato de garantia à primeira solicitação. *Colectânea de jurisprudência*, Coimbra, ano XI, t. V, p. 16-34, 1986, p. 22.

mas é interiorizada através da referência na garantia da relação de base garantida.[137]

A doutrina mais recente seguiu a linha das concepções já exaradas, destacando-se a posição de Mónica Jardim, que parte do conceito de *negócio causal* como aquele que tende para um fim especial típico, expresso no conteúdo do negócio, e quando serve a uma função econômico-social típica. Diante dessa perspectiva, a garantia à primeira demanda é causal, porque

> a sua única causa, a sua finalidade econômica-social, é a de garantir o contrato-base. Finalidade essa que está nele objetivada, bem como nos contratos que o antecedem (contrato base e contrato de mandato) e que não é irrelevante para o regime da operação de garantia, muito ao invés, influencia-o decisivamente.[138]

Em suma, a causa como função do contrato de garantia à primeira demanda é a de assegurar o pagamento de uma soma de dinheiro no caso de haver a configuração de um risco e o pedido da garantia pelo beneficiário.[139] Ou seja, a causa dessa garantia é a sua finalidade econômico-

---

[137] SILVA, João Calvão da. *Estudos de Direito Comercial (Pareceres)*. Capítulo II. Garantia Bancária. Coimbra: Almedina, 1996, p. 341-342; em complemento, sobre a importância da causa na visão do autor ver p. 43: "a garantia autônoma não é desprovida de causa, mas apenas dela se encontra desligada. O garante não se obriga por se obrigar: obriga-se por uma causa, e essa tem de existir. Se essa suposta causa, que está na base da garantia, não existe, não se pode dizer causado o contrato de garantia autônoma. Ora, o contrato de garantia autônoma só é admitido se tiver causa que se autonomize e independentize, para ao beneficiário não poderem ser opostas exceções tiradas dessa relação jurídica que lhe está na base e que tem que existir".

[138] JARDIM, Mónica. *A garantia autónoma*. Coimbra: Almedina, 2002, p. 428.

[139] MENEZES LEITÃO, Luís Manuel Teles de. *Garantias das obrigações*. 5.ed. Coimbra: Almedina, 2016, p. 140; VASCONCELOS, Miguel Pestana. *Direito das Garantias*. Coimbra: Almedina, 2019, p. 143: "ao contrário do que sustentado por certa doutrina, não se trata de um negócio abstrato, mas de um negócio causal. Com efeito, o contrato em análise tem, em si, uma função própria: assegurar uma obrigação emergente de um outro contrato, o contrato-base. A sua causa (no sentido causa-função) é, pois de garantia."; ALMEIDA, Carlos Ferreira de. *Contratos III*. Contratos de liberdade, de cooperação e de risco. Coimbra: Almedina, 2015, p. 212: "A função econômico-social do negócio é a garantia, porque o negócio tem como

-social, a de garantir determinado contrato base, o que é objetivado no próprio contrato de garantia e nos demais que formam a sua operação.[140]

Em que pese a multiplicidade de teorias sobre a causa da garantia à primeira demanda, é possível perceber um ponto de contato, que é o entendimento da causa como função ou finalidade de garantia da relação jurídica subjacente.

É nesse sentido, de causa como função, que a garantia à primeira demanda foi considerada causal no Direito brasileiro por Pedro Guilhardi, pois há função de garantia, e a causa da garantia "equivale à prestação da relação jurídica base que se pretende acautelar em caso de descumprimento, isto é, qual o risco que se pretende preservar".[141] Antes de examinar esse conceito e entender melhor a causa na garantia à primeira demanda no Brasil, é preciso observar as peculiaridades do nosso sistema, já que não há menção explícita à causa no Código Civil.[142]

A utilidade da causa é dar ou recusar proteção jurídica a negócios sem justificativa ou sem significação social; a causa é função, é o elemento que define o negócio jurídico e que serve para diferenciá-lo de outros.[143]

---

finalidade metajurídica a cobertura de uma eventual frustração do beneficiário. O negócio é portanto causal, porque o texto da garantia exprime essa função."

[140] ALMEIDA COSTA, Mário Júlio; PINTO MONTEIRO, Antônio. Garantias Bancárias. O contrato de garantia à primeira solicitação. *Colectânea de jurisprudência*, Coimbra, ano XI, t. V, p. 16-34, 1986, p. 21; TELLES, Inocêncio Galvão. *Garantia bancária autônoma*. Lisboa: Livraria Arco-íris, 1991, p. 288; CORREIA, A. Ferrer. Notas para o estudo da garantia bancária. *Revista de Direito e Economia*, Coimbra, p. 1-14, 1982, p. 4-5; JARDIM, Mónica. *A garantia autónoma*. Coimbra: Almedina, 2002, p. 428.

[141] GUILHARDI, Pedro. *Garantias autônomas:* instrumento para proteção jurídica do crédito. São Paulo: Quartier Latin, 2019, p. 166.

[142] BODIN DE MORAES, Maria Celina. A causa do contrato. *Civilistica.com*. Rio de Janeiro, a. 2, n. 4, p. 1-24, out.-dez., 2013. Disponível em: http://civilistica.com/a-causa-do-contrato/ (acesso em 17.06.2020), p. 2-3. Para aprofundamentos quanto à problemática da causa no Direito brasileiro ver: CAMPOS FILHO, Paulo Barbosa de. *O problema da causa no Código Civil Brasileiro*. São Paulo: Max Limonad, 1946; SILVA, Luis Renato Ferreira da. *Reciprocidade e contrato:* a teoria da causa e sua aplicação nos contratos e nas relações paracontratuais. Porto Alegre: Livraria do Advogado Editora, 2013; PENTEADO, Luciano de Camargo. *Doação com Encargo e causa contratual:* Uma nova teoria do contrato. 2ª ed. rev., atual. e ampl. São Paulo: Editora Revista dos Tribunais, 2013.

[143] BODIN DE MORAES, Maria Celina. A causa do contrato. *Civilistica.com*. Rio de Janeiro, a. 2, n. 4, p. 1-24, out.-dez., 2013. Disponível em: <http://civilistica.com/a-causa-do-

Na sistemática do Código Civil, o artigo 421[144] — ao fixar a cláusula geral da *função social* dos contratos, associada à ideia de função social típica — positivou o significado de *causa do contrato*. A função social, como causa do contrato, é um instrumento de controle do conteúdo e da adequação valorativa das declarações de vontade, fixando o seu regime jurídico atinente ao tipo jurídico ou social.[145] É necessário que a função do contrato conforme os seus efeitos para garantir previsibilidade, estabilidade e segurança jurídica, elementos que são indispensáveis para o funcionamento da vida econômica.[146] Assim, se o contrato for firmado para a realização de função distinta de seu tipo jurídico ou social, o ordenamento jurídico "impede a produção de efeitos ou determina efeitos diferentes daqueles que foram originariamente concebidos como um ato de 'vontade'".[147]

De acordo com esse entendimento, a causa expressa-se através da função social, sendo a função do negócio dada ou pelo ordenamento (no caso dos contratos típicos) ou pela prática social (no caso de tipicidade social).[148] Consequentemente, a função — ou causa — da garantia à pri-

---

-contrato/>. Acesso em 17.06.2020, p. 7. Entende-se que há outras concepções de causa no Direito brasileiro, porém entende-se ser esse o conceito mais adequado ao tema aqui estudado.

[144] BRASIL. Código Civil, art. 421. "A liberdade contratual será exercida nos limites da função social do contrato." (Redação dada pela Lei nº 13.874, de 2019).

[145] BRANCO, Gerson Luiz Carlos. *Função social dos contratos:* interpretação à luz do Código Civil. São Paulo: Saraiva, 2009, p. 309. Em sentido diverso ver AZEVEDO, Antônio Junqueira de. *Negócio Jurídico:* existência, validade e eficácia. 4ª ed. atual. de acordo com o novo Código Civil. São Paulo: Saraiva, 2002, p. 149-150: "A causa é um fato externo ao negócio, mas que o justifica do ponto de vista social e jurídico, enquanto o elemento categorial objetivo é justamente a referência, que se faz a esse fato, no próprio conteúdo do negócio. (...) Da distinção entre elemento categorial inderrogável do tipo objetivo e causa, segue-se a seguinte importantíssima consequência: é o elemento categorial, e não a causa, que fixa o regime jurídico a que o negócio obedece."

[146] BRANCO, Gerson Luiz Carlos. *Função social dos contratos:* interpretação à luz do Código Civil. São Paulo: Saraiva, 2009, p. 203.

[147] BRANCO, Gerson Luiz Carlos. *Função social dos contratos:* interpretação à luz do Código Civil. São Paulo: Saraiva, 2009, p. 203.

[148] BRANCO, Gerson Luiz Carlos. *Função social dos contratos:* interpretação à luz do Código Civil. São Paulo: Saraiva, 2009, p. 205

meira demanda é garantir o pagamento de determinada soma pecuniária, relacionada ao descumprimento do contrato subjacente, mediante o simples pedido do beneficiário, conforme estipulado no contrato de garantia, sem que possam ser invocadas as exceções oriundas da relação jurídica subjacente.

Em complemento à noção de causa no Direito brasileiro, Pontes de Miranda esclarece que "a causa é a função, que todo o sistema jurídico reconhece a determinado tipo de ato jurídico, função que o situa no mundo jurídico, traçando-lhe e precisando-lhe a eficácia."[149] Ainda, segundo o jurista "a causa refere-se à atribuição",[150] sendo um dado experiencial. A causa também é o "fim que o agente procura e o leva a prática do ato"[151] e é o fim que determina o caráter da atribuição.[152]

Nesse sentido, as causas que justificam a atribuição jurídica são: *credendi, solvendi e donandi*. A causa das garantias é *solvendi*, que "supõe o dever ou obrigação do próprio agente, ou de terceiro, que aquele adimpla".[153]

Percebe-se que a concepção de causa como atribuição e como função são complementares, o que facilita a compreensão da causa da garantia à primeira demanda no Direito brasileiro. Conclui-se que a causa dessa garantia é *solvendi*, pois tem por função solver outro negócio jurídico, garantindo-o contra o inadimplemento do devedor.

A causa da garantia à primeira demanda não está no contrato garantido, nem outra relação da operação econômica, tampouco equivale "à

---

[149] PONTES DE MIRANDA, Francisco C. *Tratado de Direito Privado*. Parte Geral, t. III. atual. por Marcos Bernardes de Mello, Marcos Ehrhardt Jr. São Paulo: Editora Revista dos Tribunais, 2012, p. 138.

[150] PONTES DE MIRANDA, Francisco C. *Tratado de Direito Privado*. Parte Geral, t. III. atual. por Marcos Bernardes de Mello, Marcos Ehrhardt Jr. São Paulo: Editora Revista dos Tribunais, 2012, p. 138.

[151] PONTES DE MIRANDA, Francisco C. *Tratado de Direito Privado*. Parte Geral, t. III. atual. por Marcos Bernardes de Mello, Marcos Ehrhardt Jr. São Paulo: Editora Revista dos Tribunais, 2012, p. 159.

[152] PONTES DE MIRANDA, Francisco C. *Tratado de Direito Privado*. Parte Geral, t. III. atual. por Marcos Bernardes de Mello, Marcos Ehrhardt Jr. São Paulo: Editora Revista dos Tribunais, 2012, 159.

[153] PONTES DE MIRANDA, Francisco C. *Tratado de Direito Privado*. Parte Geral, t. III. atual. por Marcos Bernardes de Mello, Marcos Ehrhardt Jr. São Paulo: Editora Revista dos Tribunais, 2012, p. 143.

prestação da relação jurídica base que se pretende acautelar",[154] como havia entendido Pedro Guilhardi. A causa, enquanto função, é própria e intrínseca ao contrato de garantia, firmado entre o garantidor e o credor; como justificação da atribuição patrimonial, é *solvendi*, é garantir e solver outro negócio jurídico. Ainda que para a existência do contrato de garantia seja necessário haver uma relação a ser garantida, esta não é a sua causa, mas o pressuposto material para a sua constituição.

O entendimento da causa da garantia à primeira demanda serve para dois fins: o epistemológico, que é importante para compreender que esta garantia é causal e que possui uma função própria; e o outro, prático, para verificar as hipóteses, ainda que restritas, de recusa lícita do pagamento da garantia pelo garantidor. Há situações em que será necessário analisar a causa da garantia para justificar o seu não pagamento, o que será abordado no terceiro capítulo deste trabalho.

Em suma, neste primeiro capítulo, viu-se que a função do contrato de garantia à primeira demanda é dotada de complexidade. Em que pese à primeira vista seja semelhante às demais garantias, a função de garantir de forma imediata e sem a oposição de exceções oriundas do contrato garantido são marcas definidoras desse instituto. Portanto, cumpre verificar o que isso significa. Adianta-se que o pagamento imediato está associado ao conceito de automaticidade, ao passo que a impossibilidade de oposição de exceções relacionadas ao negócio garantido está atrelada à denominada autonomia da garantia.

---

[154] GUILHARDI, Pedro. *Garantias autônomas:* instrumento para proteção jurídica do crédito. São Paulo: Quartier Latin, 2019, p. 166.

2.
A AUTOMATICIDADE E A AUTONOMIA DA GARANTIA À PRIMEIRA DEMANDA

As principais características funcionais do contrato de garantia à primeira demanda são a sua *autonomia* e *automaticidade*. O objetivo desse capítulo, então, é aprofundar as questões relacionadas a essas características, visando a maior delimitação do instituto. Para isso, no primeiro subtópico (2.1), será definida a *automaticidade*; no segundo (2.2), a *autonomia*; e no terceiro (2.3), será apresentada a distinção entre *autonomia* e *abstração*.

2.1. A automaticidade: o pagamento imediato após o pedido do credor

A principal característica do contrato de garantia à primeira demanda é o seu caráter, denominado usualmente pela doutrina como *automático*, pois o garantidor fica obrigado a realizar o pagamento da garantia, mediante simples interpelação do beneficiário, sem precisar justificar ou provar o fundamento de seu pedido.[155] Essa garantia isenta o beneficiário do ônus de provar os pressupostos de seu direito de crédito contra o garantidor,[156] bem como posterga, para após o pagamento, a oportunidade de o garantidor opor exceções relacionadas à garantia.

---

[155] CORTEZ, Francisco. A garantia bancária autônoma — alguns problemas. *Revista da Ordem dos Advogados*, Lisboa, ano 52, Vol. II, p. 513-610, jul. 1992, p. 536; PORTALE, Giuseppe B. Fideussione e Garantievertrag nella prassi bancaria. *In*: PORTALE, Giuseppe B. *Le garanzie bancarie internazionale*. Milano: Giufrè Editore, 1989, p. 11.

[156] CORREIA, A. Ferrer. Notas para o estudo da garantia bancária. *Revista de Direito e Economia*, Coimbra, p. 1-14, 1982, p. 8.; VIALE, Mirella. Le garanzie bancarie. *In*: GALGANO, Francesco. *Trattato di diritto commerciale e di diritto pubblico dell'economia*. Padova: CEDAM, 1994, p. 181: "*Si determina così un'inversione dell'onere della prova che, secondo le regole generali, dovrebbe gravare sul beneficiario, il quale è quindi dispensato da qualsiasi dimostrazione in ordine all'asserito inadempimento da parte del debitore principale.*"

De algum modo o adjetivo *automático* contribui para complementar o sentido da denominação do contrato "à primeira demanda". Ou seja, a denominação do contrato é significativa e descritiva dos seus efeitos. A atribuição de automaticidade como efeito do contrato contribui para que a designação do contrato alcance às partes os resultados práticos de assiná-lo: uma vez prestada tal garantia, nada mais será exigido, exceto a simples demanda do credor ou beneficiário.

As partes, ao pactuarem uma garantia à primeira demanda, visam a reforçar o adimplemento da obrigação referente à relação jurídica subjacente. O credor (beneficiário), ao simplesmente realizar o pedido da garantia, tem o direito ao seu recebimento imediato, não podendo haver o questionamento quanto à existência de inadimplemento imputável, culpa, dano ou nexo causal antes da realização do pagamento. Essa garantia absorve uma função de garantia forte, assegurando ao beneficiário a certeza da realização da prestação garantida.[157]

Em razão da automaticidade, as exceções relacionadas ao próprio contrato de garantia, como inobservância do prazo da garantia e legitimidade do beneficiário não são oponíveis antes do pagamento. Somente hipóteses excepcionais de nulidade do contrato de garantia, de ilicitude da causa ou do objeto do contrato base e de inobservância, pelo beneficiário, da forma de solicitação da garantia poderão ser opostas pelo garantidor,[158] conforme será visto no terceiro capítulo.

Facilita a compreensão da automaticidade da garantia à primeira demanda a sua comparação com a *garantia autônoma simples*. Nessa modalidade, o credor "terá que provar o fato constitutivo do seu direito para o garante cumprir".[159] Portanto, na garantia autônoma simples o credor somente pode exigir o pagamento da garantia se provar a existência do fato que é pressuposto da obrigação do garantidor, como o inadimple-

---

[157] MACARIO, Francesco. *I Singoli contrati*. Garanzie Personali. Milano: Utet Giuridica, 2009, p. 413.

[158] MASTROPAOLO, Fulvio. Pagamento a prima richiesta, limiti alla inopponibilità delle eccezioni e problemi probatori. *Banca Borsa e Titoli di Crédito*, Milano, V, p. 553-590, 1990, p. 569-573.

[159] VASCONCELOS, Miguel Pestana. *Direito das Garantias*. Coimbra: Almedina, 2019, p. 143. No mesmo sentido ver: MENEZES LEITÃO, Luís Manuel Teles de. *Garantias das obrigações*. 5.ed. Coimbra: Almedina, 2016, p. 144.

A AUTOMATICIDADE E A AUTONOMIA DA GARANTIA À PRIMEIRA DEMANDA

mento e o cumprimento defeituoso pelo devedor da relação jurídica subjacente.[160] Essa exigência dificulta o pagamento da garantia autônoma, que fica condicionada à apresentação de documentos que demonstrem a existência do inadimplemento.

No contrato de garantia à primeira demanda, o beneficiário isenta-se do ônus de provar a configuração dos pressupostos de responsabilidade negocial que embasou o pedido de garantia.[161] Consequentemente, a prestação passa a ser imediatamente exigível após o gatilho representado pelo pedido do beneficiário.[162] Assim, pretende-se evitar o risco de litigância judicial ou arbitral antes do pagamento da garantia.[163]

Ilustra essa característica um caso que foi objeto de decisão pelo Tribunal de Justiça de São Paulo[164] que, apesar de não se pronunciar sobre garantia à primeira demanda, esclareceu como a análise dos pressupostos da responsabilidade negocial é postergada com a pactuação dessa garantia. No referido caso, a empresa Inepar S.A. Indústria e Construções ("INEPAR") assinou um contrato de empreitada global com a empresa ABB Ltda., sob a modalidade *Turn Key*, assumindo a obrigação de erigir

---

[160] JARDIM, Mónica. *A garantia autónoma*. Coimbra: Almedina, 2002, p. 85.

[161] EPIFÂNIO, Maria do Rosário. Garantias bancárias autônomas. Breves reflexões. *In:* VAZ, Manuel Afonso; LOPES, J. A. Azeredo. (Coord.) *Juris et de iure:* nos 20 anos da Faculdade de Direito da UCP Porto. Coimbra: Coimbra Editora, 1998, p. 334-335; BONELLI, Franco. *Le garanzie bancarie a prima domanda nel commercio internazionale*. Milano: Giuffrè Editore, 1991, p. 37: *"La clausola di pagamento 'a prima domanda', anche in una garanzia accessoria, ha l'inequivoco scopo di dispensare il beneficiario dalla prova dei presupposti legittimanti la richiesta di pagamento (la banca, cioè, deve pagare sulla base della richiesta del beneficiario che semplicemente affermi — senza doverlo provare — che si sono verificati i presupposti del pagamento della garanzia)."*

[162] CORTEZ, Francisco. A garantia bancária autônoma — alguns problemas. *Revista da Ordem dos Advogados*, Lisboa, ano 52, Vol. II, p. 513-610, jul. 1992, p. 536.

[163] JARDIM, Mónica. *A garantia autónoma*. Coimbra: Almedina, 2002, p. 147. No mesmo sentido: CORTEZ, Francisco. A garantia bancária autônoma — alguns problemas. *Revista da Ordem dos Advogados*, Lisboa, ano 52, Vol. II, p. 513-610, jul. 1992, p. 532; EPIFÂNIO, Maria do Rosário. Garantias bancárias autônomas. Breves reflexões. *In:* VAZ, Manuel Afonso; LOPES, J. A. Azeredo. (Coord.) *Juris et de iure:* nos 20 anos da Faculdade de Direito da UCP Porto. Coimbra: Coimbra Editora, 1998, p. 324.

[164] SÃO PAULO. Tribunal de Justiça de São Paulo. Apelação Cível n. 0043991-10.2002.8.26.0405, Vigésima Quinta Câmara de Direito Privado, Rel. Des. Eduardo Rosa, 31 de julho 2014.

trecho de uma rede de transmissão de energia elétrica encomendada pela empresa denominada Companhia de Interconexo Energética — CIEN, que era dona da obra. Em razão do atraso na obra perpetrado pela INEPAR, a ABB solicitou o levantamento da garantia bancária à primeira demanda. Houve o devido pagamento, sem questionamento.

Após o pagamento da garantia, a empresa INEPAR ajuizou ação indenizatória contra a ABB, sustentando que o atraso na obra fora causado por essa última empresa, razão pela qual entendia que o pedido de pagamento da garantia fora abusivo. Sendo assim, a INEPAR pleiteou receber a quantia paga pela instituição financeira e ser indenizada pelos prejuízos que alegou ter sofrido. No julgamento dessa demanda, a Vigésima Quinta Câmara de Direito Privado do Tribunal de Justiça de São Paulo decidiu que a INEPAR teve culpa pelo inadimplemento, não devendo ser restituída pelos valores pagos pela garantidora. Não há decisão de mérito pelo Superior Tribunal de Justiça quanto a essa questão, em razão de equívocos processuais que acarretaram o não conhecimento dos recursos interpostos.[165]

A discussão quanto ao cabimento do pedido da garantia se estendeu por, aproximadamente, dezesseis anos.[166] Verifica-se, então, que o pagamento da garantia e a satisfação do direito de crédito do credor (ABB) antecedeu uma longa discussão sobre a existência de fato imputável ao devedor (INEPAR). Esse é o objetivo primordial dessa garantia: satisfazer o credor antes de qualquer questionamento ou litígio relacionado ao inadimplemento da obrigação da relação jurídica subjacente.[167]

Consequentemente, são marcas da automaticidade da garantia à primeira demanda a inexigência de prova do inadimplemento da relação jurídica subjacente e a impossibilidade de oposição das exceções e defe-

---

[165] BRASIL. Superior Tribunal de Justiça. Agravo em Recurso Especial n. 799.871-SP, relator Min. Paulo de Tarso Sanseverino, 24 de abril de 2017.

[166] SÃO PAULO. Tribunal de Justiça de São Paulo. Apelação Cível n. 0043991-10.2002.8.26.0405, Vigésima Quinta Câmara de Direito Privado, Rel. Des. Eduardo Rosa, 31 de julho 2014. A partir das movimentações processuais, percebe-se que a ação foi ajuizada em 2002, tendo ocorrido o trânsito em julgado no Superior Tribunal de Justiça apenas em 2018.

[167] PORTALE, Giuseppe B. Fideussione e Garantievertrag nella prassi bancaria. *In*: PORTALE, Giuseppe B. *Le garanzie bancarie internazionale*. Milano: Giufrè Editore, 1989, p. 11.

sas antes da realização do pagamento. A regra a ser obedecida é "pediu, pagou".[168] Há, assim, a inversão do ônus econômico do tempo. Em uma garantia tradicional, esse ônus recai sobre o credor, que precisa comprovar a existência de inadimplemento e os pressupostos do seu direito. Já na garantia à primeira demanda, o pagamento é imediato, competindo ao devedor comprovar posteriormente que o pedido foi ilícito.

Em razão dessa característica, defende-se que o contrato de garantia à primeira demanda apresenta um padrão mínimo de independência da relação jurídica subjacente, que é o suficiente para o funcionamento da automaticidade. Isso significa que não pode o garantidor opor qualquer exceção relacionada ao débito garantido até o pagamento da garantia. Somente após esse momento, será relevante verificar o grau de autonomia e de acessoriedade pactuado, pois é a partir de então que poderão, ou não, ser opostas as exceções oriundas do contrato base, e que será necessário verificar contra quem o devedor poderá se insurgir, se contra o credor apenas ou se contra este e o garantidor.[169]

Em outras palavras, quando se estipula a garantia à primeira demanda, a consequência será uma abreviação do procedimento de pagamento. Por isso, Portale afirma que a expressão *à primeira demanda* possui um efeito processual de suspender a eventual acessoriedade da garantia até a realização do pagamento.[170] Sendo assim, na garantia à primeira demanda com maior grau de acessoriedade, o poder da automaticidade é postergar a discussão quanto à existência de objeções relacionadas ao contrato garantido e ao próprio contrato de garantia, transferindo para o garantidor os custos do litígio, que somente pode ocorrer após o pagamento.[171]

---

[168] JARDIM, Mónica. *A garantia autónoma*. Coimbra: Almedina, 2002, p. 86; MARTINEZ, Pedro Romano; DA PONTE, Pedro Fuzeta. *Garantias de cumprimento*, 4ª ed. Almedina, Coimbra, 2006, p. 131; GUILHARDI, Pedro. *Garantias autônomas:* instrumento para proteção jurídica do crédito. São Paulo: Quartier Latin, 2019, p. 141.

[169] BONELLI, Franco. *Le garanzie bancarie a prima domanda nel commercio internazionale.* Milano: Giuffrè Editore, 1991, p. 44.

[170] PORTALE, Giuseppe. Nuovi sviluppi del contratto di garanzia. *Banca Borsa e Titoli di Crerdito*, I, 1985, p. 38.

[171] ATAÍDE, Daniel Medina. Garantia autônoma e a fiança: distinções e divergências. *In:* MONTEIRO, Jorge Ferreira Sinde (Org.). *Garantia das Obrigações:* publicação dos trabalhos do Mestrado. Coimbra: Almedina, 2007, p. 17 (versão digital).

É, então, irrelevante o modo de conexão da garantia à primeira demanda com a relação jurídica subjacente até o pagamento,[172] pois será a automaticidade que determinará a existência de autonomia da garantia quanto ao negócio subjacente até que haja a efetivação do pagamento pelo garantidor. Apesar da aparente semelhança entre os efeitos da automaticidade e da autonomia, há diferenças importantes, que devem ser objeto de análise específica. Portanto, no próximo tópico, o objetivo será compreender a autonomia na garantia à primeira demanda.

2.2. A autonomia na garantia à primeira demanda: independência como padrão funcional

A garantia à primeira demanda exige que o pagamento seja imediato, afastando a possibilidade de discussão quanto à subsistência do crédito garantido. Independentemente do vínculo de ligação com o contrato base, essa automaticidade significa a existência de certa autonomia com a relação jurídica subjacente, que caracteriza o seu núcleo duro enquanto tipo social. Ou seja, a garantia à primeira demanda funciona até o pagamento como uma *garantia autônoma automática*.[173] É preciso compreender, então, o que significa essa autonomia no contrato de garantia à primeira demanda (2.2.1), bem como os efeitos da autonomia diante das relações jurídicas que formam a operação de garantia (2.2.2).

2.2.1. A definição e a importância da autonomia na função do contrato de garantia à primeira demanda

Autonomia e *automaticidade* não se confundem, de forma que é equivocado afirmar que toda garantia autônoma é à primeira demanda.[174] A

---

[172] BONELLI, Franco. *Le garanzie bancarie a prima domanda nel commercio internazionale.* Milano: Giuffrè Editore, 1991, p. 44: "*non ha rilevanza pratica distinguere se sia in presenza di una garanzia autonoma o, invece accessoria a prima domanda.*"

[173] GOMES, Manuel Januário da Costa. A Chamada "fiança ao primeiro pedido". *In:* GOMES, Manuel Januário. *Estudos de direito das garantias.* Coimbra: Almedina, 2003, p. 163.

[174] CORTEZ, Francisco. A garantia bancária autônoma — alguns problemas. *Revista da Ordem dos Advogados*, Lisboa, ano 52, Vol. II, p. 513-610, jul. 1992, p. 538; VASCONCELOS, Miguel Pestana. *Direito das Garantias.* Coimbra: Almedina, 2019, p. 143; GUILHARDI, Pedro. *Garantias autônomas:* instrumento para proteção jurídica do crédito. São Paulo: Quartier Latin, 2019, p. 138: "Em sua modalidade simples, a garantia, embora autônoma, para que

autonomia é relacionada ao grau de independência do contrato base, ao passo que a automaticidade se refere à inexigência de prova do inadimplemento da relação jurídica subjacente e à impossibilidade de oposição de exceções antes da efetivação do pagamento. Todavia, há uma interrelação entre autonomia e automaticidade na garantia à primeira demanda, porque esta funcionará sempre de forma autônoma até o pagamento, independentemente do grau de conexão com o contrato base, não sendo possível ao garantidor invocar, por exemplo, a existência de exceção de contrato não cumprido ou a invalidade da obrigação garantida.[175]

O termo *à primeira demanda* constitui a manifestação mais clara da autonomia, pois expressa a intenção das partes de quebrar a natureza acessória através da renúncia à apresentação de prova do inadimplemento e à possibilidade de oposição ao beneficiário das exceções relacionadas ao contrato subjacente.[176] A autonomia do contrato de garantia à primeira demanda está no cerne de seu conceito, pois desempenha um papel fundamental na determinação da qualificação e dos efeitos do vínculo formado.[177]

A autonomia na garantia à primeira demanda diz respeito à autonomia em relação ao contrato base. Como consequência dessa ausência de dependência, o garantidor não poderá opor os meios de defesa próprios que o devedor principal teria no contrato base, bem como significa a

---

o beneficiário possa exigir o cumprimento da obrigação terá que provar o incumprimento da obrigação do devedor ou qualquer outro evento previsto no instrumento de garantia que seja pressuposto do cumprimento da prestação pelo garantidor."; JARDIM, Mónica. *A garantia autónoma*. Coimbra: Almedina, 2002, p. 85: "Na garantia autônoma simples o beneficiário só o pode exigir desde que prove o facto que é pressuposto da constituição da obrigação (o incumprimento do devedor, o não cumprimento pontual, o cumprimento defeituoso".

[175] GOMES, Manuel Januário da Costa. A Chamada "fiança ao primeiro pedido". *In:* GOMES, Manuel Januário. *Estudos de direito das garantias*. Coimbra: Almedina, 2003, p. 162-163.

[176] PRUM, André. *Les garanties à première demande:* essay sur l'autonomie. Paris: Litec, 1994, p. 41.

[177] SIMLER, Philippe. *Cautionnement. Garanties autonomes. Garanties indemnitaires*. Paris: LexisNexis, 2015, p. 932: "*L'autonomie de la garantie personnelle étudiée, loin d'être une simple convention de langage permettant d'identifier le procédé, exprime véritablement sa spécificité et constitue le cours de la notion. Il est l'opposé du caractère accessoire du cautionnement et joue le même rôle fondamental dans la détermination de la qualification et des effets de l'engagement.*"

impossibilidade de invocar objeções sobre a subsistência ou a validade do crédito garantido durante toda a relação contratual.[178] Em virtude da autonomia, entende-se que há independência da garantia à primeira demanda quanto à obrigação garantida, por isso o garantidor responde autonomamente pelo incumprimento.[179] Em princípio, as vicissitudes da obrigação garantida não afetam a garantia, que permanece válida e hígida.[180] Diz-se, então, que a autonomia consiste na indiferença da relação de garantia quanto aos eventos das demais relações que formam a operação de garantia.[181] Nesse sentido, Adalberto Pasqualotto defende que a autonomização é uma técnica de reforço da garantia, que gera uma força de efeitos jurídicos próprios.[182]

Ainda que possa haver certa semelhança com a automaticidade, a autonomia é mais extensa, pois vigora por toda a relação contratual, continuando a produzir efeitos mesmo após o pagamento da garantia. Dessa forma, o garantidor, após realizar o pagamento, deverá buscar seu ressarcimento tão somente perante o devedor principal, e este deverá ressarci-lo, sem invocar o inadimplemento da relação garantida que, eventualmente, pudesse impedir o pagamento da garantia. Competirá

---

[178] CORTEZ, Francisco. A garantia bancária autônoma — alguns problemas. *Revista da Ordem dos Advogados*, Lisboa, ano 52, Vol. II, p. 513-610, jul. 1992, p. 532; ALMEIDA COSTA, Mário Júlio; PINTO MONTEIRO, Antônio. Garantias Bancárias. O contrato de garantia à primeira solicitação. *Colectânea de jurisprudência*, Coimbra, ano XI, t. V, p. 16-34, 1986, p. 20; BOZZI, Giuseppe. *L'autonomia negoziale nel sistema delle garanzie personali*. Napoli: Jovene Editore, 1990, p. 199.

[179] GOMES, Manuel Januário da Costa. A Chamada "fiança ao primeiro pedido". *In:* GOMES, Manuel Januário. *Estudos de direito das garantias*. Coimbra: Almedina, 2003, p. 162.

[180] VASCONCELOS, Miguel Pestana. *Direito das Garantias*. Coimbra: Almedina, 2019, p. 146; CORTEZ, Francisco. A garantia bancária autônoma — alguns problemas. *Revista da Ordem dos Advogados*, Lisboa, ano 52, Vol. II, p. 513-610, jul. 1992, p. 556; MENEZES LEITÃO, Luís Manuel Teles de. *Garantias das obrigações*. 5.ed. Coimbra: Almedina, 2016, p. 140.

[181] NAVARRETA, Emanuela. Il contratto autonomo di garanzia. *In:* GITTI, Gregorio; MAUGERI, Marisaria; NOTARI, Mario (coord.). *I contratti per l'impresa*. I. Produzione, circolazione, gestione, garanzia. Bologna: Il mulino, 2012, p. 560.

[182] PASQUALOTTO, Adalberto. *Garantias no direito das obrigações:* um ensaio de sistematização. 2005. 262 f. Tese (Doutorado em Direito Civil) — Faculdade de Direito, Universidade Federal do Rio Grande do Sul, Porto Alegre, 2005, p. 63.

ao devedor, posteriormente, questionar o pedido da garantia do credor principal em ação própria.[183]

O caso referido no item anterior, envolvendo a empresa INEPAR e a ABB, também é útil para a compreensão da autonomia. Após o pagamento da garantia, a autonomia continuou produzindo efeitos, razão pela qual a INEPAR ajuizou ação indenizatória contra a ABB, alegando não haver fundamento para o pedido de pagamento da garantia. Não poderia a INEPAR negar o ressarcimento do garantidor, mas, sim, pagá-lo e, posteriormente, buscar minorar eventual prejuízo causado pelo pedido da garantia, ao acionar o credor principal, a ABB.

Diferentemente, se a garantia fosse acessória, poderia o garantidor deixar de realizar o pagamento e opor defesas atinentes à relação garantida. O garantidor e o devedor principal poderiam, em conjunto, questionar o pedido do credor. Consequentemente, o garantidor somente efetivaria o pagamento dos valores que forem comprovados como devidos. Por outro lado, o devedor não teria direito a uma ação própria contra o credor, pois o assunto já teria sido objeto da ação em conjunto com o garantidor. A partir dessa comparação, nota-se, portanto, a extensão dos efeitos da autonomia sobre as diversas fases e momentos da relação de garantia.

A autonomia produz efeitos, principalmente, sobre a função do contrato de garantia à primeira demanda, distinguindo-o das garantias acessórias. A autonomia é o elemento que caracteriza a função da garantia à primeira demanda de assegurar ao beneficiário a cobertura contra riscos do contrato base, determinando que o pagamento seja em dinheiro, quando houver a concretização desses riscos, não sendo possível a oposição de exceções oriundas do contrato garantido. O garantidor assegura a verificação de certo resultado, responsabiliza-se pelo risco da sua não produção, independentemente de culpa do devedor, assumindo uma obrigação cuja finalidade é indenizar o beneficiário quanto aos danos pré-determinados, oriundos do contrato base.[184]

---

[183] A problemática referente à recuperação do crédito do garantidor será objeto de estudo no terceiro capítulo.

[184] JARDIM, Mónica. *A garantia autónoma*. Coimbra: Almedina, 2002, p. 36; ALMEIDA COSTA, Mário Júlio; PINTO MONTEIRO, Antônio. Garantias Bancárias. O contrato de garantia à

A autonomia também produz efeitos sobre o conteúdo da prestação do contrato de garantia à primeira demanda, visto que, quando o pactuam, as partes pretendem conferir liquidez ao objeto da garantia,[185] independentemente da obrigação do contrato subjacente, que pode ser ilíquida. Em vista disso, não há espaço para discutir se a obrigação garantida é líquida ou não, como pode acontecer, por exemplo, quando as partes pactuam a possibilidade de compensação de créditos e débitos no contrato da relação jurídica subjacente. É irrelevante, para o contrato de garantia, o conteúdo do negócio garantido: o simples pedido da garantia pelo beneficiário é suficiente para o seu pagamento. Se o valor pedido tiver sido maior que o devido, isso será objeto de discussão futura, no processo de recuperação do crédito.

É exemplo da liquidez do contrato de garantia o caso citado na introdução, julgado pelo Tribunal de Justiça do Rio Grande do Sul, cuja controvérsia era a possibilidade de execução do garantidor à primeira demanda, apesar de estar sendo discutido o conteúdo do contrato garantido em processo arbitral.[186] A Décima Sétima Câmara Cível do Tribunal de Justiça do Rio Grande do Sul analisou o caso a partir de duas perspectivas: a dos cessionários, que possuíam a obrigação de pagar o valor das quotas, e a do garantidor à primeira demanda. Em relação aos cessionários, a discussão relativa aos valores devidos pelas quotas na esfera arbi-

---

primeira solicitação. *Colectânea de jurisprudência*, Coimbra, ano XI, t. V, p. 16-34, 1986, p. 20; Vasconcelos, Miguel Pestana. *Direito das Garantias*. Coimbra: Almedina, 2019, p. 147; Pinto e Silva, Fábio Rocha. *Garantias das obrigações*: uma análise sistemática do direito das garantias e uma proposta abrangente para a sua reforma. São Paulo: Editora IASP, 2017, p. 343: "é possível afirmar que a garantia autônoma não garante a obrigação garantida, mas o risco de o seu resultado esperado não se concretizar ou, ainda, o interesse econômico de o credor beneficiário da garantia."; Viale, Mirella. Le garanzie bancarie. *In:* Galgano, Francesco. *Trattato di diritto commerciale e di diritto pubblico dell'economia*. Padova: CEDAM, 1994, p. 177.

[185] Prum, André. *Les garanties à première demande*: essay sur l'autonomie. Paris: Litec, 1994, p. 91-92; Trindade, Cláudia. Limites da autonomia e da automaticidade da garantia autônoma em especial a prova da falta de fundamento material da solicitação. *In: Estudos em homenagem ao Prof. Doutor José Lebre de Freitas*. Vol. II. Coimbra: Coimbra Editora, 2013, p. 67.

[186] RIO GRANDE DO SUL. Tribunal de Justiça do Rio Grande do Sul. Apelação Cível n. 70077074417, Décima Sétima Câmara Cível, relator Des. Giovanni Conti, 25 de outubro de 2018.

tral impossibilitava a execução do contrato, pois tornava-o ilíquido. Por sua vez, quanto ao garantidor à primeira demanda, deveria haver o prosseguimento da execução dos valores, pois o garantidor não pode valer-se das matérias de defesa atinentes ao contrato de cessão de quotas, tampouco alegar a sua iliquidez. Portanto, o garantidor à primeira demanda foi condenado a realizar o pagamento da garantia aos beneficiários, os cedentes das quotas.

Nota-se, portanto, que é irrelevante ao garantidor à primeira demanda a existência de discussão quanto ao valor ou a qualquer outro aspecto do contrato garantido, pois ele não poderá valer-se desse fato para não cumprir a sua obrigação, que foi assumida de forma autônoma quanto ao contrato base. Consequentemente, a autonomia produz o efeito de descolar e isolar a obrigação do garantidor da relação jurídica subjacente.

Além disso, "o direito de crédito conferido ao beneficiário tem como fonte a assunção de uma obrigação própria do garante".[187] Consequentemente, o garantidor, ao assumir tal obrigação, renuncia à possibilidade de opor quaisquer exceções relativas à relação jurídica garantida.[188] Auxilia a compreensão da assunção dessa obrigação própria observá-la a partir da ótica da teoria dualista da obrigação, a qual "cinde a relação jurídica obrigacional em duas sub-relações, designadas uma de débito e a outra de responsabilidade"[189] e a sua comparação com a fiança. Na fiança, o fiador é sujeito que assume a responsabilidade pela dívida de outrem; já na garantia à primeira demanda, o garantidor assume dívida e responsabilidade próprias, diversas da relação garantida. A obrigação de garantia, nesse caso, será um compromisso próprio e independente, constante no contrato de garantia.[190]

Assim, o caráter autônomo da garantia à primeira demanda significa, sobretudo, que o garantidor assume uma nova relação jurídica, cujas

---

[187] ALMEIDA, Carlos Ferreira de. *Contratos III*. Contratos de liberdade, de cooperação e de risco. Coimbra: Almedina, 2015, p. 212-213.

[188] GALGANO, Francesco. *Trattato di diritto civile*. Volume terzo: Gli atti unilaterali e i titoli di credito, i fatti illecitti e gli altri fatti fonte di obbligazioni, la tutela del credito, l'impresa. Padova: CEDAM, 2010, p. 383-384.

[189] NORONHA, Fernando. *Direito das obrigações*. 3ª ed. São Paulo: Saraiva, 2010, p. 159.

[190] PRUM, André. *Les garanties à première demande*: essay sur l'autonomie. Paris: Litec, 1994, p. 75.

obrigações são distintas das do contrato base. O garantidor compromete-se ao pagamento de uma determinada quantia, que é pré-determinada levando-se em consideração o negócio garantido; essa quantia, nada obstante, é livremente pactuada pelas partes, podendo, ou não, ter correspectividade quanto ao objeto e à extensão das obrigações do devedor garantido.[191]

As condições do contrato de garantia não estão vinculadas às do contrato subjacente no plano obrigacional, pois o garantidor assume uma obrigação própria, cujo cumprimento será conforme as estipulações do contrato de garantia.[192] Isto é, a obrigação do garantidor não se molda à obrigação principal, seja quanto a seu objeto, seja quanto aos pressupostos da sua exigibilidade.[193]

Convém relembrar que a obrigação do garantidor à primeira demanda possui dois objetos: o objeto da garantia, que é a de garantir determinada obrigação, e o objeto em sentido estrito, que é o pagamento de determinado valor constante no contrato de garantia.[194] A natureza e a extensão do objeto de garantia (garantir uma obrigação) são determinados pelos riscos do contrato da relação jurídica subjacente, o que é variável. Por sua vez, o objeto em sentido estrito expõe que o garantidor é obrigado a pagar um valor em dinheiro decorrente de uma dívida própria, cujas condições estão determinadas no próprio contrato de garantia.[195]

A distinção de dois objetos destaca a autonomia desejada pelas partes, pois expõe que o garantidor assume uma obrigação própria e diversa daquela do devedor. Além disso, o objeto em sentido estrito permite

---

[191] SIMLER, Philippe. *Cautionnement. Garanties autonomes. Garanties indemnitaires*. Paris: LexisNexis, 2015, p. 933.

[192] GUILARTE, Juan Sánchez-Calero. *El contrato autónomo de garantía*. Las garantías a primera demanda. Madrid: Centro de documentación bancaria y bursátil, 1995, p. 297; PINTO E SILVA, Fábio Rocha. *Garantias das obrigações*: uma análise sistemática do direito das garantias e uma proposta abrangente para a sua reforma. São Paulo: Editora IASP, 2017, p. 341.

[193] MENEZES LEITÃO, Luís Manuel Teles de. *Garantias das obrigações*. 5.ed. Coimbra: Almedina, 2016, p. 140.

[194] PRUM, André. *Les garanties à première demande*: essay sur l'autonomie. Paris: Litec, 1994, p. 76.

[195] PRUM, André. *Les garanties à première demande*: essay sur l'autonomie. Paris: Litec, 1994, p. 88.

explicar a exigibilidade imediata e incondicional da garantia, bem como a existência de um valor líquido pré-determinado.[196]

O beneficiário não pode reivindicar do garantidor nada além do valor definido no contrato de garantia, embora este possa ser significativamente menor do que o dano sofrido por conta do inadimplemento do devedor. As partes concordam expressamente que o garantidor é obrigado a cumprir a sua prestação independente e incondicionalmente; o garantidor não substitui o devedor principal, nem pessoalmente, executando a dívida principal, nem garantindo a sua realização.[197]

Além da importância da autonomia para a determinação da função da garantia à primeira demanda, a autonomia produz efeitos sobre todas as relações jurídicas que formam a operação de garantia, como será visto no próximo tópico.

2.2.2. Os efeitos da autonomia nas relações jurídicas que formam a operação de garantia

A garantia à primeira demanda exige, pelo menos, duas outras relações jurídicas — a *relação jurídica subjacente* (entre credor e devedor principais) e a *relação de cobertura* (entre devedor principal e garantidor). Os efeitos da autonomia são verificados tanto na relação de garantia, quanto na forma de ligação e inter-relacionamento com as demais relações jurídicas.

A existência de outro negócio jurídico na relação jurídica subjacente não retira a autonomia da garantia, pois não existe garantia sem obrigação a ser garantida. Esse vínculo com a relação jurídica subjacente é quebrado assim que a garantia à primeira demanda é firmada, fazendo com que a obrigação do garantidor e a do devedor da relação jurídica subjacente tenham diferentes destinos.[198] A validade, a duração dos contratos, a forma de execução, os objetos são diversos, justificando a autonomia.

---

[196] PRUM, André. *Les garanties à première demande*: essay sur l'autonomie. Paris: Litec, 1994, p. 100.

[197] PRUM, André. *Les garanties à première demande*: essay sur l'autonomie. Paris: Litec, 1994, p. 90.

[198] SIMLER, Philippe. *Cautionnement. Garanties autonomes. Garanties indemnitaires.* Paris: LexisNexis, 2015, p. 934.

O caráter autônomo da obrigação do garantidor manifesta-se tanto frente à relação subjacente, quanto diante da relação de cobertura (entre devedor e garantidor). O garantidor, quando adimple a obrigação, paga um débito próprio,[199] e qualquer controvérsia que ocorra na relação subjacente, no caso de execução parcial ou totalmente indevida, somente pode ser invocada posteriormente pelo devedor principal contra o credor principal. A autonomia face ao negócio subjacente significa que o garantidor não pode opor ao beneficiário as exceções fundadas na relação principal entre devedor e credor. O pagamento ao beneficiário depende tão somente da verificação das condições definidas no contrato de garantia.[200]

Em função da autonomia, a duração da garantia é fixada de forma independente, não sendo juridicamente dependente dos prazos previstos nos demais contratos que formam a operação. Não há prorrogação automática da garantia pelo simples fato de mudanças de prazos no negócio garantido.[201] Também como corolário da autonomia, a modificação da duração da garantia deve-se fundar em uma modificação expressa do contrato de garantia. Porém, quando houver modificações no contrato da relação jurídica subjacente que acarretem alteração substancial dos riscos assumidos pelo garantidor, parte da doutrina entende que o garantidor deve ser consultado sobre essas alterações, sob pena de ser liberado da obrigação, em razão da alteração dos riscos assumidos.[202] Para que ocorra a alteração do contrato de garantia é necessário acordo entre o

---

[199] PORTALE, Giuseppe B. *Lezioni pisane di diritto commerciale a cura di Francesco Barachini.* Pisa University Press, 2014, p. 33.

[200] JARDIM, Mónica. *A garantia autónoma.* Coimbra: Almedina, 2002, p. 115; CALDERALE, Alfredo. *Fideiussione e contratto autonomo di garanzia.* Bari: Cacucci Editore, 1989, p. 201; GUILHARDI, Pedro. *Garantias autônomas:* instrumento para proteção jurídica do crédito. São Paulo: Quartier Latin, 2019, p. 51.

[201] JARDIM, Mónica. *A garantia autónoma.* Coimbra: Almedina, 2002, p. 116.

[202] JARDIM, Mónica. *A garantia autónoma.* Coimbra: Almedina, 2002, p. 119; BENATTI, Francesco. Il contratto autônomo di garanzia. *Banca Borsa e Titoli di Credito*, Milano, XLV, parte prima, 171-191, 1982, p. 183.

beneficiário e o garantidor, pois ele não pode ser unilateralmente modificado por qualquer das partes.[203]

Por sua vez, se o contrato de garantia for alterado pelo garantidor e pelo credor sem o consentimento do devedor do negócio subjacente, essa alteração não poderá afetar os direitos e obrigações do devedor em face do credor, porque os direitos e obrigações do devedor decorrem da relação principal. Da mesma forma, não haverá alteração nos direitos e obrigações do devedor em face do garantidor, que resultam apenas do contrato firmado entre eles.[204]

Adicionalmente, outra consequência da autonomia é a impossibilidade de estender automaticamente a lei do contrato subjacente ao contrato de garantia. O mesmo raciocínio é aplicável em relação à cláusula de eleição de foro e de resolução de controvérsias.[205] É preciso considerar cada contrato como uma unidade própria, cuja interpretação não depende, nem é afetada, pelos demais contratos.

Nesse aspecto é possível fazer uma analogia, a título de exemplo, com a autonomia da cláusula compromissória de arbitragem em relação ao contrato no qual eventualmente vier a ser inserida. Essa autonomia acarreta a separabilidade entre a cláusula compromissória e o contrato; assim, a nulidade da avença principal não afetará a eficácia da vontade das partes de resolver suas controvérsias pela via arbitral.[206] De forma semelhante, ainda que a garantia à primeira demanda seja pactuada no mesmo instrumento da relação subjacente, são dois contratos diversos,

---

[203] PORTALE, Giuseppe. Le garanzie bancarie internazionale (Questioni). PORTALE, Giuseppe. *Le garanzie bancarie internazionali*. Milano: Giuffrè Editore, 1989, p. 72.

[204] JARDIM, Mónica. *A garantia autónoma*. Coimbra: Almedina, 2002, p. 120-121. No mesmo sentido: PORTALE, Giuseppe. Le garanzie bancarie internazionale (Questioni). PORTALE, Giuseppe. *Le garanzie bancarie internazionali*. Milano: Giuffrè Editore, 1989, p. 71-72.

[205] GUILHARDI, Pedro. *Garantias autônomas:* instrumento para proteção jurídica do crédito. São Paulo: Quartier Latin, 2019, p. 51-52.

[206] CARMONA, Carlos Alberto. *Arbitragem e processo:* um comentário à Lei 9.307/96. 3ª ed. rev. e ampl. São Paulo: Atlas, 2009, p. 173-174: "eventual falha que importe nulidade da avença principal não afetará a eficácia de vontade das partes (que pertencerá válida para todos os efeitos) de ver resolvida suas controvérsias (inclusive aquela relacionada à eventual nulidade do contrato e seus efeitos) pela via arbitral."

cujas condições de validade e eficácia são próprias e devem ser analisadas individualmente.

A autonomia é, portanto, responsável por isolar a garantia à primeira demanda dos problemas das demais relações jurídicas e por assegurar maior efetividade à garantia ao limitar a possibilidade de oposição de exceções. Diante dessas características, foi muito questionado se a autonomia ou a automaticidade não tornariam o contrato de garantia à primeira demanda abstrato, no sentido de ser sem causa. Porém, como será visto no próximo subtópico, a abstração, no sentido de impossibilidade de oposição de exceções oriundas de outra relação, não se confunde com a ausência de causalidade.

2.3. O falso problema da abstração: a garantia à primeira demanda é autônoma e causal

A autonomia da garantia à primeira demanda suscitou associações[207] — muitas vezes, indevidas — com a *abstração* dos negócios jurídicos. Como consequência da autonomia, o garantidor não pode opor exceções relativas ao contrato base — como a sua invalidade, por exemplo — e tem de pagar imediatamente a soma acordada na garantia. Tais elementos conduziriam a entendimentos sobre a abstração do contrato, no sentido de ausência de causa.[208] Por outro lado, pensou-se que a causalidade na garantia à primeira demanda pudesse acarretar a existência de determinada acessoriedade com a relação jurídica subjacente. É objeto desta parte, então, compreender a relação existente entre a autonomia, a cau-

---

[207] Sobre negócios jurídicos abstratos ver PONTES DE MIRANDA, Francisco C. *Tratado de Direito Privado*. Parte Geral, t. III. atual. por Marcos Bernardes de Mello, Marcos Ehrhardt Jr. São Paulo: Editora Revista dos Tribunais, 2012, §270, p. 168: "Se o negócio jurídico é tal que se abstrai do fim, ainda se existiu como motivo, esse fim não entrou no suporte fático e, pois, não penetrou no mundo jurídico é acausal; é negócio jurídico abstrato".

[208] Sobre as posições assumidas pelos juristas de diversos países ver POULLET, Yves. *L'abstraction de la garantie bancaire automatique: étude de droit civil comparé*. Thése, Louvain la Neuve, 1982. Disponível em <https://researchportal.unamur.be/fr/studentTheses/labstraction-de-la-garantie-bancaire-automatique>. (Acesso em 09/05/2020); PASQUALOTTO, Adalberto. *Garantias no direito das obrigações*: um ensaio de sistematização. 2005. 262 f. Tese (Doutorado em Direito Civil) — Faculdade de Direito, Universidade Federal do Rio Grande do Sul, Porto Alegre, 2005, p. 156-158.

salidade e a abstração na garantia à primeira demanda. Para isso, será necessário compreender, em primeiro lugar, como cada sistema jurídico encarou a problemática referente à abstração.

A jurisprudência alemã, quando da proliferação do uso das garantias autônomas, sustentou a natureza abstrata da garantia à primeira demanda, entendendo-a como a independência da responsabilidade do garantidor em relação ao contrato base.[209] Isto é, prevaleceu o entendimento de que o caráter obrigatório do vínculo do garantidor é destacado do caráter obrigatório da prestação do devedor e da relação jurídica subjacente, o que representaria a ideia de abstração.[210]

Diferentemente, em outros países, a discussão sobre a abstração foi pautada a partir de uma premissa diversa: a oposição entre *negócio causal* e *negócio abstrato*. Na França e na Itália, houve oscilações na jurisprudência e na doutrina que ora consideravam a garantia à primeira demanda como negócio abstrato, ora como negócio causal. Essa questão foi mais tarde resolvida pela consolidação do entendimento de que o contrato de garantia à primeira demanda é causal.[211] Em Portugal, a questão não trouxe maiores problemas, tendo prevalecido a tese da causalidade; ainda assim, Simões Patrício é voz dissonante que defende a abstração da garantia.[212] Nos referidos países, essa discussão foi especialmente importante para a

---

[209] POULLET, Yves. La jurisprudence recente em matière de garantie bancaire dans les contrats internationaux. *Banca Borsa e Titoli de Credito*, Milano, III, p. 397-440, 1982, p. 404-405.

[210] POULLET, Yves. La jurisprudence recente em matière de garantie bancaire dans les contrats internationaux. *Banca Borsa e Titoli de Credito*, Milano, III, p. 397-440, 1982, p. 405.

[211] Sobre esse assunto ver POULLET, Yves. La jurisprudence recente em matière de garantie bancaire dans les contrats internationaux. *Banca Borsa e Titoli de Credito*, Milano, III, p. 397-440, 1982, p. 405; PORTALE, Giuseppe. Le sezione unite e il contratto autonomo di garanzia (causalità ed astrattezza nel Garantievertrag). In: PORTALE, Giuseppe. *Le garanzie bancaire internazionali*. Milano: Giuffrè Editore, 1989; CORTEZ, Francisco. A garantia bancária autônoma — alguns problemas. *Revista da Ordem dos Advogados*, Lisboa, ano 52, Vol. II, p. 513-610, jul. 1992, p. 570-572.

[212] PATRÍCIO, José Simões. Preliminares sobre a garantia on first demand. *Revista da Ordem dos Advogados*, Lisboa, ano 43, p. 677-718, dezembro 1983, p. 689 e ss. Sobre a posição da doutrina portuguesa ver JARDIM, Mónica. *A garantia autónoma*. Coimbra: Almedina, 2002, p. 411.

admissão da garantia à primeira demanda em seus ordenamentos, já que há a exigência de causa para a validade dos negócios jurídicos.[213]

No Brasil a análise permaneceu vinculada à oposição entre causa e abstração. A garantia à primeira demanda foi estudada inicialmente por Arnoldo Wald, que a considerou abstrata, por estar desvinculada do contrato base. Entende o autor que a garantia é exigível sem que o beneficiário tenha que justificar a sua causa, valendo, assim, como um título autoexecutivo. Essa abstração é o que seria capaz de afastar a discussão sobre a existência da licitude da causa do contrato base.[214] Convém destacar a justificativa do referido jurista, baseada na doutrina e jurisprudência estrangeira:

> O esforço da doutrina e da jurisprudência foi no sentido de desvincular a garantia à primeira demanda da fiança, com a finalidade específica de considerar aquela não como contrato acessório e sim como contrato principal, justificando, assim, a sua própria existência, que só se explica, como vimos, pela ruptura do vínculo de causalidade que a dissocia do contrato fundamental.[215]

De forma semelhante, Vera Fradera considerou que a característica marcante dessa garantia é a abstração. Segundo a professora "a garantia vale por si mesma, independentemente da justificação de sua causa, pelo credor".[216] Em artigo mais recente sobre o assunto, Hermes Marcelo Huck, também considerou abstrata a garantia à primeira demanda, pois "há uma desvinculação entre a garantia e a obrigação que, inicialmente, se pretendia garantir".[217]

---

[213] Jardim, Mónica. *A garantia autónoma.* Coimbra: Almedina, 2002, p. 395; Cortez, Francisco. A garantia bancária autônoma — alguns problemas. *Revista da Ordem dos Advogados,* Lisboa, ano 52, Vol. II, p. 513-610, jul. 1992, p. 568-569.

[214] Wald, Arnoldo. Alguns aspectos da garantia à primeira demanda no direito comparado. *Revista da Ajuris,* Porto Alegre, v. 39, n. 40, p. 66-76, Julho, 1987, p. 67.

[215] Wald, Arnoldo. Alguns aspectos da garantia à primeira demanda no direito comparado. *Revista da Ajuris,* Porto Alegre, v. 39, n. 40, p. 66-76, Julho, 1987, p. 67.

[216] Fradera, Vera. Os contratos autônomos de garantia. *Revista da Ajuris,* n. 53, Porto Alegre, 1974, p. 170-180.

[217] Huck, Hermes Marcelo. Garantia à primeira solicitação no comércio internacional. *Doutrinas Essenciais de Direito Internacional,* São Paulo, vol. 5, p. 447-458, fev. 2012, p. 4,

A AUTOMATICIDADE E A AUTONOMIA DA GARANTIA À PRIMEIRA DEMANDA

Em abordagem diversa, Pedro Guilhardi, baseado, principalmente, na doutrina portuguesa, defendeu serem causais as garantias autônomas, incluindo, a garantia à primeira demanda.[218] Porém, em razão da desvinculação da garantia quanto à relação jurídica base, o autor considerou que a garantia à primeira demanda é abstrata, pois "poderá ter qualquer causa, isto é, garantir qualquer tipo de relação jurídica".[219] Esse entendimento, todavia, não é preciso, já que a possibilidade de garantir qualquer relação jurídica, e não poder opor as exceções oriundas desta, não está associada ao conceito de abstração, mas, sim, à própria função da garantia e a sua autonomia.

O posicionamento de Pedro Guilhardi exemplifica a dificuldade quanto aos conceitos de *causa* e *abstração* na garantia à primeira demanda. Nos estudos brasileiros sobre o tema aos quais se teve acesso, não foram aprofundados os conceitos adotados de abstração e de causa, tampouco foram analisados os efeitos e as consequências da ausência de causa na garantia à primeira demanda. Esse aspecto é um traço comum em muitos dos estudos realizados em outros países, os quais deixam de considerar a multiplicidade de significados das noções de causa e de abstração.

É justamente a polissemia inerente à causa e à abstração que conduziu a um longo debate sobre essa matéria no âmbito da garantia à primeira demanda em diversos países. No entanto, esse debate foi baseado em premissas equivocadas, decorrentes de confusões terminológicas referentes aos conceitos de causa e de abstração nos diferentes sistemas jurídicos.[220] No Direito alemão, origem da garantia à primeira demanda, *causa*

---

versão digital.

[218] GUILHARDI, Pedro. *Garantias autônomas:* instrumento para proteção jurídica do crédito. São Paulo: Quartier Latin, 2019, p. 166.

[219] GUILHARDI, Pedro. *Garantias autônomas:* instrumento para proteção jurídica do crédito. São Paulo: Quartier Latin, 2019, p. 168.

[220] JARDIM, Mónica. *A garantia autônoma*. Coimbra: Almedina, 2002, p. 412: "a questão de saber se o contrato autônomo de garantia é um contrato causal ou abstrato nem sequer é real, uma vez que assenta num equívoco de termos e de conceitos: a garantia autônoma, é autônoma porque independente da relação principal, e não porque é abstrata, sem causa revelada. A autonomia significa que o contrato de garantia é independente do contrato-base, de tal modo que as vicissitudes deste não se transmitem àquele, não podendo o garante usar os meios de defesa (opor ao beneficiário as exceções) do devedor da relação

e *abstração* têm sentidos diversos do que o adotado nos sistemas francês, espanhol, português e italiano, nos quais o uso do termo abstração leva à conclusão de ausência de causa.[221] No âmbito do Direito alemão, a denominada *abstração* se traduz apenas como a independência existente entre o contrato de garantia e o contrato da relação jurídica subjacente quanto a sua validade e eficácia.[222]

Verifica-se, então, que, ante a diversas culturas jurídicas, o adjetivo *abstrato* traduz tanto a natureza independente de um vínculo como a

principal, mas isto não significa, de forma alguma, que o contrato de garantia não tenha causa e que, portanto, não seja admissível, face ao ordenamento jurídico português."

[221] GUILARTE, Juan Sánchez-Calero. *El contrato autónomo de garantía*. Las garantías a primera demanda. Madrid: Centro de documentación bancaria y bursátil, 1995, p. 298. MASTROPALO, Fulvio. *I contratti autonomo di garanzia*. Torino: G. Giappichelli Editore, 1995, p. 232. PORTALE, Giuseppe. Le sezione unite e il contratto autonomo di garanzia (causalità ed astrattezza nel Garantievertrag). In: PORTALE, Giuseppe. *Le garanzie bancarie internazionali*. Milano: Giuffrè Editore, 1989, p. 122.

[222] GUILARTE, Juan Sánchez-Calero. *El contrato autónomo de garantía*. Las garantías a primera demanda. Madrid: Centro de documentación bancaria y bursátil, 1995, p. 301. Sobre negócio jurídico abstrato no Direito alemão ver FLUME, Werner. *El negocio jurídico*. Parte General del Derecho Civil. Cuarta Edición. Traducción José María Miguel González y Esther Gómez Calle. Madrid: Fundación Cultural del Notariado, 1998, p. 194-196: "*Los negocios de atribución abstractos, como tipos de actos de configuración negocial, están moldeados por el Ordenamiento jurídico de tal manera que la causa de la atribución no es parte integrante del negocio de atribución. (...) Por regla general el negocio abstracto de atribución tiene lugar para el cumplimiento de una obligación constituida por ley o por negocio jurídico. (...) De modo especial se plantea el problema de la causa en los negocios jurídicos de garantía. Mediante el negocio de garantía, por ejemplo, fianza, constitución de prenda, transmisión en garantía, el accipiens obtiene la atribución como garantía del cumplimiento del crédito para cuya seguridad se constituyó la garantía. La relación entre el derecho de garantía y el crédito garantizado se explica con el concepto de accesoriedad. Se distinguen derechos de garantía accesorios y non accesorios. Los derechos de garantía accesorios (ejemplos principales: fianza, prenda e hipoteca) dependen en su existencia del crédito garantizado. Si por ejemplo se acuerda la constitución de una prenda por un crédito que en realidad no existe, entonces no nace ningún derecho de prenda. En los derechos de garantía no accesorios (ejemplo principal: la deuda inmobiliaria [§§1191] y la propiedad transmitida en garantía), según la doctrina dominante la causa de la constitución de los mismos es la existencia de un derecho de crédito a garantizar. La constitución del derecho de garantía es, en estos casos, un negocio jurídico abstracto, que no es diferente de los demás negocios jurídicos abstractos. La transmisión en garantía, en particular, transmite "per se" la propiedad del bien dado en garantía. La constitución de un derecho de garantía no accesorio carece de causa, según la doctrina dominante, cuando no existe el crédito a garantizar.*"

hipótese de desvinculação da própria causa contratual. No entanto, não há equivalência lógica entre a teoria da abstração e a regra de inoponibilidade de exceções decorrente da independência do vínculo, pois são situações juridicamente distintas. A *abstração* significa a separabilidade entre o ato antecedente e o consequente, não correspondendo à impossibilidade de oposição de exceções. Na garantia à primeira demanda, o garantidor não pode opor exceções oriundas do contrato subjacente, o que significa haver autonomia da garantia em relação ao contrato que é garantido.

Por sua vez, a natureza causal da garantia não contradiz a natureza autônoma e não acessória da garantia à primeira demanda.[223] Na garantia à primeira demanda há causa contratual, consubstanciada no fim de garantia, mas também há autonomia em relação ao contrato base, de modo que as vicissitudes deste não se transmitem ao contrato de garantia.[224]

O fato de essa garantia abstrair as vicissitudes do contrato base significa que não há acessoriedade, o que não quer dizer que esse contrato não tenha causa.[225] Afinal, "autonomia não equivale a abstração nem com ela se confunde. Sempre que para um tipo negocial se exija a expressão da função de garantia, esse negócio é causal."[226]

---

[223] PRUM, André. *Les garanties à première demande*: essay sur l'autonomie. Paris: Litec, 1994, p. 59.

[224] JARDIM, Mónica. *A garantia autónoma*. Coimbra: Almedina, 2002, p. 412; CORREIA, A. Ferrer. Notas para o estudo da garantia bancária. *Revista de Direito e Economia*, Coimbra, p. 1-14, 1982, p. 4-5; TELLES, Inocêncio Galvão. Garantia bancária autônoma. Estudo e Parecer. *O Direito*, Coimbra, ano 120, III-IV, p. 275-293, 1988, p. 287-288.

[225] ALMEIDA COSTA, Mário Júlio; PINTO MONTEIRO, Antônio. Garantias Bancárias. O contrato de garantia à primeira solicitação. *Colectânea de jurisprudência*, Coimbra, ano XI, t. V, p. 16-34, 1986, p. 21; MENEZES CORDEIRO, Antônio. *Tratado de Direito Civil*. Direito das obrigações, v. X. Coimbra: Almedina, 2017, p. 572. Em sentido diverso destaca-se a posição de WALD, Arnoldo. Alguns aspectos da garantia à primeira demanda no direito comparado. *Revista da Ajuris*, Porto Alegre, v. 39, n. 40, p. 66-76, Julho, 1987, p. 67: "a existência de obrigação autônoma e abstrata exigível à primeira demanda aumenta a segurança do credor, em virtude da ruptura da relação da causalidade entre a garantia e o contrato garantido, destacando-a e isolando-a das demais relações jurídicas que constituem, histórica e logicamente, a sua razão de ser."

[226] ALMEIDA, Carlos Ferreira de. *Contratos III*. Contratos de liberdade, de cooperação e de risco. Coimbra: Almedina, 2015, p. 205.

Diante das confusões oriundas da polissemia do termo *abstração*, é preferível utilizar o termo *autonomia* para descrever a impossibilidade de oposição de exceções e defesas oriundas do contrato base, evitando a problemática inerente à causalidade e à abstração,[227] que acarretou posicionamentos fortes de alguns juristas franceses, em especial André Prum, que considerou inútil e errada a qualificação da garantia à primeira demanda como um ato abstrato.[228]

Ademais, não é porque o contrato de garantia é causal, que há acessoriedade.[229] Alguns autores consideraram o contrato causal a partir de uma concepção de causa que a confunde com o conceito de acessoriedade, afirmando que a causa da garantia seria o contrato base.[230] Doutrina semelhante associa a função de garantia à existência de acessoriedade nas garantias autônomas e à primeira demanda. Segundo Menezes Cordeiro, há em todas as garantias certa dependência, que se traduz a partir de sua funcionalidade, pois "apenas uma relação de dependência permite afirmar uma figura como "garantia" de outra".[231] Essa funcionalidade, segundo o referido jurista, acarreta a existência de uma determi-

---

[227] PRUM, André. *Les garanties à première demande*: essay sur l'autonomie. Paris: Litec, 1994, p. 58; GUILARTE, Juan Sánchez-Calero. *El contrato autónomo de garantía*. Las garantías a primera demanda. Madrid: Centro de documentación bancaria y bursátil, 1995, p. 302-303; MASTROPALO, Fulvio. *I contratti autonomo di garanzia*. Torino: G. Giappichelli Editore, 1995, p. 312.

[228] PRUM, André. *Les garanties à première demande*: essay sur l'autonomie. Paris: Litec, 1994, p. 57; POULLET, Yves. La garantie à première demande: unnacte unilateral abstrait? *Mélanges Jean Pardon. Etudes en droit bancaire et financier Studies inzake bank — en financieel recht*. Bruxelles: Bruylant, 1996, p. 418 a 428.

[229] SILVA, João Calvão da. *Estudos de Direito Comercial (Pareceres)*. Capítulo II. Garantia Bancária. Coimbra: Almedina, 1996, p. 338: "aceita-se que a causa da garantia não implica necessariamente acessoriedade, característica essencial do tipo legal fideijussório, e que a sua independência da relação principal caracteriza o contrato de garantia dito autónomo, fundado no princípio da autonomia privada."

[230] Sobre essa confusão ver GOMES, Fátima. Garantia bancária autônoma à primeira solicitação. *Direito e Justiça*, Lisboa, vol. VIII, t. 2, p. 119-210, 1994, p. 164; TELLES, Inocêncio Galvão. Garantia bancária autônoma. Estudo e Parecer. *O Direito*, Coimbra, ano 120, III-IV, p. 275-293, 1988, p. 288.

[231] MENEZES CORDEIRO, Antônio. *Tratado de Direito Civil*, v. X, Direito das Obrigações, Garantias. Coimbra: Almedina, 2015, p. 171.

A AUTOMATICIDADE E A AUTONOMIA DA GARANTIA À PRIMEIRA DEMANDA

nada acessoriedade, inerente a todas as garantias, o que não obsta a existência de independência do dever de pagamento.[232]

Esse posicionamento pressupõe a compreensão de que há diversos graus de acessoriedade e de autonomia.[233] Na garantia à primeira demanda, há acessoriedade fraca, que se manifesta nos seguintes fatos: essas garantias "surgem ou tornam-se eficazes com a ocorrência do débito garantido"[234]; são acionadas quando há um inadimplemento do contrato base e "não operam perante um abuso ou uma fraude manifestas."[235] Tudo isso justifica, segundo o autor, a existência de um regime destacado da obrigação garantida, mas que não é totalmente autônomo.[236]

No âmbito brasileiro, Fábio Rocha Pinto e Silva defende que a funcionalidade autônoma da garantia à primeira demanda não implica a desvinculação total da obrigação principal. A acessoriedade é apenas mitigada, porque o beneficiário não poderá exigir a garantia de maneira manifestamente fraudulenta ou abusiva, "estando a garantia sempre limitada pela boa-fé e a vedação ao enriquecimento sem causa".[237]

Nesse sentido, alinha-se a concepção de Eduardo Heitor da Fonseca Mendes, que entende haver acessoriedade na garantia autônoma à primeira demanda, pois a sua constituição só ocorre em razão da celebração do contrato base, caso contrário faltaria causa que justificasse a prestação do garantidor. Em complemento, este autor assevera que nada obstante haja acessoriedade, esta não é absoluta, já que a sua presença não é capaz

---

[232] MENEZES CORDEIRO, Antônio. *Tratado de Direito Civil*, v. X, Direito das Obrigações, Garantias. Coimbra: Almedina, 2015, p. 176.

[233] GOMES, Manuel Januário da Costa. *Assunção fidejussória de dívida:* sobre o sentido e o âmbito da vinculação como fiador. Coimbra: Almedina, 2000, p. 110; MENEZES CORDEIRO, Antônio. *Tratado de Direito Civil*, v. X, Direito das Obrigações, Garantias. Coimbra: Almedina, 2015, p. 180.

[234] MENEZES CORDEIRO, Antônio. *Tratado de Direito Civil*, v. X, Direito das Obrigações, Garantias. Coimbra: Almedina, 2015, p. 181.

[235] MENEZES CORDEIRO, Antônio. *Tratado de Direito Civil*, v. X, Direito das Obrigações, Garantias. Coimbra: Almedina, 2015, p. 181.

[236] MENEZES CORDEIRO, Antônio. *Tratado de Direito Civil*, v. X, Direito das Obrigações, Garantias. Coimbra: Almedina, 2015, p. 181.

[237] PINTO E SILVA, Fábio Rocha. *Garantias das obrigações:* uma análise sistemática do direito das garantias e uma proposta abrangente para a sua reforma. São Paulo: Editora IASP, 2017, p. 346.

de permitir a contaminação da garantia por eventuais vícios ou defeitos do contrato base.[238]

De acordo com essa concepção, sustenta-se que o contrato de garantia à primeira demanda permanece sendo acessório ao contrato principal, mas não no sentido da acessoriedade fidejussória. Os partidários dessa posição defendem que essa acessoriedade está relacionada à razão de ser da garantia, que é a proteção de um interesse que lhe é originariamente externo e que é presente no contrato base.[239]

Todavia, o fato de a garantia à primeira demanda somente vir a ser formada em razão de uma relação jurídica subjacente a ser garantida e haver certos limites à sua autonomia — como em casos de fraude —, não acarreta a existência de acessoriedade; são, em verdade, expressão da causalidade da garantia. A causa-função da garantia à primeira demanda é garantir uma obrigação assumida em outra relação jurídica, mediante o pagamento imediato do valor garantido, sem oposição de defesas oriundas da relação garantida, somente podendo haver a paralisação desse pagamento em casos excepcionais. Esclarece-se que tanto a acessoriedade, como a causalidade são manifestações de dependência de direitos, mas na garantia à primeira demanda há causalidade e não acessoriedade.[240]

A natureza causal do contrato de garantia, portanto, não contradiz a natureza autônoma e não acessória do vínculo.[241] A causa da garantia não está na relação jurídica subjacente, que deve ser considerada como pressuposto material para a pactuação da garantia à primeira demanda. A causa da garantia é própria e reside na função de garantir o risco da relação subjacente, não havendo acessoriedade em razão disso.[242]

---

[238] MENDES, Eduardo Heitor da Fonseca. A garantia autônoma no direito brasileiro. *In:* GUEDES, Gisela Sampaio da Cruz; MORAES, Maria Celina Bodin de; MEIRELES, Rose Melo (coord.). *Direito das garantias.* São Paulo: Saraiva, 2017, p. 109-110.

[239] BONELLI, Franco. *Le garanzie bancarie a prima domanda nel commercio internazionale.* Milano: Giuffrè Editore, 1991, p. 28.

[240] GOMES, Manuel Januário da Costa. *Assunção fidejussória de dívida:* sobre o sentido e o âmbito da vinculação como fiador. Coimbra: Almedina, 2000, p. 115.

[241] PRUM, André. *Les garanties à première demande.* Paris: Litec, 1994, p. 59.

[242] PRUM, André. *Les garanties à première demande.* Paris: Litec, 1994, p. 66.

Ou seja, o fato de existir um contrato base, uma relação jurídica subjacente, não implica a existência de acessoriedade, pois há a quebra desse vínculo quando as partes estabelecem que a garantia será autônoma e à primeira demanda. Philippe Simler compara essa situação com a de um cordão umbilical cortado quando do nascimento de uma criança; de forma análoga, a relação subjacente, que dá vida à garantia, permanece existindo, mas em razão da natureza do vínculo estabelecido, há vida própria e autônoma da garantia, não há acessoriedade.[243]

Sendo assim, a garantia à primeira demanda é causal, porque exerce uma função de garantia,[244] e é autônoma, porque é independente da validade do negócio subjacente, não podendo o garantidor opor exceções oriundas do contrato garantido. Por outro lado, a fiança é acessória, pois é subordinada à validade do contrato principal, podendo o fiador valer-se de defesas relacionadas ao contrato subjacente.[245]

Em suma, a dicotomia *causalidade-abstração* é diversa da dicotomia *autonomia-acessoriedade*; não é porque a garantia é causal que há acessoriedade. A garantia autônoma é causal porque assegura a cobertura de um determinado resultado, internalizando a assunção do risco do inadimplemento do contrato base.[246] E é autônoma porque as vicissitudes do contrato base não passam ao contrato de garantia, razão pela qual o garantidor não pode opor as exceções oriundas do contrato base.

---

[243] SIMLER, Philippe. *Cautionnement. Garanties autonomes. Garanties indemnitaires*. Paris: LexisNexis, 2015, p. 931.

[244] TELLES, Inocêncio Galvão. Garantia bancária autônoma. Estudo e Parecer. *O Direito*, Coimbra, ano 120, III-IV, p. 275-293, 1988, p. 288.

[245] TELLES, Inocêncio Galvão. Garantia bancária autônoma. Estudo e Parecer. *O Direito*, Coimbra, ano 120, III-IV, p. 275-293, 1988, p. 288.

[246] GOMES, Fátima. Garantia bancária autônoma à primeira solicitação. *Direito e Justiça*, Lisboa, vol. VIII, t. 2, p. 119-210, 1994, p. 167-168; GUILARTE, Juan Sánchez-Calero. *El contrato autónomo de garantía. Las garantías a primera demanda*. Madrid: Centro de documentación bancaria y bursátil, 1995, p. 135.

3.
FASE ATIVA DA GARANTIA À PRIMEIRA DEMANDA

A autonomia e a automaticidade da garantia à primeira demanda serão visualizadas com maior clareza na fase ativa da garantia, isto é, após o pedido de pagamento pelo credor. Portanto, o objetivo desse capítulo é expor essa fase da garantia, o que perpassa pela compreensão de como funciona a sua execução (3.1), das hipóteses legítimas de recusa do pagamento (3.2) e da forma de recuperação do crédito após o pagamento pelo garantidor (3.3).

3.1. Execução voluntária e forçada da garantia à primeira demanda
O contrato de garantia à primeira demanda, por exercer função de garantia, pressupõe que esteja apoiado em uma relação externa, da qual, de um lado, é autônomo e, de outro, atribui, à obrigação autônoma do garantidor, o caráter de subsidiariedade, que é presente em todas as relações de garantia.[247] Por isso afirma-se que na garantia à primeira demanda há uma obrigação autônoma, mas subsidiária, uma vez que está subordinada à existência de incumprimento na relação subjacente — mesmo que a prova deste evento seja reduzida à simples declaração do beneficiário de sua ocorrência.[248]

---

[247] PORTALE, Giuseppe B. Fideussione e Garantievertrag nella prassi bancaria. *In:* PORTALE, Giuseppe B. *Le garanzie bancarie internazionale.* Milano: Giufrè Editore, 1989, p. 12. Em sentido contrário, que defende não haver subsidiariedade nas relações de garantia ver GOMES, Manuel Januário da Costa. *Assunção fideijussória de dívida:* sobre o sentido e o âmbito da vinculação como fiador. Coimbra: Almedina, 2000, p. 964-996.

[248] PORTALE, Giuseppe B. Fideussione e Garantievertrag nella prassi bancaria. *In:* PORTALE, Giuseppe B. *Le garanzie bancarie internazionale.* Milano: Giufrè Editore, 1989, p. 12.

A operatividade da garantia à primeira demanda é subordinada à existência de incumprimento na relação garantida, o que é característico de todas as relações de garantia.[249] Logo, o garantidor assume uma obrigação de segundo grau.[250] Isso não significa, todavia, que existe benefício de excussão prévio no patrimônio do devedor,[251] o que restringiria a garantia, desnaturando-a.[252]

Quando há o benefício de excussão, o credor deve executar primeiro os bens do devedor principal, e somente mais tarde executar o garantidor. Porém, na garantia à primeira demanda, a subsidiariedade representa apenas a existência de algum fato na obrigação subjacente que possa representar incumprimento ou a existência de algum dano. O beneficiário não precisa comprovar a existência de inadimplemento para pedir a execução da garantia; seu pedido, por si só, produz todos os efeitos necessários para que o garantidor seja obrigado a realizar o pagamento da garantia no prazo ajustado.

É dizer, o pagamento da garantia à primeira demanda depende unicamente da reclamação do beneficiário, não sendo compatível com a ideia de condicionar o pagamento a um requerimento ou procedimento pré-

---

[249] CALDERALE, Alfredo. *Fideiussione e contratto autonomo di garanzia.* Bari: Cacucci Editore, 1989, p. 202.

[250] RIBEIRO, Antônio Sequeira. Garantia bancária autônoma à primeira solicitação: algumas questões. *In:* MENEZES CORDEIRO, Antônio; LEITÃO, Luís Menezes; GOMES, Manuel Januário da Costa (Coord.). *Estudos em homenagem ao Professor Doutor Inocêncio Galvão Telles,* vol. II, Direito Bancário. Coimbra: Almedina, 2002, p. 339.

[251] No Direito brasileiro o benefício de excussão ou benefício de ordem está previsto no artigo 827 do Código Civil. De acordo com DELGADO, José Augusto. *Comentários ao novo Código Civil.* v. XI, t. 2. Das várias espécies de contrato. Da constituição de renda. Do jogo e aposta. Da fiança. Da transação. Do compromisso. Rio de Janeiro: Forense, 2006, p. 213: "O dispositivo em destaque consagra, em nosso ordenamento jurídico privado, o denominado benefício da ordem. Em face dele, o fiador, quando chamado para cumprir a garantia assumida, por ter faltado o devedor, pode exigir que esse seja primeiro executado."

[252] RIBEIRO, Antônio Sequeira. Garantia bancária autônoma à primeira solicitação: algumas questões. *In:* MENEZES CORDEIRO, Antônio; LEITÃO, Luís Menezes; GOMES, Manuel Januário da Costa (Coord.). *Estudos em homenagem ao Professor Doutor Inocêncio Galvão Telles,* vol. II, Direito Bancário. Coimbra: Almedina, 2002, p. 340.

vio.[253] De acordo com Antônio Sequeira Ribeiro, isso "resultaria absurdo e contraditório com a própria construção do contrato de garantia".[254]

O pedido do pagamento da garantia pelo beneficiário inaugura a fase mais importante do contrato de garantia à primeira demanda — a fase ativa —, pois passa-se para o plano de sua execução.[255] Imediatamente após a assinatura do contrato de garantia à primeira demanda, não há uma conduta concreta a ser exigida do garantidor; o contrato entra em um período — chamado de fase potencial — em que o cumprimento da prestação pelo garantidor permanece em suspenso, sem ser possível prever se e quando será devido.[256] O cumprimento da prestação do garantidor somente será exigível se o beneficiário pedir a sua execução em conformidade com os requisitos materiais, formais e temporais pactuados.[257]

O evento que desencadeia o pedido de garantia é, normalmente, qualquer incumprimento ocorrido no contrato subjacente que cause algum dano, não resumindo-se a um inadimplemento. Será uma circunstância ou um fato que vai incidir sobre as consequências econômicas que o beneficiário da garantia (credor principal) esperava do contrato subjacente, o que significará um dano, em sentido amplo.[258]

Ocorrido o incumprimento no contrato subjacente, a garantia deverá ser pedida pelo beneficiário em conformidade com as disposições do

---

[253] RIBEIRO, Antônio Sequeira. Garantia bancária autônoma à primeira solicitação: algumas questões. *In:* MENEZES CORDEIRO, Antônio; LEITÃO, Luís Menezes; GOMES, Manuel Januário da Costa (Coord.). *Estudos em homenagem ao Professor Doutor Inocêncio Galvão Telles,* vol. II, Direito Bancário. Coimbra: Almedina, 2002, p. 342.

[254] RIBEIRO, Antônio Sequeira. Garantia bancária autônoma à primeira solicitação: algumas questões. *In:* MENEZES CORDEIRO, Antônio; LEITÃO, Luís Menezes; GOMES, Manuel Januário da Costa (Coord.). *Estudos em homenagem ao Professor Doutor Inocêncio Galvão Telles,* vol. II, Direito Bancário. Coimbra: Almedina, 2002, p. 342.

[255] JARDIM, Mónica. *A garantia autónoma.* Coimbra: Almedina, 2002, p. 247.

[256] GUILARTE, Juan Sánchez-Calero. *El contrato autónomo de garantía.* Las garantías a primera demanda. Madrid: Centro de documentación bancaria y bursátil, 1995, p. 341.

[257] GUILARTE, Juan Sánchez-Calero. *El contrato autónomo de garantía.* Las garantías a primera demanda. Madrid: Centro de documentación bancaria y bursátil, 1995, p. 342.

[258] GUILARTE, Juan Sánchez-Calero. *El contrato autónomo de garantía.* Las garantías a primera demanda. Madrid: Centro de documentación bancaria y bursátil, 1995, p. 342-343.

contrato de garantia,[259] o que pode ser mediante documento escrito e enviado para o endereço do garantidor, por e-mail, notificação ou, até mesmo, pedido verbal, se não houver qualquer outra exigência.[260] O texto do contrato de garantia é decisivo para determinar as hipóteses que ensejam o pedido de pagamento da garantia, o seu valor e o modo de pedir a sua execução.[261]

É tão essencial o instrumento do contrato de garantia à primeira demanda que se pode associá-lo à importância da cártula dos títulos de crédito.[262] Somente é possível executar aquilo que está estritamente inserido no contrato, tanto quanto ao valor, quanto ao modo de seu funcionamento. A interpretação da garantia deverá ser sempre textual, isto é, a reconstrução da vontade das partes deve ocorrer somente de acordo com o conteúdo objetivo constante no instrumento da garantia, não podendo buscar elementos no contrato subjacente.[263]

A garantia não pode ser invocada pelo beneficiário após o seu termo final, que pode ser expresso em uma data certa ou referenciando o acontecimento de determinado evento.[264] Uma vez feito o pedido dentro do prazo e em conformidade com o estabelecido no contrato de garantia, o pagamento pelo garantidor deve ocorrer logo após o recebimento desse pedido. Para que não haja a abertura de margens para discussão, é impor-

---

[259] TELLES, Inocêncio Galvão. Garantia bancária autônoma. Estudo e Parecer. *O Direito*, Coimbra, ano 120, III-IV, p. 275-293, 1988, p. 287.

[260] GUILARTE, Juan Sánchez-Calero. *El contrato autónomo de garantía*. Las garantías a primera demanda. Madrid: Centro de documentación bancaria y bursátil, 1995, p. 349-350.

[261] MENEZES CORDEIRO, Antônio. *Tratado de Direito Civil*, v. X, Direito das Obrigações, Garantias. Coimbra: Almedina, 2015, p. 565.

[262] Sobre a importância da cartularidade ou literalidade dos títulos de crédito ver ASCARELLI, Tulio. *Teoria geral dos títulos de crédito*. Campinas: Editora Jurídica Mizuno, 2003, p. 61 e seguintes.

[263] PORTALE, Giuseppe. Le garanzie bancarie internazionale (Questioni). *In*: PORTALE, Giuseppe. *Le garanzie bancarie internazionali*. Milano: Giuffrè Editore, 1989, p. 65-67.

[264] BONELLI, Franco. *Le garanzie bancarie a prima domanda nel commercio internazionale*. Milano: Giuffrè Editore, 1991, p. 58; GUILARTE, Juan Sánchez-Calero. *El contrato autónomo de garantía*. Las garantías a primera demanda. Madrid: Centro de documentación bancaria y bursátil, 1995, p. 350; JARDIM, Mónica. A garantia autónoma. Coimbra: Almedina, 2002, p. 247: "o apelo à entrega da quantia pecuniária determinada à título de garantia, normalmente, pode ocorrer a partir da entrada em vigor da garantia e até a data de expiração."

tante que no próprio contrato de garantia esteja previsto um prazo para o garantidor realizar o pagamento.

Na ausência de prazo, recomenda-se que o garantidor seja notificado para realizar o pagamento da garantia em prazo razoável, de acordo com a especificidade da garantia prestada.[265] À título ilustrativo, a Convenção das Nações Unidas sobre garantias autônomas e cartas de crédito *Stand--by* estabelece que o pagamento deva ocorrer no máximo em sete dias úteis.[266]

Não havendo o pagamento dentro do prazo estipulado no contrato ou em notificação enviada ao garantidor, incorrerá este em mora, conforme previsão do artigo 394 do Código Civil. Em virtude da autonomia da garantia, a mora do garantidor também será autônoma em relação à mora do devedor do contrato subjacente. É possível que no âmbito dessa relação tenha sido convencionado determinado limite, o qual não poderá ser transposto para o contrato de garantia;[267] neste haverá a incidência de juros, correção monetária e honorários de advogado de forma independente do contrato base.

A execução seguirá naturalmente para a esfera judicial caso o garantidor não realize o pagamento conforme previsto no contrato. Nesse

---

[265] GOMES, Manuel Januário da Costa. Sobre a mora do garante na garantia bancária autónoma. *In:* MIRANDA, Jorge. (Coord.) *Estudos em honra de Ruy de Albuquerque.* Edição Faculdade de Direito da Universidade de Lisboa. Coimbra: Coimbra Editora, 2006, p. 26.

[266] UNCITRAL. United Nations convention on independent guarantees and stand-by letters of credit. United Nations, 1996. "*Article 16, Examination of demand and accompanying documents (1) The guarantor/issuer shall examine the demand and any accompanying documents in accordance with the standard of conduct referred to in paragraph (1) of article 14. In determining whether documents are in facial conformity with the terms and conditions of the undertaking, and are consistent with one another, the guarantor/issuer shall have due regard to the applicable international standard of independent guarantee or stand-by letter of credit practice. (2) Unless otherwise stipulated in the undertaking or elsewhere agreed by the guarantor/issuer and the beneficiary, the guarantor/ issuer shall have reasonable time, but not more than seven business days following the day of receipt of the demand and any accompanying documents, in which to: (a) Examine the demand and any accompanying documents; (b) Decide whether or not to pay; (c) If the decision is not to pay, issue notice thereof to the beneficiary.*"

[267] GOMES, Manuel Januário da Costa. Sobre a mora do garante na garantia bancária autónoma. *In:* MIRANDA, Jorge. (Coord.) *Estudos em honra de Ruy de Albuquerque.* Edição Faculdade de Direito da Universidade de Lisboa. Coimbra: Coimbra Editora, 2006, p. 30.

âmbito, a garantia à primeira demanda deverá ser executada como um título executivo extrajudicial, caso o documento esteja assinado por duas testemunhas, em razão da previsão do artigo 784, III, do Código de Processo Civil. Essa execução, no entanto, pode ser permeada de dificuldades que retiram do contrato de garantia à primeira demanda a efetividade pretendida. É exemplo disso o caso mencionado na introdução, em que a execução da garantia foi ajuizada em março de 2017, mas até dezembro de 2020 não havia sido realizado o pagamento do valor garantido.

Mais tempo transcorrerá para tornar efetiva a execução da garantia se o contrato não tiver força executiva. Nesse caso, não restará alternativa senão o ajuizamento de ação monitória. Entrará em curso um procedimento pelo qual o garantidor deverá ser citado para realizar o pagamento no prazo de quinze dias ou apresentar embargos à ação monitória, independentemente de caução. A partir de então, haverá prazo para resposta, manifestações das partes, produção probatória e apresentação de recursos; ou seja, até o efetivo pagamento pelo garantidor, um longo período terá transcorrido.

Há ainda alguns fatores adicionais que podem acarretar maior dilação para o pagamento efetivo da garantia. O primeiro é o fato de que, no Brasil, a garantia à primeira demanda é um instituto ainda recente no âmbito do judiciário, o que pode acarretar uma dificuldade natural de os magistrados compreenderem qual a sua função e como deve ser o seu funcionamento. Em princípio, pode parecer injusto que o garantidor seja condenado a pagar o valor da garantia se o contrato da relação subjacente é ilíquido e está sob discussão. Porém, é justamente nessas hipóteses de tensão que a execução dessa garantia deve ser de forma imediata, reforçando aquilo que foi originalmente pactuado pelas partes. Mais uma vez, cumpre mencionar o caso da introdução,[268] pois a Décima Sétima Câmara Cível reformou a sentença de extinção da execução do contrato de garantia para que, independentemente da existência de litígio arbitral sobre o contrato da relação subjacente, o garantidor fosse condenado ao pagamento do valor constante no contrato.

---

[268] RIO GRANDE DO SUL. Tribunal de Justiça do Rio Grande do Sul. Apelação Cível n. 70077074417, Décima Sétima Câmara Cível, relator Des. Giovanni Conti, 25 de outubro de 2018.

FASE ATIVA DA GARANTIA À PRIMEIRA DEMANDA

Por sua vez, na primeira decisão judicial brasileira envolvendo a garantia à primeira demanda de que se tem conhecimento, preferiu-se evitar o pagamento da garantia ao beneficiário, ainda que isso fosse contrário ao pactuado pelas partes no contrato de garantia.[269] Nesse caso, Barilla Alimentare S.P.A e Santista Alimentos S.A. assinaram contrato de *joint venture* para a produção, industrialização, distribuição e comercialização de massas alimentícias em geral, que seria efetivada por parte de uma nova empresa constituída para isso, a denominada Barilla Santista S.A. Nesse contrato, foi fixado o preço de opção de venda das ações da nova empresa (Barilla Santista S.A), tendo sido prestadas garantias. Diante de alegados descumprimentos do contrato por Barilla Alimentare S.P.A, a Santista Alimentos requereu a suspensão do pagamento da opção de venda das ações e dos efeitos das garantias prestadas.

Em primeira instância, foi deferida a suspensão do pagamento da garantia, tendo sido enviados ofícios aos bancos, pois havia a necessidade de ser apurado o valor correto de venda das ações, considerando os prejuízos sofridos pela empresa Barilla Santista S.A.. Em face dessa decisão, Barilla Alimentare S.P.A. interpôs agravo de instrumento pleiteando a sua reforma, pois as partes teriam pactuado uma garantia à primeira demanda, razão pela qual as instituições bancárias deveriam efetuar de imediato o pagamento da garantia, independentemente do cumprimento ou não das obrigações.

Na decisão do Agravo de Instrumento, a Nona Câmara Cível considerou haver razões para estar configurada a garantia à primeira demanda, cujo valor poderia ser depositado em juízo pelas instituições financeiras. No entanto, decidiu-se que o levantamento dos valores da garantia dependeria do julgamento do processo para averiguar o preço de venda das ações e que o levantamento precipitado da garantia poderia causar dano de difícil reparação à agravada.[270]

A partir da análise desse caso, três questões devem ser observadas. A primeira é que foi o devedor (Barilla Alimentare S.P.A) que ajuizou

---

[269] SÃO PAULO. Tribunal de Justiça de São Paulo. Agravo de Instrumento n. 79611-4/6, Nona Câmara Cível de Direito Privado, relator Des. Thyrso Silva, 17 de março de 1998.
[270] SÃO PAULO. Tribunal de Justiça de São Paulo. Agravo de Instrumento n. 79611-4/6, Nona Câmara Cível de Direito Privado, relator Des. Thyrso Silva, 17 de março de 1998, p. 6.

CONTRATO DE GARANTIA À PRIMEIRA DEMANDA

ação para impedir o pagamento, porque o garantidor não poderia recusar pagá-la, tampouco opor as exceções oriundas da relação entre credor e devedor (Santista Alimentos e Barilla Alimentare). A segunda é que o magistrado em primeira instância deferiu a suspensão do pagamento da garantia, que foi mantida pelo Tribunal de Justiça de São Paulo, contrariando o estipulado pelas partes. A terceira é a dificuldade de o judiciário reconhecer o modo de funcionamento da garantia à primeira demanda, pois foi considerado que o levantamento do valor da garantia poderia causar danos de difícil reparação.

Outro caso em que a garantia à primeira demanda teve que ser executada no poder judiciário é o que envolveu o Banco Industrial e Comercial S.A. e a empresa Enelpower do Brasil Ltda.,[271] em que esta subcontratou a empresa CCO Engenharia para a construção de parte da linha de transmissão Norte/Sul II, tendo adiantado valores referentes a trabalhos que deveriam ser executados pela CCO Engenharia. Para assegurar a restituição dos valores pagos de forma antecipada, foi emitida uma "carta fiança" pelo Banco Industrial e Comercial. Em 2003, a Enelpower e CCO Engenharia discordaram quanto ao cumprimento do contrato de empreitada, razão pela qual a Enelpower notificou o Banco para pagar a garantia. Todavia, o pagamento não foi realizado, pois a CCO Engenharia já havia informado o Banco que não haveria inadimplemento por sua parte, que a Enelpower estava, na verdade, em mora e que as partes estavam discutindo o assunto em arbitragem.

A Enelpower não teve alternativa senão ajuizar uma ação de execução para receber os valores garantidos. Tanto em primeira[272] quanto em segunda instância,[273] foi reconhecida a existência de obrigação autônoma do Banco, pois este prestou uma garantia à primeira demanda, independentemente do nome do documento, comprometendo-se a pagar o valor

---

[271] RIO DE JANEIRO. Tribunal de Justiça do Rio de Janeiro. Apelação Cível n. 2007.001.15509, Décima Sexta Câmara Cível, relator Des. Mauro Dickstein, 07 de agosto de 2007.

[272] RIO DE JANEIRO, Tribunal de Justiça do Rio de Janeiro. Rio de Janeiro, Trigésima Terceira Vara Cível, processo n. 0128629-82.2003.8.19.0001.

[273] RIO DE JANEIRO. Tribunal de Justiça do Rio de Janeiro. Apelação Cível n. 2007.001.15509, Décima Sexta Câmara Cível, relator Des. Mauro Dickstein, 07 de agosto de 2007.

garantido mediante simples notificação. Foi consignado que o Banco não poderia opor eventuais exceções existentes entre a Enelpower e a CCO Engenharia e que, se tivesse havido inadimplemento pela Enelpower, esta responderia em ação própria pelos seus atos, sendo irrelevante esse fato para o pagamento da garantia. Portanto, foi determinado o prosseguimento da execução para que o Banco realizasse o pagamento devido à Enelpower.

Em todos os casos citados, o pagamento do garantidor foi postergado de forma demasiada, contrariamente ao pactuado. Assim, foram longos anos até que houvesse o trânsito em julgado da decisão da segunda instância e a efetivação do pagamento da garantia.[274] Verifica-se, portanto, que o segundo fator para tentar explicar esse transcurso temporal é a existência de certa incompatibilidade entre o dever de pagamento imediato da garantia e o processo judicial brasileiro, quando não há a cooperação[275] do garantidor.

O direito processual brasileiro possui um conjunto de normas fundamentais, dentre os quais destacam-se os princípios do devido processo

---

[274] No caso do TJRS, já houve o transcurso de mais de três anos sem que tenha havido o pagamento da garantia. Já no caso do TJRJ, a ação de execução foi ajuizada em 03/11/2003, ao passo que a sentença de homologação do acordo para pagamento foi proferida somente em 19/07/2011, ou seja, demorou mais de oito anos para o pagamento dos valores devidos.

[275] O sentido de cooperação aqui mencionado é baseado nas ideias de Emilio Betti, em que a cooperação é intrínseca à noção de obrigação, sendo um dos fatores centrais para a distinguir o direito das obrigações dos direitos reais. Confira-se, nesse sentido, os seguintes excertos de BETTI, Emilio. *Teoria Generale delle obbligazioni*. v. I. Milano: Giuffrè Editore, 1953, p. 11: *"Ma se si considera che ai fini della pratica attuazione dei rapporti di diritto reale il titolare del diritto non fa assegnamento su di prestazione altrui, meglio ancora, sulla positiva cooperazione di un terzo, mentre, al contrario nei rapporti obbligatori la prestazione altrui è insita nel concetto stesso di obbligazione, appare evidente dov'è la differenza dei problemi pratici risolti dalla legge mediante la costituzione di queste due specie di rapporti. Nell'un caso si tratta di attribuire dei beni a talun consociato e di escluderne correlativamente gli altri: vi è, quindi, un rapporto di appartenenza e di correlativa esclusione; nell'altro si tratta di risolvere un problema di cooperazione nel caso di rapporti giuridici aventi per fronte un contratto, ovvero di compensare le conseguenze lesive un atto illecito".* Ibdem, p. 16: *"Dal che deriva che nel rapporto di obbligazione l'interesse dell'avente diritto è destinato a realizzarsi, come prima abbiamo precisato, per mezzo di un intermediario, attraverso un comportamento altrui, un'attività di cooperazione; laddove nel rapporto di diritto reale l'interesse del titolare è destinato a realizzarsi immediatamente, senza intermediari e, se mai, per l'attività del titolare stesso."*

legal, do contraditório e da ampla defesa.[276] A observância a esses princípios acarreta a dilação da prolação de decisões executórias, a fim de que seja dado o devido tempo de resposta ao garantidor executado. Além disso, é muito comum ser necessário aguardar o pronunciamento da segunda instância sobre o litígio, postergando a satisfação dos interesses do beneficiário.

Não se discute a imprescindibilidade de observância desses princípios e normas fundamentais, sequer propor-se-ia qualquer mudança para a execução da garantia. Todavia, isso é um fato a ser observado. A garantia à primeira demanda somente vai encontrar o seu grau máximo de efetividade caso haja cooperação do garantidor; não havendo, o pagamento imediato e a satisfação do interesse do beneficiário ficarão prejudicados, pois postergados temporalmente.

Verifica-se, então, que a cooperação do garantidor é peça fundamental para que a garantia à primeira demanda alcance o seu grau máximo de efetividade. Essa cooperação é entendida como o ato necessário a ser praticado pelo garantidor para a satisfação dos interesses do beneficiário. Não agindo o garantidor para o cumprimento da obrigação, deverá o Poder Estatal ser acionado para, através de meios coercitivos, atingir o patrimônio do garantidor para a satisfação do direito do beneficiário.

Nada obstante a ausência de cooperação do garantidor possa prejudicar a efetividade da garantia à primeira demanda, ela é uma garantia mais efetiva que a fiança, por exemplo, pois as matérias que poderão ser alegadas ao longo do processo de execução são limitadas e, somente em restritas hipóteses, será legítimo ao garantidor recusar o pagamento, conforme será tratado no próximo subtópico.

3.2. Hipóteses legítimas de recusa do pagamento imediato

O direito de o beneficiário exigir o pagamento imediato do valor da garantia não lhe confere o poder de transpor os limites da legalidade de

---

[276] Sobre princípios do Direito processual brasileiro, ver DIDIER JR., Fredie. *Curso de direito processual civil:* introdução ao direito processual civil, parte geral e processo de conhecimento. 22 ed. Salvador: Ed. Jus Podivm, 2020, p. 92 e seguintes.

FASE ATIVA DA GARANTIA À PRIMEIRA DEMANDA

forma impune.[277] Afinal, o direito do beneficiário é incondicional, mas não discricionário. Há limites impostos pelo ordenamento jurídico que o afetam diretamente.[278]

O contrato de garantia à primeira demanda, assim como todos os contratos, "não se processa em um espaço vazio de normatividade".[279] O ordenamento jurídico é seu "antecedente e um pressuposto",[280] estabelecendo "requisitos e limites de eficácia", fixando efeitos imperativos, "impregnando, com os seus valores, princípios e critérios, o sentido do comportamento declarativo", "predispondo regimes supletivos".[281] Portanto, os contratos devem respeitar os limites de liberdade conformativa estabelecidos pelo ordenamento jurídico, do qual é indissociável.[282]

Um dos limites ao pagamento imediato da garantia à primeira demanda se dá quando o pedido do beneficiário é realizado de forma manifestamente abusiva, fraudulenta ou dolosa,[283] constituindo "válvula

---

[277] PRUM, André. *Les garanties à première demande*: essay sur l'autonomie. Paris: Litec, 1994, p. 251.

[278] ALMEIDA COSTA, Mário Júlio; PINTO MONTEIRO, Antônio. Garantias Bancárias. O contrato de garantia à primeira solicitação. *Colectânea de jurisprudência*, Coimbra, ano XI, t. V, p. 16-34, 1986, p. 20: "há princípios cogentes de todo e qualquer ordenamento jurídico, que devem ser respeitados, não podendo as garantias automáticas violar grosseiramente os referidos princípios."

[279] RIBEIRO, Joaquim de Sousa. *O problema do contrato*: as cláusulas contratuais gerais e o princípio da liberdade contratual. Coimbra: Almedina, 1999, p. 214.

[280] RIBEIRO, Joaquim de Sousa. *O problema do contrato*: as cláusulas contratuais gerais e o princípio da liberdade contratual. Coimbra: Almedina, 1999, p. 215.

[281] RIBEIRO, Joaquim de Sousa. *O problema do contrato*: as cláusulas contratuais gerais e o princípio da liberdade contratual. Coimbra: Almedina, 1999, p. 216.

[282] RIBEIRO, Joaquim de Sousa. *O problema do contrato*: as cláusulas contratuais gerais e o princípio da liberdade contratual. Coimbra: Almedina, 1999, p. 222: "as estipulações imputáveis à liberdade das partes estão presas por um autêntico cordão umbilical à ordem jurídica que a faculta e de que reclama eficácia."

[283] Esse é o entendimento da doutrina majoritária segundo JARDIM, Mónica. *A garantia autónoma*. Coimbra: Almedina, 2002, p. 288; PRUM, André. *Les garanties à première demande*: essay sur l'autonomie. Paris: Litec, 1994, p. 251; ALMEIDA, Carlos Ferreira de. *Contratos III*. Contratos de liberdade, de cooperação e de risco. Coimbra: Almedina, 2015, p. 215; EPIFÂNIO, Maria do Rosário. Garantias bancárias autónomas. Breves reflexões. *In*: VAZ, Manuel Afonso; LOPES, J. A. Azeredo. (Coord.) *Juris et de iure*: nos 20 anos da Faculdade de Direito da UCP Porto. Coimbra: Coimbra Editora, 1998, p. 347: "a autonomia da garantia

de ventilação de justiça"[284] desse instituto de "rigor draconiano".[285] Em que pese haja o entendimento comum que são situações excepcionais, a qualificação e a distinção dos casos de fraude, abuso e dolo não ocorreu de forma simples e uniforme na doutrina.[286]

Uma das dificuldades enfrentadas é que a noção de fraude é própria da *Common Law*, ao passo que na *Civil Law* aplica-se a teoria de abuso de direito,[287] cuja noção e requisitos diferem entre os sistemas jurídicos que a adotam.[288] De acordo com Franco Bonelli, na Itália e no exterior, para tentar superar essa dificuldade, prevaleceu o entendimento que faz referência genérica à noção ou de fraude, ou de abuso, ou de dolo na execução da garantia.[289] Esse mesmo autor, assim como Andre Prum, concluiu que mais importante do que distinguir casos de fraude, abuso ou dolo, com o objetivo de fazer generalizações, é determinar os critérios de ilega-

---

(nos seus diversos graus) em estudo conhece um primeiro limite que é o abuso, dolo ou fraude manifestos. Trata-se de um limite intrínseco, reconhecido unanimemente na doutrina e na jurisprudência estrangeiras."

[284] SILVA, João Calvão da. *Estudos de Direito Comercial (Pareceres)*. Capítulo II. Garantia Bancária. Coimbra: Almedina, 1996, p. 343.

[285] Expressão utilizada por CORREIA, A. Ferrer. Notas para o estudo da garantia bancária. *Revista de Direito e Economia*, Coimbra, p. 1-14, 1982, p. 12.

[286] JARDIM, Mónica. *A garantia autónoma*. Coimbra: Almedina, 2002, p. 288 e ss.

[287] SILVA, João Calvão da. *Estudos de Direito Comercial (Pareceres)*. Capítulo II. Garantia Bancária. Coimbra: Almedina, 1996, p. 344: "a exigência de fraude (*fraud in transaction*) própria da *Common Law*, que não conhece a teoria geral do abuso de direito (cfr. v.g. §5-114(2) do *Uniform Commercial Code* dos EUA). Já na *Civil Law* o mesmo resultado alcança-se pelo princípio (da proibição) do abuso de direito do beneficiário da garantia, em nome da justiça material."

[288] Sobre abuso de direito ver: MARTINS-COSTA, Judith. Os avatares do abuso do Direito e o rumo indicado pela boa-fé. *In*: NICOLAU, Mario Jr. (Org.). *Novos Direitos*. Curitiba: Juruá, 2007, p. 193-232; MIRAGEM, Bruno. *Abuso do Direito*: ilicitude objetiva e limite ao exercício de prerrogativas jurídicas no Direito Privado. 2ª ed. rev., atual., e ampl. São Paulo: Editora Revista dos Tribunais, 2013; MENEZES CORDEIRO, António. *Da boa-fé no Direito Civil*. Coimbra: Almedina, 2017, p. 661 e ss; ASCENSÃO, José Oliveira. O "abuso do direito" e o art. 334 do Código Civil: uma recepção transviada. *In*: Miranda, Jorge. (Org.). *Estudos em homenagem ao professor doutor Marcello Caetano no centenário do seu nascimento*. v. I. Coimbra: Coimbra Editora, 2006, p. 607-631.

[289] BONELLI, Franco. *Le garanzie bancarie a prima domanda nel commercio internazionale*. Milano: Giuffrè Editore, 1991, p. 127.

FASE ATIVA DA GARANTIA À PRIMEIRA DEMANDA

lidade do pedido da garantia à primeira demanda, já que a etiqueta de um instituto ou outro não auxiliará na resolução dos problemas práticos.[290]

Há ilegalidade no pedido quando o beneficiário pretende obter vantagem claramente ilícita em violação à função de garantia.[291] Isso ocorre quando (i.) não existir dúvidas que houve a satisfação do beneficiário na relação jurídica subjacente ou (ii.) for verificado que o beneficiário foi diretamente responsável pelo não cumprimento do negócio base.[292] Nesses casos, presume-se a intenção dolosa do beneficiário, ainda que não seja necessária a sua prova.[293]

Essas hipóteses de ilegalidade do pedido da garantia à primeira demanda não são enquadráveis no abuso de direito previsto no artigo 187 do Código Civil, que estabelece haver ato ilícito quando o titular de um direito, ao exercê-lo, "excede manifestamente os limites impostos pelo seu fim econômico ou social, pela boa-fé ou pelos bons costumes". O principal elemento para a caracterização do abuso de direito "é a manifesta ultrapassagem de certos limites no respectivo exercício do direito, independentemente da análise da conduta do agente",[294] devendo-se atentar apenas ao critério objetivo finalístico.[295] Há um direito, mas o ordenamento jurídico impõe limites ao seu exercício, "seja em respeito

---

[290] PRUM, André. *Les garanties à première demande*: essay sur l'autonomie. Paris: Litec, 1994, p. 251-252; BONELLI, Franco. *Le garanzie bancarie a prima domanda nel commercio internazionale*. Milano: Giuffrè Editore, 1991, p. 90-92

[291] PRUM, André. *Les garanties à première demande*: essay sur l'autonomie. Paris: Litec, 1994, p. 257.

[292] PRUM, André. *Les garanties à première demande*: essay sur l'autonomie. Paris: Litec, 1994, p. 264-266; BONELLI, Franco. *Le garanzie bancarie a prima domanda nel commercio internazionale*. Milano: Giuffrè Editore, 1991, p. 90.

[293] PRUM, André. *Les garanties à première demande*: essay sur l'autonomie. Paris: Litec, 1994, p. 269.

[294] NANNI, Giovanni Ettori. Abuso de direito. *In*: LOTUFO, Renan; NANNI, Giovanni Ettore (coord). *Teoria Geral do direito civil*. São Paulo: Atlas, 2008, p. 752.

[295] Nas Jornadas de Direito Civil, promovidas pelo Superior Tribunal de Justiça, sob coordenação do Ministro Ruy Rosado de Aguiar Júnior, foi aprovado o enunciado n. 37 para a interpretação do artigo 187 do Código Civil, com a seguinte redação: "Art. 187: a responsabilidade civil decorrente do abuso do direito independe de culpa e fundamenta-se somente no critério objetivo-finalístico."

aos direitos subjetivos dos demais indivíduos, ou em favor da preservação de valores constitutivos do próprio ordenamento".[296]

Em todos os casos de ilegalidade do pedido da garantia à primeira demanda, verifica-se que o beneficiário não tinha o direito de executá-la e, por essa razão, pretendeu violar a função da garantia. Portanto, é uma hipótese mais restrita do que a prevista para o abuso de direito, que é "norma tuteladora do exercício anormal do direito".[297]

Possibilitar a incidência do abuso de direito para impedir o pagamento da garantia à primeira demanda permitiria que uma miríade de situações pudesse enquadrar-se no seu escopo, em virtude de ser uma cláusula geral[298] — "uma estrutura normativa cuja prescrição é vaga na hipótese, isto é, cujo conteúdo não está previamente descrito"[299] — o que violaria a função e a finalidade da garantia à primeira demanda. Nessa garantia, o pagamento deve ser realizado de forma imediata, sem que possam ser opostas exceções para impedir ou atrasar o pagamento, o que não significa que haja total inaplicabilidade do abuso de direito à garantia

---

[296] MIRAGEM, Bruno. Abuso do direito: ilicitude objetiva no direito privado brasileiro. *Revista dos Tribunais*, São Paulo, v. 842, p. 11-44, 2005, p. 5 (versão eletrônica). Mais adiante, na p. 10, o autor menciona que "Trata-se aqui, de violação a limites que a um só tempo são expressos por conceitos plurissignificativos, que buscam assegurar tanto as finalidades para as quais foram concebidos os direitos subjetivos e institutos jurídicos em geral, quanto os elementos ético-juridicizados dos quais se utiliza o legislador para pontuar o esquema legal de previsão desses mesmos direitos."

[297] NANNI, Giovanni Ettori. Abuso de direito. *In:* LOTUFO, Renan; NANNI, Giovanni Ettore (coord). *Teoria Geral do direito civil.* São Paulo: Atlas, 2008, p. 747.

[298] O abuso de direito é uma cláusula geral segundo MIRAGEM, Bruno. Abuso do direito: ilicitude objetiva no direito privado brasileiro. *Revista dos Tribunais*, São Paulo, v. 842, p. 11-44, 2005, p. 12; NANNI, Giovanni Ettori. Abuso de direito. *In:* LOTUFO, Renan; NANNI, Giovanni Ettore (coord). *Teoria Geral do direito civil.* São Paulo: Atlas, 2008, p. 746; sobre cláusulas gerais ver MARTINS-COSTA, Judith. *A boa-fé no direito privado:* critérios para a sua aplicação. São Paulo: Marcial Pons, 2015, p. 143. No mesmo sentido: ÁVILA, Humberto. Subsunção e concreção na aplicação do direito. *In:* MEDEIROS, Antônio Paulo Cachapuz de (org.). *Faculdade de Direito da PUC-RS:* o ensino jurídico no limiar do novo milênio. Porto Alegre: Edipuc-RS, 1997, p. 434: "As cláusulas gerais funcionam como instrumentos de adaptação dos efeitos jurídicos aos fatos jurídicos concretos, naquelas normas cujos valores são identificados de maneira genérica."

[299] MARTINS-COSTA, Judith. *A boa-fé no direito privado:* critérios para a sua aplicação. São Paulo: Marcial Pons, 2015, p. 121.

FASE ATIVA DA GARANTIA À PRIMEIRA DEMANDA

à primeira demanda, mas que esse instituto não poderá ser utilizado para impedir o pagamento imediato da garantia, que se resume às hipóteses de ilegalidade já elencadas.

A fim de assegurar a eficácia da garantia à primeira demanda, além de não permitir a incidência do artigo 187 do Código Civil, exige-se a existência de prova líquida e inequívoca da ilegalidade do pedido da garantia para que o garantidor possa recusar licitamente a realização do pagamento.[300] A justificativa para tal exigência é evitar longas e dispendiosas discussões, frustrando o objetivo da garantia à primeira demanda. Se existir controvérsia entre o devedor principal e o beneficiário sobre a correta e integral execução do negócio principal, ou houver simples dúvida quanto a isso, o pagamento da garantia não pode ser bloqueado.[301]

Com efeito, não pode o garantidor recusar o pedido de pagamento da garantia com base em mera suspeita de ilegalidade, em que é necessária dilação probatória para averiguar essa situação; exige-se que o garantidor possua em suas mãos documentos que efetivamente comprovem a existência de que o pedido visa a violar a função de garantia.[302] Um exemplo disso, citado pelo jurista A. Ferrer Correia, são sentenças transitadas em julgado declarando a inexistência ou inexigibilidade do crédito garan-

---

[300] ALMEIDA COSTA, Mário Júlio; PINTO MONTEIRO, Antônio. Garantias Bancárias. O contrato de garantia à primeira solicitação. *Colectânea de jurisprudência*, Coimbra, ano XI, t. V, p. 16-34, 1986, p. 21; PORTALE, Giuseppe. Le garanzie bancarie internazionale (Questioni). *In:* PORTALE, Giuseppe. *Le garanzie bancarie internazionali.* Milano: Giuffrè Editore, 1989, p. 81-82: "*Giustamente è stato però rilevato che se la formula "prova liquida" rende sufficientemente palese che deve trattarsi di prova che faccia risultare di sicura ed immediata percezione l'esistenza della frode o dell'abuso (non potendo questi essere presunti), essa ancora non dice se debba trattarsi solo di prova documentale di sicura ed immediata interpretazione (alla quale, secondo autorevole insegnamento è da equiparare il fatto notorio), oppure se più restrittivamente, sia addirittura necessario — come qualche volta è stato affermato — che la frode o l'abuso risulti da sentenza passata in giudicato o da provvedimento d'urgenza 'definitivo'*".

[301] BONELLI, Franco. *Le garanzie bancarie a prima domanda nel commercio internazionale.* Milano: Giuffrè Editore, 1991, p. 108-109.

[302] ALMEIDA COSTA, Mário Júlio; PINTO MONTEIRO, Antônio. Garantias Bancárias. O contrato de garantia à primeira solicitação. *Colectânea de jurisprudência*, Coimbra, ano XI, t. V, p. 16-34, 1986, p. 21; EPIFÂNIO, Maria do Rosário. Garantias bancárias autônomas. Breves reflexões. *In:* VAZ, Manuel Afonso; LOPES, J. A. Azeredo. (Coord.) *Juris et de iure:* nos 20 anos da Faculdade de Direito da UCP Porto. Coimbra: Coimbra Editora, 1998, p. 350.

tido.[303] Ainda, há quem defenda que a exigência de prova documental líquida é dispensada quando a ilegalidade constitui um fato evidente ou notório.[304]

Havendo prova líquida e robusta ou sendo o fato notório da ilegalidade do pedido, é lícita a recusa do garantidor de realizar o pagamento do valor pedido pelo beneficiário. Nessa hipótese, compete ao devedor principal promover medidas judiciais cautelares a fim de evitar que o garantidor realize o pagamento dos valores pedidos pelo beneficiário. É claro que o recurso à tutela cautelar de urgência somente pode ser admitido em situações verdadeiramente excepcionais, por isso a exigência de prova líquida ou a existência de fato notório.[305]

Essa solução, contudo, parece contrastar com a lei processual brasileira e de muitos ordenamentos jurídicos, que admitem o deferimento de tutelas de urgência com base na probabilidade do direito. No Código de Processo Civil brasileiro os requisitos para a concessão da tutela de urgência, dispostos no artigo 300, são (i.) probabilidade do direito (ii.) perigo de dano ou risco ao resultado útil do processo e (iii.) inexistência de perigo de irreversibilidade dos efeitos da decisão.

Nota-se que a mera probabilidade do direito[306] é suficiente para sustentar a concessão da tutela de urgência, pois a análise é realizada em

---

[303] CORREIA, A. Ferrer. Notas para o estudo da garantia bancária. *Revista de Direito e Economia*, Coimbra, p. 1-14, 1982, p. 8.

[304] PORTALE, Giuseppe. Le garanzie bancarie internazionale (Questioni). *In*: PORTALE, Giuseppe. *Le garanzie bancarie internazionali.* Milano: Giuffrè Editore, 1989, p. 82; CORREIA, A. Ferrer. Notas para o estudo da garantia bancária. *Revista de Direito e Economia*, Coimbra, p. 1-14, 1982, p. 14.

[305] GOMES, Fátima. Garantia bancária autônoma à primeira solicitação. *Direito e Justiça*, Lisboa, v. VIII, t. 2, p. 119-210, 1994, p. 189.

[306] De acordo com Fredie Didier Jr. "A probabilidade do direito a ser provisoriamente satisfeito/realizado ou acautelado é a plausibilidade de existência desse mesmo direito. O bem conhecido *fumus boni iuris* (ou fumaça do bom direito). O magistrado precisa avaliar se há 'elementos que evidenciem' a probabilidade de ter acontecido o que foi narrado e quais as chances de êxito do demandante (art. 300, CPC). Inicialmente, é necessária a *verossimilhança fática*, com a constatação de que há um considerável grau de plausibilidade em torno da narrativa dos fatos trazida pelo autor. É preciso que se visualize, nessa narrativa, uma verdade provável sobre os fatos, independentemente da produção de prova." (DIDIER JR, Fredie. *Curso de direito processual civil:* teoria da prova, direito probatório, deci-

juízo de cognição sumária. Portanto, à luz das disposições processuais para a concessão de tutela de urgência com a finalidade de impedir o pagamento da garantia ao beneficiário, não seria necessária a apresentação de prova líquida e inequívoca ou da existência de fato evidente ou notório — o que poderia colidir com o funcionamento da garantia à primeira demanda.

Essa problemática já foi enfrentada pela doutrina portuguesa, que entende estar-se diante de uma regra restritiva do direito de pedir a suspensão do pagamento, "imposta pela função de segurança que se visa com a garantia bancária autônoma".[307] Nessa perspectiva, tem-se de considerar que o direito processual deve instrumentalizar a tutela do direito material, e que as partes, ao pactuarem livremente o contrato de garantia à primeira demanda, renunciaram à possibilidade de opor diversas exceções, primando pelo pagamento imediato da garantia. Assim, em sede de tutela de urgência deve ser exigida a prova líquida e inequívoca ou o fato evidente e notório para impedir o pagamento da garantia ao beneficiário, adequando-se a lei processual às exigências do direito material referente ao contrato de garantia à primeira demanda.[308] De nada adiantaria a pac-

---

são, precedente, coisa julgada, processo estrutural e tutela provisória. 15ª ed. Salvador: Ed. Jus Podivm, 2020, p. 729).

[307] GOMES, Fátima. Garantia bancária autônoma à primeira solicitação. *Direito e Justiça*, Lisboa, v. VIII, t. 2, p. 119-210, 1994, p. 190. Nesse sentido também: BATISTA, Nuno Martins. *Execução e tutela cautelar na garantia autônoma*. 2011. 54 f. Dissertação (Mestrado em Direito) — Universidade Católica Portuguesa, Lisboa, 2011, p. 43.

[308] Esse é o posicionamento adotado pela jurisprudência Portuguesa segundo BATISTA, Nuno Martins. *Execução e tutela cautelar na garantia autônoma*. 2011. 54 f. Dissertação (Mestrado em Direito) — Universidade Católica Portuguesa, Lisboa, 2011, p. 43: "Entendemos, acompanhando a jurisprudência maioritária nacional, que quando a providência cautelar é requerida como forma de obstar a uma solicitação abusiva ou fraudulenta por parte do beneficiário, deve ser exigida a prova líquida, inequívoca, pronta e irrefutável". O Autor refere as seguintes decisões na p. 43, nota 144: "Na jurisprudência nacional, vide, exemplificadamente, o Acórdão do Supremo Tribunal de Justiça de 30 de Outubro de 2002, processo n.º 02B2818 e de 14 de Outubro de 2004, processo n.º 04B2883, disponíveis em www.dgsi.pt. Os Acórdãos do Tribunal da Relação de Lisboa de 12 de Novembro de 1998, processo n.º 0048756, de 07 de Maio de 2009, processo n.º 1688/08.0TVLSB-A.L1-6, de 19 de Janeiro de 2010, processo n.º 2720/09.5TVLSB.L1-7, de 23 de Fevereiro de 2010, processo n.º 5714/09.7TVLSB.L1-7 e de 15 de Junho de 2010, processo n.º 989/10.1TVLSB-

tuação de um instituto de direito material que visa a tutelar determinados direitos e interesses, se o direito processual não fosse capaz, na prática, de tutelar os direitos pactuados.

No entanto, nem sempre será simples essa solução, diante da dificuldade da matéria, sendo exemplo disso o acórdão proferido em 2015 pelo Tribunal da Relação de Lisboa.[309] Nesse caso, a empresa EE S.A celebrou contrato de empreitada com H S.A., obrigando-se a construir um empreendimento e a reformar o Convento dos Inglesinhos. Devido a esse contrato, EE prestou, em favor de H, diversas garantias bancárias. A obra, cuja conclusão estava prevista para 01/03/2007, foi provisoriamente entregue à empresa H somente em 27/02/2009, e, desde então, no período de garantia da empreitada, EE teve que realizar diversos reparos. Próximo ao fim do prazo de garantia da obra, em 2013, as partes iniciaram uma análise exaustiva dos serviços de reparos que ainda precisavam ser realizados por EE, que, segundo H, permaneceu inadimplindo o contrato e ajustes posteriores, dando ensejo ao pedido de execução de uma das garantias à primeira demanda, em 2014.

A empresa EE, então, propôs providência cautelar para que H fosse impedida de pedir a execução das demais garantias e que os bancos fossem impedidos de realizar qualquer pagamento à H. A empresa EE sustentou que permanecia realizando os serviços, tal como ajustado com H e que o pedido de execução da garantia seria abusivo. Antes da oitiva da empresa H, em 5/12/2014, o juízo deferiu o pedido de EE para impedir o pagamento da garantia pelos bancos.

Após o contraditório, em 12/05/2015, foi proferida sentença de improcedência dos pedidos de EE, tendo sido revista a decisão inicial de suspensão de pagamento da garantia. Em sede de recurso, o Tribunal da Relação de Lisboa analisou os fatos e verificou que EE estava em mora desde 2007, porém H permitiu que EE permanecesse na obra, realizando

---

-A.L1-7, todos disponíveis em www.dgsi.pt. E os Acórdãos do Tribunal da Relação do Porto de 19 de Dezembro de 2007, processo n.º 0722393 e de 02 de Outubro de 2008, processo n.º 0835046, ambos disponíveis em www.dgsi.pt."

[309] PORTUGAL. Tribunal da Relação de Lisboa. Processo n. 9515/14.2T8VLSB.L1-7, Rel. Maria da Conceição Saavedra, julgado em 10/11/2015.

diversos trabalhos que haviam sido acordados. A questão central do litígio era saber se, nessas condições, poderia H executar as garantias.

O tribunal constatou que a garantia prestada era autônoma e à primeira demanda; assim, era necessário que fosse apresentada prova clara e inequívoca de que o pedido realizado por H era abusivo para justificar a paralisação do pagamento. Foi consignado que "estando em causa o cumprimento de um contrato de garantia autónoma, não será por si só suficiente a prova indiciária, assente em meros juízos de probabilidade, sobre a existência do abuso ou da fraude do beneficiário".[310] Ainda, entendeu-se que a questão em análise não era saber se houve o cumprimento ou não do contrato base, mas verificar se havia prova efetiva e inequívoca de que o pedido de H fora abusivo. Sendo assim, o tribunal concluiu que "não foi, em suma, apresentada prova pronta e líquida da fraude ou do abuso de direito da requerida/beneficiária".[311] Portanto, a providência cautelar foi inadmitida pelo Tribunal da Relação de Lisboa, que manteve a sentença proferida.

Destaca-se que, no caso narrado, a primeira decisão do juiz foi no sentido de determinar a suspensão do pagamento da garantia e, somente após o beneficiário contestar a ação cautelar, o juiz decidiu não ser abusivo ou ilícito o pedido de execução da garantia, sendo apenas exercício regular de direito. Entre essas decisões houve o interregno de mais de cinco meses, ao longo do qual a garantia à primeira demanda não foi paga ao beneficiário. Compreende-se que proferir uma decisão para determinar imediatamente a realização do pagamento, antes do exercício do contraditório, pode ser um ato severo e de difícil reversão. No entanto, essa dilação temporal pode colocar em xeque a efetividade da garantia à primeira demanda, cujo pagamento deve ser imediato, podendo ser suspenso apenas em hipóteses excepcionais.

---

[310] PORTUGAL. Tribunal da Relação de Lisboa. Processo n. 9515/14.2T8VLSB.L1-7, Rel. Maria da Conceição Saavedra, julgado em 10/11/2015, III — Fundamentação de Direito, C) Da verificação dos pressupostos para a decretação da providência requerida.
[311] PORTUGAL. Tribunal da Relação de Lisboa. Processo n. 9515/14.2T8VLSB.L1-7, Rel. Maria da Conceição Saavedra, julgado em 10/11/2015, III — Fundamentação de Direito, C) Da verificação dos pressupostos para a decretação da providência requerida.

Quando se está diante de uma garantia à primeira demanda, o requisito de apresentação de prova líquida e inequívoca para a concessão de medidas cautelares justifica-se para que a funcionalidade da garantia seja preservada, evitando que simples documentos, apontando somente para a probabilidade do direito, sejam capazes de impedir o pagamento da garantia.[312] Essa garantia é pactuada para que seja assegurado o seu pagamento imediato, sem a oposição de exceções antes de qualquer desembolso.

A respeito, Fátima Galante vai além e ressalta que admitir a aplicação das regras gerais referentes às tutelas cautelares "seria o mesmo que estarmos a permitir ao ordenante um ato abusivo, um *venire contra factum proprium*, uma vez que este, ao ordenar ao banco a emissão da carta de garantia, sabia que estava a requerer a assunção de um compromisso só afastável em situações excepcionais". De fato, esse é o posicionamento que melhor compreende a função e a autonomia da garantia à primeira demanda. Porém, é necessário buscar um equilíbrio, em cada caso, entre o direito material e as medidas processuais para a tutela dos direitos do garantidor, do devedor e do beneficiário, o que, na prática, pode não ser tão simples.

Além do manifesto pedido ilegal e em violação à finalidade da garantia, há limites impostos pela própria literalidade do contrato de garantia,[313] por exemplo, quando há determinado prazo para pedir o pagamento, que, ultrapassado, poderá ensejar a recusa lícita do garantidor. Outra hipótese de recusa legítima é quando há exigência no contrato de garantia da formalização por escrito do pedido do pagamento, e o beneficiário não respeita essa formalidade.[314]

A autonomia não restringe as exceções provenientes da própria relação de garantia, como "a caducidade da garantia, a insuficiência formal

---

[312] Batista, Nuno Martins. *Execução e tutela cautelar na garantia autônoma*. 2011. 54 f. Dissertação (Mestrado em Direito) — Universidade Católica Portuguesa, Lisboa, 2011, p. 44.

[313] Bonelli, Franco. *Le garanzie bancarie a prima domanda nel commercio internazionale*. Milano: Giuffrè Editore, 1991, p. 78.

[314] Bonelli, Franco. *Le garanzie bancarie a prima domanda nel commercio internazionale*. Milano: Giuffrè Editore, 1991, p. 79.

da solicitação ou a compensação".[315] Similarmente, será lícita a recusa quando (i.) o contrato de garantia for inválido, por conta de circunstâncias não relacionadas com o contrato base, como, por exemplo, a incapacidade de quem assinou o contrato de garantia, a indeterminabilidade do objeto; e (ii.) não for o beneficiário quem realiza o pedido de pagamento, mas alguém que se intitula cessionário, desde que não haja previsão expressa de cessão e autorização do garantidor.[316]

É preciso, no entanto, considerar a importante ressalva feita por Mastropaolo, segundo o qual o garantidor não pode recusar o pagamento da garantia à primeira demanda com base em exceções relacionadas à legitimidade do beneficiário e à duração da garantia conforme prazos prescricionais ou convencionais. Essas exceções somente poderiam ser invocadas, segundo o jurista, após o pagamento, em ação regressiva, pois a automaticidade postergaria essa discussão. Por sua vez, caso o garantidor possuísse prova líquida e inequívoca do adimplemento do contrato base, seria legítima a recusa, assim como nas hipóteses de nulidade do contrato de garantia, de ilicitude da causa ou do objeto do contrato base e quando o beneficiário não observa a forma de solicitação da garantia.[317] Esse posicionamento é o que parece primar pela maior automaticidade e autonomia da garantia à primeira demanda, pois restringe, ainda mais, as hipóteses de recusa do pagamento da garantia.

Mais complexa é a hipótese de recusa do pagamento por conta da ilicitude da causa ou do objeto do contrato base. A questão que se impõe é saber se, por exemplo, o garantidor deve realizar o pagamento da garantia quando o objeto do contrato base é a venda de drogas ilícitas.

A ilicitude da causa ou do objeto do contrato base contagia o contrato de garantia à primeira demanda, já que a função desse último é garan-

---

[315] BASTOS, Miguel Brito. A recusa lícita da prestação pelo garante na garantia autônoma "on first demand". In: MIRANDA, Jorge (coord.). *Estudos em Homenagem ao prof. Doutor Sérvulo Correia.* v. III. Coimbra: Coimbra editora, 2010, p. 533.

[316] JARDIM, Mónica. *A garantia autónoma.* Coimbra: Almedina, 2002, p. 277.

[317] MASTROPAOLO, Fulvio. Pagamento a prima richiesta, limiti alla inopponibilità delle eccezioni e problemi probatori. *Banca Borsa e Titoli di Crédito,* Milano, V, p. 553-590, 1990, p. 569-573.

tir o contrato base.[318] Entende-se que a própria causa do contrato de garantia é ilícita quando o contrato garantido é ilícito.[319] Logo, a garantia à primeira demanda pode ser sempre paralisada com fundamento na insubsistência do ato ou do negócio jurídico que lhe esteja na base, pois a garantia somente cumprirá a sua função se houver algum negócio a ser garantido.[320]

De forma semelhante, será lícita a recusa quando não vier a existir o contrato garantido, na hipótese em que este deveria ter sido firmado após a pactuação do contrato de garantia. Para Menezes Cordeiro, a hipótese de surgir uma garantia que pudesse assegurar uma obrigação inexistente, equivaleria a uma mera ordem de pagamento. Segundo o jurista, o direito bancário conhece essa figura, inserindo-a hoje no quadro dos serviços de pagamento, não havendo razões para a confusão entre os institutos.[321]

Nesse sentido, cumpre esclarecer que somente a ilicitude da causa ou do objeto do contrato base é capaz de contagiar a relação de garantia, pois afeta a própria função do contrato de garantia, considerando uma noção de equivalência quantitativa e econômica entre ambos os contratos. Outras razões de invalidade do contrato base, como, por exemplo, erro sobre a pessoa e incapacidade, não afetam a garantia em si, tampouco o seu funcionamento.[322]

---

[318] BONELLI, Franco. *Le garanzie bancarie a prima domanda nel commercio internazionale.* Milano: Giuffrè Editore, 1991, p. 120; JARDIM, Mónica. *A garantia autónoma.* Coimbra: Almedina, 2002, p. 284; CORTEZ, Francisco. A garantia bancária autónoma — alguns problemas. *Revista da Ordem dos Advogados*, Lisboa, ano 52, Vol. II, p. 513-610, jul. 1992, p. 604: "a ilicitude da causa do contrato-base transmite-se necessariamente ao contrato de garantia, que tem, por sua vez, por causa garantir esse primeiro contrato, pelo que a sua própria causa é também ilícita."

[319] MASTROPAOLO, Fulvio. Pagamento a prima richiesta, limiti alla inopponibilità delle eccezioni e problemi probatori. *Banca Borsa e Titoli di Crédito*, Milano, V, p. 553-590, 1990, p. 569.

[320] MENEZES CORDEIRO, Antônio. *Tratado de Direito Civil*, v. X, Direito das Obrigações, Garantias. Coimbra: Almedina, 2015, p. 572.

[321] MENEZES CORDEIRO, Antônio. *Tratado de Direito Civil*, v. X, Direito das Obrigações, Garantias. Coimbra: Almedina, 2015, p. 573.

[322] MASTROPAOLO, Fulvio. Pagamento a prima richiesta, limiti alla inopponibilità delle eccezioni e problemi probatori. *Banca Borsa e Titoli di Crédito*, Milano, V, p. 553-590, 1990, p. 570.

Realizado o pagamento da garantia, as exceções que antes não puderam ser opostas poderão ser suscitadas pelo devedor principal no processo de recuperação do crédito. Cumpre, então, analisar essa fase da execução da garantia à primeira demanda.

3.3. A recuperação dos valores após o pagamento da garantia à primeira demanda

Imediatamente após ter realizado o pagamento pedido pelo beneficiário, o garantidor buscará perante o devedor principal recuperar os valores desembolsados,[323] situação que conduz à necessidade de analisar a natureza jurídica dessa recuperação de valores. Verifica-se que a regulação da relação entre garantidor e devedor é indiscutivelmente regida pelo Direito das Obrigações, podendo ser fruto de um contrato escrito ou de uma relação obrigacional não formalizada, derivada de um vínculo societário, familiar ou de qualquer outra situação.

Na hipótese de ter sido celebrado contrato escrito, este vai regular a forma da recuperação do crédito, podendo conter as mais variadas disposições, como previsão de cláusula penal, juros, mora etc., a depender da pactuação das partes. Nesse contrato, as partes podem prever que o garantidor se sub-roga[324] nos direitos que o beneficiário tinha contra o devedor principal. Assim, por força da convenção, o garantidor passa

---

[323] DESMET, Paul. O contrato de garantia: exame de alguns problemas técnicos específicos. *In:* LESGUILLONS, Henry. *As garantias bancárias nos contratos internacionais.* Versão brasileira organizada e anotada por Luiz Olavo Baptista e José Alexandre Tavares Guerreiro. São Paulo: Saraiva, 1985, p. 107.

[324] Sobre sub-rogação ver: MARTINS-COSTA, Judith. *Comentários ao novo Código Civil.* v. V, t. I. Do direito das obrigações, do adimplemento e da extinção das obrigações. Rio de Janeiro: Forense, 2006, p. 483-484: "Diz-se haver sub-rogação quando, numa relação jurídica, ocorre a substituição de uma pessoa a outra, ou de uma coisa pela outra. Em termos amplíssimos, sub-rogar significa substituir, por uma pessoa no lugar de outra, ou uma coisa no lugar de outra."; PONTES DE MIRANDA, Francisco C. *Tratado de Direito Privado.* Parte Especial, t. XXIV. atual. por Nelson Nery Jr. e Rosa Maria de Andrade Nery. São Paulo: Editora Revista dos Tribunais, 2012, §2958, p. 373: "No adimplemento com sub-rogação, adimple-se, mas continua-se a dever. É adimplemento sem liberação. Satisfaz-se o credor, sem que o devedor se libere. Outrem, em verdade, adimpliu, e não o devedor, que há de adimplir quem adimpliu".

a ser credor com todos os direitos que o beneficiário possuía frente ao devedor.

Não havendo previsão de sub-rogação, cumpre questionar se esse instituto incidiria de pleno direito. De acordo com Pedro Guilhardi a resposta a essa questão é negativa.[325] Estabelece-se entre o devedor e o garantidor uma relação de mandato sem representação, em que o garantidor atua em nome próprio no interesse do devedor principal, "eis que o ordenador [devedor principal] se responsabilizou perante o beneficiário a contratar a dita garantia no plano da relação jurídica base."[326] Assim, a restituição dos valores pagos pelo garantidor seria com base nessa relação, nos termos dos artigos 676 e 678 do Código Civil.

Semelhantemente, no âmbito do Direito português a doutrina dominante, de acordo com Mónica Jardim, defende que a relação entre o devedor e o garantidor é de mandato,[327] ao passo que o garantidor não se sub-roga nos direitos do credor. A justificativa é que o devedor encarrega o garantidor de celebrar o contrato de garantia, um ato jurídico, sendo esse o elemento principal dessa relação. Ao assim fazer, o garantidor agiria no interesse do devedor e às suas custas, caracterizando um verdadeiro mandato sem representação.[328]

Porém, no Direito brasileiro o mandato é "o contrato pelo qual se criam a alguém o dever e a obrigação perante outrem da gestão de negócios que se lhe entregam, com ou sem poder de representar".[329] No contrato entre o devedor e o garantidor não há gestão de negócios; há a regulação para a

---

[325] GUILHARDI, Pedro. *Garantias autônomas:* instrumento para proteção jurídica do crédito. São Paulo: Quartier Latin, 2019, p. 177-178.

[326] GUILHARDI, Pedro. *Garantias autônomas:* instrumento para proteção jurídica do crédito. São Paulo: Quartier Latin, 2019, p. 69.

[327] JARDIM, Mónica. *A garantia autónoma.* Coimbra: Almedina, 2002, p. 53: "A doutrina portuguesa dominante parece aceitar, pacificamente, a qualificação deste contrato como de mandato."

[328] JARDIM, Mónica. *A garantia autónoma.* Coimbra: Almedina, 2002, p. 55. No mesmo sentido: CORTEZ, Francisco. A garantia bancária autônoma — alguns problemas. *Revista da Ordem dos Advogados*, Lisboa, ano 52, Vol. II, p. 513-610, jul. 1992, p. 526-527; ALMEIDA COSTA, Mário Júlio; PINTO MONTEIRO, Antônio. Garantias Bancárias. O contrato de garantia à primeira solicitação. *Colectânea de jurisprudência*, Coimbra, ano XI, t. V, p. 16-34, 1986, p. 19; VASCONCELOS, Miguel Pestana. *Direito das Garantias.* Coimbra: Almedina, 2019, p. 140.

[329] PONTES DE MIRANDA, Francisco C. *Tratado de Direito Privado.* Parte Especial, t. XLIII.

pactuação da garantia à primeira demanda com o objetivo de assegurar o cumprimento do negócio principal. O garantidor atua em interesse próprio, seja porque receberá remuneração pela emissão de garantia, seja porque possui interesse na concretização do negócio principal. Portanto, não é possível sustentar e generalizar que os contratos firmados entre garantidores e devedores são de mandato sem representação.

Nas hipóteses em que não há contrato escrito regulando a relação entre garantidor e devedor principal, tais como nos casos do sócio, ou do administrador ou do familiar que presta a garantia, entende-se a sua regulação é regida estritamente pelo Direito das Obrigações. Portanto, devem incidir as normas legais referentes ao direito das obrigações, em especial a disposição do artigo 346, III, do Código Civil, que preceitua haver sub-rogação, de pleno direito, "do terceiro interessado, que paga a dívida pela qual era ou podia ser obrigado, no todo ou em parte."[330]

É partidário de posição semelhante, no âmbito do Direito português, Menezes Leitão ao afirmar que "após a efetivação da garantia, fica naturalmente o garante sub-rogado nos direitos que o beneficiário tinha contra o garantido, nos termos do art. 592".[331] É interessante notar que esse dispositivo do Código Civil Português prevê expressamente a sub-rogação pelo garantidor do cumprimento ou por terceiro que estiver diretamente interessado na satisfação do crédito.[332]

No Direito brasileiro é preciso tecer maiores considerações sobre quem seria o terceiro interessado. Essa figura não é parte na relação jurí-

---

atual. por Cláudia Lima Marques, Bruno Miragem. São Paulo: Editora Revista dos Tribunais, 2012, §4675, p. 58.

[330] BRASIL. Código Civil, art. 346, III.

[331] MENEZES LEITÃO, Luís Manuel Teles de. *Garantias das obrigações*. 5.ed. Coimbra: Almedina, 2016, p. 146-147.

[332] PORTUGAL. Código Civil, art. 592: "1. Fora dos casos previstos nos artigos anteriores ou noutras disposições da lei, o terceiro que cumpre a obrigação só fica sub-rogado nos direitos do credor quando tiver garantido o cumprimento, ou quando, por outra causa, estiver directamente interessado na satisfação do crédito.

2. Ao cumprimento é equiparada a dação em cumprimento, a consignação em depósito, a compensação ou outra causa de satisfação do crédito compatível com a sub-rogação."

dica, é "aquele que detém posição jurídica afim de uma das partes",[333] tendo interesse jurídico no pagamento, pois pode ter o seu patrimônio afetado pelo inadimplemento do devedor.[334]

O garantidor à primeira demanda, que adimple a sua prestação perante o beneficiário, é terceiro face à relação entre credor e devedor principal, mas é interessado em razão da sua posição de garantidor dessa relação. O incumprimento que ocorre na relação principal produz efeitos no contrato de garantia, constituindo o gatilho para que o credor exija o cumprimento da prestação do garantidor. Constata-se, então, que "o garante tem interesse em efetuar o pagamento da dívida para adimplir a sua obrigação contratual com o devedor".[335] Além disso, realizado o pagamento pelo garantidor, o devedor permanece a dever, não há liberação da dívida. Em razão dessas circunstâncias, a sub-rogação é o instituto que deverá regular a forma de recuperação dos valores pagos pelo garantidor.

Nada obstante, em razão da autonomia entre os contratos que formam a operação da garantia à primeira demanda, o devedor principal somente poderá opor defesas e exceções relativas à própria relação com o garantidor. A recuperação dos valores pagos está subordinada à condição de que o pagamento da garantia tenha sido efetuado conforme disposto no contrato de garantia e conforme o contrato firmado entre o garantidor e

---

[333] Sobre terceiro interessado ver PENTEADO, Luciano Camargo. *Efeitos contratuais perante terceiros*. São Paulo: Quartier Latin, 2007, p. 34: "O terceiro interessado é aquele que detém posição jurídica afim a uma das posições jurídicas das partes ou esteja em situação tal que o suceder de acontecimentos no interior da relação obrigatória pode claramente lhe provocar efeitos prejudiciais"; MARTINS-COSTA, Judith. *Comentários ao novo Código Civil*. v. V, t. I. Do direito das obrigações, do adimplemento e da extinção das obrigações. Rio de Janeiro: Forense, 2006, p. 146-147: "A importância da distinção entre terceiros interessados e os não interessados está, primeiramente, em que todos os terceiros interessados podem pagar independentemente do consentimento do devedor ou do credor, ou porque são responsáveis pela dívida ou porque têm direitos a fazer valer contra o devedor, podendo utilizar os "meios conducentes à exoneração".

[334] PEREIRA, Caio Mário da Silva. *Instituições de Direito Civil*. v. II. 29ª ed., rev. e atual. por Guilherme Calmon Nogueira da Gama. Rio de Janeiro: Forense, 2017, p. 179.

[335] MENDES, Eduardo Heitor da Fonseca. A garantia autônoma no direito brasileiro. *In:* GUEDES, Gisela Sampaio da Cruz; MORAES, Maria Celina Bodin de; MEIRELES, Rose Melo (coord.). *Direito das garantias*. São Paulo: Saraiva, 2017, p. 120.

o devedor principal.[336] Além disso, o devedor principal deve restituir o garantidor "sem poder invocar que lhe deu ordem para que não pagasse, ou lhe facultou meios de defesa respeitantes ao contrato base",[337] pois foi o devedor que contratou o garantidor para assegurar a relação de forma autônoma e à primeira demanda.

Dessa forma, após o pagamento da garantia, caso tenha sido comprovado ou que nem todo o valor era devido, ou que o credor deu causa ao inadimplemento do contrato principal ou que não havia inadimplemento do devedor, ainda assim o garantidor deve ser restituído integralmente. Competirá ao devedor acionar o beneficiário em busca dos valores que foram despendidos indevidamente por conta do pedido de pagamento da garantia. A lógica após o pagamento é a invocação das exceções pelo devedor contra o beneficiário a fim de reaver os valores indevidamente pagos. Essas exceções, no entanto, não podem afetar o direito do garantidor de ser restituído, se este observou as disposições do contrato de garantia e do contrato firmado com o devedor.

O caso INEPAR contra ABB, julgado pelo TJSP,[338] já mencionado nesse trabalho, exemplifica como deve ocorrer o ressarcimento do garantidor e o acionamento do credor por eventual pedido sem fundamento. A empresa INEPAR, devedora no contrato principal, após o pagamento da garantia, ajuizou ação indenizatória contra a ABB, credora e beneficiária da garantia, sustentando que o pedido de pagamento da garantia havia sido indevido, pois fora a própria ABB quem dera causa ao inadimplemento do contrato principal. Ou seja, a legitimidade ativa para insurgir--se contra o pedido da beneficiária é da devedora principal, podendo nessa ação alegar as matérias que não puderam ser opostas pelo garantidor antes do pagamento dos valores garantidos.

É preciso ressalvar que as partes podem pactuar uma garantia à primeira demanda com um maior grau de acessoriedade, permitindo ao garantidor buscar o ressarcimento dos valores pagos perante o devedor

---

[336] JARDIM, Mónica. *A garantia autónoma*. Coimbra: Almedina, 2002, p. 313.

[337] JARDIM, Mónica. *A garantia autónoma*. Coimbra: Almedina, 2002, p. 313.

[338] SÃO PAULO. Tribunal de Justiça de São Paulo. Apelação Cível n. 0043991-10.2002.8.26.0405, Vigésima Quinta Câmara de Direito Privado, Rel. Des. Eduardo Rosa, 31 de julho 2014.

e o credor da relação principal.[339] Nesse caso, embora o garantidor possa atingir dois patrimônios, pode haver maior dificuldade de ser restituído, pois dependerá do julgamento das exceções e das matérias de defesas opostas. Diferentemente da garantia à primeira demanda com maior grau de autonomia, o devedor principal não será obrigado a pagar o valor integral ao garantidor antes de ser constatado que o pedido o beneficiário foi devido e em conformidade com o pactuado. Na hipótese de ser verificado que o pagamento parcial ou total da garantia foi indevido, deverá o beneficiário restituir diretamente o garantidor.

O grau de autonomia da garantia será importante, então, para verificar como será o deslinde do processo de recuperação do crédito pelo garantidor. Antes disso, independentemente da pactuação das partes, a autonomia produz efeitos em grau forte, pois impede o garantidor de opor defesas oriundas da relação garantida. Por sua vez, a automaticidade limita ainda mais as hipóteses de oposição de defesas, pois não há a exigência de apresentação de prova do incumprimento ocorrido na relação garantida. Somente em hipóteses verdadeiramente excepcionais, em que não haja dúvidas (pois há prova clara e inequívoca que o pedido foi indevido), é que poderá haver a suspensão do pagamento pelo garantidor.

A autonomia e automaticidade, então, complementam o sentido da função da garantia à primeira demanda, que serve para assegurar, de forma imediata, e sem contestação pelo garantidor, os riscos oriundos do negócio garantido. Essas duas características, em que pese as confusões terminológicas, não significam ausência de causa. A garantia à primeira demanda é causal, pois assegura o cumprimento de outra relação, cuja atribuição patrimonial é *solvendi*.

Exposta a função da garantia à primeira demanda, será possível realizar a sua qualificação jurídica no ordenamento brasileiro, a fim de verificar eventuais dispositivos incidentes e melhor compreender os efeitos que decorrem desse contrato, ainda recente no Brasil.

---

[339] GOMES, Manuel Januário da Costa. A Chamada "fiança ao primeiro pedido". *In:* GOMES, Manuel Januário. *Estudos de direito das garantias.* Coimbra: Almedina, 2003, p. 159.

PARTE II
A QUALIFICAÇÃO JURÍDICA DA GARANTIA
À PRIMEIRA DEMANDA NO DIREITO BRASILEIRO

Na segunda parte desse trabalho, o objetivo é estudar a qualificação jurídica da garantia à primeira demanda no Direito brasileiro. Para isso, em primeiro lugar serão analisadas as relações jurídicas que formam a operação econômica da garantia, o que perpassa por verificar a existência de coligação contratual, compreender os interesses dos sujeitos da operação de garantia e refletir quem pode figurar como garantidor à primeira demanda. Em segundo lugar será apresentada a moldura classificatória do contrato de garantia à primeira demanda, sendo dado especial enfoque à sua tipicidade social e forma. Por fim, em terceiro lugar, o contrato à primeira demanda será objeto de distinção em relação às garantias legais previstas no Código Civil de 2002.

4.
ANÁLISE DAS RELAÇÕES DA OPERAÇÃO ECONÔMICA DO CONTRATO DE GARANTIA À PRIMEIRA DEMANDA

Além da análise funcional, para a compreensão da garantia à primeira demanda é essencial o estudo das relações que formam a sua operação econômica, que é formada por diversos contratos. Assim, na primeira subparte desse capítulo será analisada a existência de coligação contratual. Na segunda subparte, serão expostos os interesses dos sujeitos da operação de garantia à primeira demanda. E, na terceira subparte, será problematizada a figura do garantidor.

4.1. A multiplicidade de contratos e a inexistência de coligação contratual em razão da autonomia

A garantia à primeira demanda insere-se em uma operação econômica[340] formada por, pelo menos,[341] três relações jurídicas,[324] são elas: a relação

---

[340] Sobre operação econômica Marino, Francisco Paulo de Crescenzo. *Contratos coligados*. São Paulo: Saraiva, 2009, p. 22-23, menciona que "a operação econômica (concreta) desempenha, sobretudo, papel unificador, enquanto conceito apto a colher a unidade (material e econômica) de um negócio, em seus múltiplos elementos e no desenrolar de suas diversas fases. (...) A ideia de operação econômica apreenderia, então, enquanto "esquema amplo de estrutura procedimental", diversos atos em uma mesma unidade econômica e material, sendo particularmente indicada para "legitimar a reconstrução de modo unitário de um certo arranjo de interesses" composto de uma multiplicidade de contratos."

[341] A garantia à primeira demanda pode apresentar estruturas mais complexas, como no caso das garantias indiretas, comum no âmbito do comércio internacional, que não são objeto deste trabalho, cujo foco é analisar o contrato de garantia à primeira demanda à luz do ordenamento jurídico brasileiro. Sobre garantias no comércio internacional e garantias indiretas ver Poullet, Yves. Apresentação e definição das garantias praticadas na Europa. *In:* Lesguillons, Henry (org.). *As garantias bancárias nos contratos internacionais.*

jurídica subjacente, em que são partes o devedor principal e o credor principal (ou beneficiário); o contrato pelo qual o garantidor se obriga perante o devedor principal e o contrato de garantia, celebrado entre o garantidor e o beneficiário.[343] Além de analisar de forma mais detida essas relações, cumpre verificar como a autonomia acarreta a inexistência de coligação contratual, em que pese a operação econômica da garantia à primeira demanda seja formada por diversos contratos.

É possível ilustrar as relações que formam a garantia à primeira demanda a partir do caso mencionado na introdução,[344] em que foi firmado um contrato de cessão de quotas por MT e LT, na condição de

---

Versão brasileira organizada e anotada por Luiz Olavo Baptista e José Alexandre Tavares Guerreiro. São Paulo: Saraiva, 1985; AFFAKI, Georges; GOODE, Roy. *Guide to ICC Uniform Rules for demand guarantees URDG 758*. Paris: ICC Services Publications, 2011; BERTRAMS, Roeland F. *Bank Guarantees in International Trade*. Hague: Kluwer Law International, 2001.

[342] Sobre relação jurídica ver PONTES DE MIRANDA, Francisco C. *Tratado de Direito Privado*. Parte Geral, t. III. atual. por Marcos Bernardes de Mello, Marcos Ehrhardt Jr. São Paulo: Editora Revista dos Tribunais, 2012, §250, p. 61: "Todo negócio jurídico cria relação jurídica, constituindo, ou modificando, ou constituindo negativamente (extintividade) direitos, pretensões, ações ou exceções".

[343] TELLES, Inocêncio Galvão. Garantia bancária autônoma. Estudo e Parecer. *O Direito*, Coimbra, ano 120, III-IV, p. 275-293, 1988, p. 289: "A garantia autônoma é uma figura triangular, supondo três ordens de relações: entre o garantido (dador de ordem) e o beneficiário; entre o garantido e o garante (banco); entre o garante e o beneficiário. As primeiras e as últimas são de natureza externa, no sentido de que nelas participa o beneficiário; as segundas são de índole interna, no sentido de que nelas não intervém o beneficiário, travando-se entre os outros sujeitos." Ver também MENEZES LEITÃO, Luís Manuel Teles de. *Garantias das obrigações*. 5.ed. Coimbra: Almedina, 2016, p. 143: "À semelhança do que sucede com a fiança, a garantia autônoma institui uma relação triangular, em que é possível distinguir uma relação de cobertura, entre o garantido, dador da ordem, e o garante, no âmbito da qual este se compromete, normalmente mediante remuneração, a prestar a garantia; uma relação de atribuição, entre o dador da ordem e o beneficiário da garantia, que justifica a sua concessão; e, finalmente, uma relação de execução, entre o garante e o beneficiário da garantia, que consiste precisamente na prestação da garantia."; RIBEIRO, Antônio Sequeira. Garantia bancária autônoma à primeira solicitação: algumas questões. *In:* MENEZES CORDEIRO, Antônio; LEITÃO, Luís Menezes; GOMES, Manuel Januário da Costa (coord.). *Estudos em homenagem ao Professor Doutor Inocêncio Galvão Telles*, vol. II, Direito Bancário. Coimbra: Almedina, 2002, p. 295; BENATTI, Francesco. Il contratto autônomo di garanzia. *Banca Borsa e Titoli di Credito*, Milano, XLV, parte prima, 171-191, 1982, p. 172.

[344] RIO GRANDE DO SUL. Tribunal de Justiça do Rio Grande do Sul. Apelação Cível

cedentes, e LGM e CW, na condição de cessionários. Esse contrato foi assegurado por uma garantia à primeira demanda assinada por OD. Verifica-se que o contrato de cessão de quotas pertence à relação jurídica subjacente; a relação entre LGM, CW e OD é aquela em que o garantidor se compromete a prestar a garantia; a relação entre MT, LT e OD é a de garantia.[345]

A primeira relação, formada entre o devedor principal e o credor (beneficiário) — no exemplo acima, a relação entre cedentes, de um lado, e cessionários, de outro — é chamada de relação subjacente (também chamada de relação de atribuição, relação causal e relação garantida), que pode ser contratual, como a cessão de quotas, a compra e venda, a empreitada, o fornecimento, ou outro negócio jurídico. É nessa relação que as partes incluem uma cláusula para a pactuação da garantia à primeira demanda, obrigando o devedor ou mesmo ambas as partes a garantir a prestação através de um garantidor, de acordo com determinadas condições.[346] A obrigação de contratar um garantidor permite ao

---

n. 70077074417, Décima Sétima Câmara Cível, relator Des. Giovanni Conti, 25 de outubro de 2018.

[345] Outro exemplo é dado por ALMEIDA COSTA, Mário Júlio; PINTO MONTEIRO, Antônio. Garantias Bancárias. O contrato de garantia à primeira solicitação. *Colectânea de jurisprudência*, Coimbra, ano XI, t. V, p. 16-34, 1986, p. 19: "A e B interessados em estabelecer relações comerciais (contratos de compra e venda, de empreitada, de fornecimento, etc.) acordam entre si que A se obriga a conseguir um garante (normalmente um banco, como temos dito), que assegurará o cumprimento das obrigações de A mediante uma garantia de determinado montante, a pagar tudo que solicitada por B. Feito o acordo, A negocia com o banco C as condições em que assume a referida garantia, convencionando entre as contrapartidas e demais obrigações de A perante C, assegurando-se o banco, por sua vez, de várias garantias em face de A (penhor, hipoteca, etc). Segue-se por último, a estipulação da garantia, prestada pelo banco C perante B, garantia esta que o banco assume como obrigação própria, ou seja, independente da relação entre A e B, e que se obriga a pagar logo que B o solicite nos termos acordados."

[346] EPIFÂNIO, Maria do Rosário. Garantias bancárias autônomas. Breves reflexões. *In:* VAZ, Manuel Afonso; LOPES, J. A. Azeredo. (coord.) *Juris et de iure:* nos 20 anos da Faculdade de Direito da UCP Porto. Coimbra: Coimbra Editora, 1998, p. 326: "Quanto à *praxis* negocial, podemos referir que é usual as partes incluírem a "cláusula de garantia bancária" no próprio contrato, pela qual uma parte, ou até ambas partes, se compromete a garantir a sua prestação através de um banco"; GUILARTE, Juan Sánchez-Calero. *El contrato autónomo de*

devedor conformar os termos da garantia ao seu interesse concreto na operação, possibilitando a concretização desse contrato.[347]

É em função da relação subjacente que o devedor se dirige a um terceiro para requerer a sua intervenção como garantidor, através da celebração com o credor do contrato de garantia.[348] A garantia à primeira demanda existe, então, em função da relação jurídica subjacente. Isso, todavia, não implica a existência de acessoriedade, como já foi visto na parte anterior deste trabalho.

A segunda relação, entre o devedor principal e garantidor — entre cessionários e o garantidor à primeira demanda —, denomina-se relação de cobertura. É constituída por um negócio jurídico em que o garantidor se compromete perante o devedor principal a celebrar um contrato de garantia com o credor da relação principal (beneficiário da garantia).[349] No âmbito dessa relação, as partes podem estipular certa retribuição, em troca da prestação de garantia, e as condições para a restituição do valor pago no caso de solicitação da garantia.[350]

---

garantía. Las garantías a primera demanda. Madrid: Centro de documentación bancaria y bursátil, 1995, p. 33.

[347] GUILARTE, Juan Sánchez-Calero. *El contrato autónomo de garantía*. Las garantías a primera demanda. Madrid: Centro de documentación bancaria y bursátil, 1995, p. 33.

[348] GOMES, Fátima. Garantia bancária autônoma à primeira solicitação. *Direito e Justiça*, Lisboa, vol. VIII, t. 2, p. 119-210, 1994, p. 130.

[349] EPIFÂNIO, Maria do Rosário. Garantias bancárias autônomas. Breves reflexões. *In:* VAZ, Manuel Afonso; LOPES, J. A. Azeredo. (Coord.) *Juris et de iure:* nos 20 anos da Faculdade de Direito da UCP Porto. Coimbra: Coimbra Editora, 1998, p. 327. No mesmo sentido: ALMEIDA, Carlos Ferreira de. *Contratos III*. Contratos de liberdade, de cooperação e de risco. Coimbra: Almedina, 2015, p. 210; VASCONCELOS, Miguel Pestana. *Direito das Garantias*. Coimbra: Almedina, 2019, p. 140.

[350] JARDIM, Mónica. *A garantia autónoma*. Coimbra: Almedina, 2002, p. 49-50: "Se o banco aceita, celebra-se entre ele e o dador da ordem um contrato pelo qual o banco garante se obriga perante o dador da ordem, em contrapartida de certa retribuição, a celebrar com o credor do contrato base um determinado contrato de garantia e a efetuar a entrega da soma objeto dessa garantia caso ocorra o evento nela previsto. Neste contrato são definidas as retribuições a pagar ao garante, os deveres de prestar e pedir informações do garante ao devedor e vice-versa, o direito de reembolso do garante contra o dador da ordem, as garantias a serem prestadas pelo dador da ordem destinadas a assegurar a satisfação do direito de reembolso do garante, e muitas vezes até, a possibilidade de o banco garante exercer o seu direito de reembolso mediante o levantamento em depósitos que o dador

ANÁLISE DAS RELAÇÕES DA OPERAÇÃO ECONÔMICA DO CONTRATO DE GARANTIA...

Quanto a essa segunda relação, poder-se-ia pensar ser dispensável no caso de ser pactuada uma garantia à primeira demanda com um maior grau de acessoriedade, à semelhança da fiança típica, que pressupõe duas relações jurídicas: a principal, formada entre o credor e o devedor e a secundária, acessória, entre credor e fiador.[351] Porém, diferentemente da garantia à primeira demanda, na fiança típica, por força de disposição legal,[352] dispensa-se o consentimento do devedor para a celebração da fiança.[353] A consequência da supressão dessa relação é um maior grau de acessoriedade, e a possibilidade de o fiador opor exceções relacionadas à relação jurídica subjacente.

Consequentemente, tal raciocínio não é aplicável à garantia à primeira demanda, que exige o pagamento imediato do valor garantido, sem a possibilidade de oposição de exceções, isto é, paga-se primeiro, discute-se, depois.[354] A garantia à primeira demanda, independentemente do grau

---

da ordem tenha naquele banco."; ALMEIDA, Carlos Ferreira de. *Contratos III*. Contratos de liberdade, de cooperação e de risco. Coimbra: Almedina, 2015, p. 210; VASCONCELOS, Miguel Pestana. *Direito das Garantias*. Coimbra: Almedina, 2019, p. 140: "Este tem como conteúdo a obrigação do garante de celebrar em determinados termos, aí fixados, o contrato de garantia autônoma com o credor, mediante uma contrapartida patrimonial por parte do devedor/ordenante. Estão igualmente aqui previstos o dever de reembolso do banco, em caso de execução da garantia, as condições em que tal se fará, bem como as garantias desse eventual futuro direito do garante face ao ordenante, pelo qual o primeiro tutela a sua posição."

[351] PASQUALOTTO, Adalberto. Contratos Nominados III: seguro, constituição de renda, jogo e aposta, fiança, transação e compromisso. *In:* MARTINS-COSTA, Judith; REALE, Miguel (coord.). *Estudos em homenagem ao Professor Miguel Reale*, v. 9. São Paulo: Editora Revista do Tribunais, 2008, p. 226-227.

[352] Código Civil, art. 820. "Pode-se estipular a fiança, ainda que sem consentimento do devedor ou contra a sua vontade." Em Portugal, há uma disposição similar no artigo 628, n. 2 do Código Civil, "2. A fiança pode ser prestada sem conhecimento do devedor ou contra a vontade dele, e à sua prestação não obsta o facto de a obrigação ser futura ou condicional."

[353] Na doutrina ver PASQUALOTTO, Adalberto. Contratos Nominados III: seguro, constituição de renda, jogo e aposta, fiança, transação e compromisso. *In:* MARTINS-COSTA, Judith; REALE, Miguel (coord.). *Estudos em homenagem ao Professor Miguel Reale*, v. 9. São Paulo: Editora Revista do Tribunais, 2008, p. 237; VASCONCELOS, Miguel Pestana. *Direito das Garantias*. Coimbra: Almedina, 2019, p. 87.

[354] GOMES, Manuel Januário da Costa. *Assunção fidejussória de dívida*: sobre o sentido e o âmbito da vinculação como fiador. Coimbra: Almedina, 2000, p. 721; GOMES, Manuel

de ligação com a relação jurídica subjacente, funciona de forma autônoma até o seu pagamento,[355] de modo que para a sua caracterização tipológica é essencial o consentimento do devedor, que será afetado inegavelmente pelo pagamento imediato da garantia.

Por último, a garantia à primeira demanda implica a formação da relação entre o garantidor e o credor principal — entre OD, de um lado, e MT e LT, de outro —, da qual emerge a celebração do contrato de garantia. Em síntese, para a formação do contrato de garantia à primeira demanda exige-se, no mínimo, outras duas relações jurídicas, que se unem de forma autônoma. Ante essa multiplicidade de contratos, não seria possível afirmar a existência de coligação contratual?

Normalmente, considera-se haver coligação ou conexão contratual quando há a "utilização de vários contratos para a realização de uma mesma operação econômica".[356] Porém, esse é um conceito demasiado genérico e incompleto, pois é preciso verificar a existência de relevância jurídica quando há diversos contratos que formam determinada operação econômica.[357]

A coligação contratual é instituto jurídico de difícil definição, tendo sido objeto de estudo de diversas obras, sem que haja uma uniformidade de entendimento.[358] Carlos Nelson Konder, ao tratar dessa dificul-

---

Januário da Costa. A Chamada "fiança ao primeiro pedido". *In:* GOMES, Manuel Januário. *Estudos de direito das garantias.* Coimbra: Almedina, 2003, p. 162: "tomamos já posição de considerar a fiança ao primeiro pedido como uma garantia intermédia entre a fiança e a garantia autônoma automática: a partir do momento em que se verifiquem os pressupostos para o pagamento ao primeiro pedido, funciona o regime da garantia autônoma automática; a partir daí é recuperado, na medida do recuperável, o regime da fiança, sendo, então, actuavel *ex post*".

[355] VASCONCELOS, Miguel Pestana. *Direito das Garantias.* Coimbra: Almedina, 2019, p. 114; GOMES, Manuel Januário da Costa. A Chamada "fiança ao primeiro pedido". *In:* GOMES, Manuel Januário. *Estudos de direito das garantias.* Coimbra: Almedina, 2003, p. 162.

[356] KONDER, Carlos Nelson. *Contratos conexos:* grupos de contratos, redes contratuais e contratos coligados. Rio de Janeiro: Renovar, 2006, p. 95.

[357] KONDER, Carlos Nelson. *Contratos conexos:* grupos de contratos, redes contratuais e contratos coligados. Rio de Janeiro: Renovar, 2006, p. 96.

[358] Sobre os diversos conceitos sobre o tema ver KONDER, Carlos Nelson. *Contratos conexos:* grupos de contratos, redes contratuais e contratos coligados. Rio de Janeiro: Renovar, 2006, p. 102 e ss. Neste trabalho o conceito adotado é do Francisco Marino. No Brasil,

ANÁLISE DAS RELAÇÕES DA OPERAÇÃO ECONÔMICA DO CONTRATO DE GARANTIA...

dade, menciona que a "abrangência e heterogeneidade revelaram-se um grande desafio àqueles que, nos mais diversos ordenamentos, se dedicaram à análise do tema". Justamente devido à complexidade da matéria, o presente trabalho utiliza-se majoritariamente dos estudos de Carlos Nelson Konder e de Francisco Marino naquilo que for pertinente para a adequada análise da operação econômica em que a garantia à primeira demanda está inserida. Entende-se que essas concepções, fundadas nas ideias de função e de causa, melhor se amoldam ao tema aqui estudado.

Segundo Francisco Marino, contratos coligados são aqueles que por disposição legal, de natureza acessória ou de seus conteúdos (expresso ou implícito), "encontram-se em relação de dependência unilateral ou recíproca".[359] Essa dependência significa que os eventos de um contrato, como a invalidade, a ineficácia e a resolução, repercutem nos demais contratos. Entre os contratos da operação deve haver um nexo sistemático, cujo elemento caracterizador dessa interdependência é a causa concreta.[360]

Ainda, na concepção de Francisco Marino, há coligação quando houver um nexo funcional e finalístico entre os contratos, visando a um determinado resultado econômico-social. É o fim do contrato que unifica a relação contratual, tornando-a uma estrutura unitária e funcional.[361]

---

destacam-se as seguintes obras sobre o tema, além da já citada: MARINO, Francisco Paulo de Crescenzo. *Contratos coligados*. São Paulo: Saraiva, 2009; LEONARDO, Rodrigo Xavier. Os contratos coligados. *In:* BRANDELLI, Leonardo (coord.). *Estudos em homenagem à Professora Véra Maria Jacob de Fradera*. Porto Alegre: Lejus, 2013; LEONARDO, Rodrigo Xavier. *Redes contratuais no mercado habitacional*. São Paulo: Revista dos Tribunais, 2003.

[359] MARINO, Francisco Paulo de Crescenzo. *Contratos coligados*. São Paulo: Saraiva, 2009, p. 59.

[360] NANNI, Giovanni Ettore. Contratos coligados. *In:* LOTUFO, Renan; NANNI, Giovanni Ettore (coord.).*Teoria Geral dos Contratos*. São Paulo: Editora Atlas, 2011, p. 252.

[361] MARINO, Francisco Paulo de Crescenzo. *Contratos coligados*. São Paulo: Saraiva, 2009, p. 131-134. No mesmo sentido LEONARDO, Rodrigo Xavier. Os contratos coligados. *In:* BRANDELLI, Leonardo (coord.). *Estudos em homenagem à Professora Véra Maria Jacob de Fradera*. Porto Alegre: Lejus, 2013, p. 14-15: "Para haver uma coligação contratual, sob as espécies de *redes contratuais* ou *conexão em sentido estrito*, é necessário que entre os dois ou mais contratos exista um vínculo funcional, segundo o qual as prestações de um contrato se colocam em *função* de objetivos para além do contrato. Também deve haver um nexo econômico, por meio do qual o trânsito de riquezas encaminhado por um contrato impacte

De forma semelhante, Carlos Konder entende que nos casos de conexão contratual há vinculação funcional, isto é, "para além da função individual desempenhada por cada um dos negócios, é possível visualizar uma função ulterior, alcançável apenas por meio dos diversos contratos."[362] Complementarmente, identifica-se a conexão contratual a partir de vários indícios, como por exemplo a manifestação de vontade de coligar e a espécie contratual.[363]

Como consequência da coligação contratual, altera-se o modo de interpretação dos contratos e a qualificação dos negócios jurídicos que formam a operação. Há a derrogação de eventual regime jurídico típico, há repercussão aos demais contratos do inadimplemento de um deles, e há afetação dos demais contratos em caso de ineficácia e invalidade.[364]

---

diretamente em outro(s) que, com ele, compõe uma unidade. Estes nexos se verificam objetivamente, justificando a percepção de uma operação econômica que se sobrepõe às relações contratuais singulares que compõe o conjunto."

[362] KONDER, Carlos Nelson. *Contratos conexos*: grupos de contratos, redes contratuais e contratos coligados. Rio de Janeiro: Renovar, 2006, p. 181.

[363] KONDER, Carlos Nelson. *Contratos conexos*: grupos de contratos, redes contratuais e contratos coligados. Rio de Janeiro: Renovar, 2006, p. 185-187.

[364] MARINO, Francisco Paulo de Crescenzo. *Contratos coligados*. São Paulo: Saraiva, 2009, p. 223-226. Sobre os efeitos oriundos da coligação contratual ver TEYSSIE, Bernard. *Les groups de contracts*. Paris: Pichon & Durand-Auzias, 1975, p. 143 e ss; NANNI, Giovanni Ettore. Contratos coligados. *In:* LOTUFO, Renan; NANNI, Giovanni Ettore (coord.). *Teoria Geral dos Contratos*. São Paulo: Editora Atlas, 2011, p. 261 e ss.; PONTES DE MIRANDA, Francisco C. *Tratado de Direito Privado*. Parte Geral, t. III. atual. por Marcos Bernardes de Mello, Marcos Ehrhardt Jr. São Paulo: Editora Revista dos Tribunais, 2012, §290, p. 250: "Qualquer terminação, resolução (ou resilição), denúncia, rescisão, ou novação de um dos negócios jurídicos importa em terminação, resolução (ou resilição) denúncia, rescisão, ou novação do outro. A própria decretação de nulidade ou a anulação de um atinge o outro (não dissemos "contagia-se")." Sobre os efeitos da coligação contratual, ou união, no Direito português ver: TELLES, Inocêncio Galvão. *Direito das Obrigações*. Coimbra: Coimbra Editora, 2014, p. 88: "O vínculo de dependência significa que a validade e vigência de um contrato, ou de cada um dos contratos, depende da validade e da vigência do outro. Um contrato só será válido se o restante o for; e, desaparecido este, aquele desaparecerá também. Mas em tudo o mais aplicam-se a cada contrato as suas regras próprias."

Em outras palavras, ocorre a expansão da eficácia de um contrato em relação a outro,[365] já que um não pode ser cumprido sem o outro.[366]

Em suma, identifica-se a existência de dois elementos essenciais para a caracterização da coligação contratual: o primeiro é a pluralidade de contratos, não necessariamente celebrados entre as mesmas partes; o segundo é a existência de vínculo funcional entre os contratos,[367] podendo haver dependência unilateral ou recíproca, variável conforme as disposições firmadas.[368] O primeiro elemento está presente na operação da garantia à primeira demanda, haja vista a multiplicidade de contratos que constituem a sua operação econômica. Entretanto, nessa garantia não há vínculo funcional que caracterize a conexão contratual.

Há casos em que a lei, a manifestação de vontade das partes e a própria natureza contratual implicam a desvinculação dos contratos que, em tese, seriam coligados.[369] Esse é o caso da garantia autônoma, cuja natureza é marcada pela autonomia quanto à relação jurídica subjacente.[370] Nesse caso, a manifestação de vontade das partes é, também "índice de desconexão entre os contratos".[371]

---

[365] NANNI, Giovanni Ettore. Contratos coligados. *In:* LOTUFO, Renan; NANNI, Giovanni Ettore (coord.). *Teoria Geral dos Contratos.* São Paulo: Editora Atlas, 2011, p. 262.

[366] PEREIRA, Caio Mário da Silva. *Obrigações e contratos — pareceres:* de acordo com o Código Civil de 2002. Rio de Janeiro: Forense, 2011, p. 211.

[367] MARINO, Francisco Paulo de Crescenzo. *Contratos coligados.* São Paulo: Saraiva, 2009, p. 99. KONDER, Carlos Nelson. *Contratos conexos:* grupos de contratos, redes contratuais e contratos coligados. Rio de Janeiro: Renovar, 2006, p. 181.

[368] ANTUNES VARELA, João de Matos. *Das obrigações em geral.* v. II. 7ª ed. Coimbra: Almedina, 2017, p. 283: "A relação de dependência (bilateral ou unilateral) assim criada entre os dois ou mais contratos pode revestir as mais variadas formas. Pode um dos contratos funcionar como condição, contraprestação ou motivo do outro; pode a opção por um ou outro estar dependente da verificação ou não verificação da mesma condição; muitas vezes constituirá um deles a base negocial do outro."

[369] KONDER, Carlos Nelson. *Contratos conexos:* grupos de contratos, redes contratuais e contratos coligados. Rio de Janeiro: Renovar, 2006, p. 185-186.

[370] MARINO, Francisco Paulo de Crescenzo. *Contratos coligados.* São Paulo: Saraiva, 2009, p. 103.

[371] KONDER, Carlos Nelson. *Contratos conexos:* grupos de contratos, redes contratuais e contratos coligados. Rio de Janeiro: Renovar, 2006, p. 185.

Em sentido diverso, Giovanni Nanni[372] e Pedro Guilhardi sustentam que os contratos ao redor da garantia autônoma são coligados, "quer seja pela natureza da operação, que tem ponto genético comum, quer seja por declaração negocial".[373] Para Guilhardi, nada obstante sejam contratos coligados, há o afastamento consensual dos efeitos da coligação, como, por exemplo, a interpretação conjunta e a contaminação por vícios de invalidade.[374]

Todavia, a pluralidade de negócios não significa que sempre há coligação contratual, que para existir é necessário haver um elemento funcional, mais do que genético: a função de um dos negócios deve ser exercida em relação a outro negócio ou pela mesma natureza, ou por vontade das partes, no que se refere ao conteúdo econômico dos negócios conexos.[375] Portanto, coligação econômica entre os contratos que instituem a garantia autônoma não corresponde a uma coligação juridicamente relevante,[376] pois falta-lhe o elemento funcional, que é afastado tanto pela natureza autônoma do contrato, como pela manifestação de vontade das partes. Por isso, filia-se às posições de Carlos Nelson Konder e Francisco Marino.

Em síntese, o contrato de garantia à primeira demanda não é coligado juridicamente aos demais que formam a sua operação, pois prevalece a

---

[372] NANNI, Giovanni Ettore. Contratos coligados. *In*: LOTUFO, Renan; NANNI, Giovanni Ettore (coord.). *Teoria Geral dos Contratos*. São Paulo: Editora Atlas, 2011, p. 286-287.

[373] GUILHARDI, Pedro. *Garantias autônomas*: instrumento para proteção jurídica do crédito. São Paulo: Quartier Latin, 2019, p. 169.

[374] GUILHARDI, Pedro. *Garantias autônomas*: instrumento para proteção jurídica do crédito. São Paulo: Quartier Latin, 2019, p. 170: "Assim, embora se concorde sejam a relação jurídica base e o contrato de garantia contratos coligados — pois ambos têm gênese em um ponto comum, qual seja, a relação comercial firmada entre o ordenador e o beneficiário —, ao contratarem uma garantia autônoma, presume-se o afastamento consensual dos efeitos da coligação. Entre esses efeitos, cita-se a interpretação conjunta a contaminação por vícios de invalidade, a eficácia, o inadimplemento, a possibilidade de invocar a *exceptio non adimpleti contractus*. Entendimento contrário seria o completo desvirtuamento da garantia autônoma.

[375] MASTROPALO, Fulvio. *I contratti autonomo di garanzia*. Torino: G. Giappichelli Editore, 1995, p. 134.

[376] GALGANO, Francesco. *Trattado di diritto civile*. Volume secondo: Le obbligazioni in generale, il contratto in generale, i singoli contratti. Padova: CEDAM, 2010, p. 228.

autonomia entre eles. Assim, a interpretação, a verificação da validade dos termos pactuados e a forma de execução ficam restritos a cada contrato.

Em que pese a existência, em regra, de independência e autonomia entre os contratos, há uma hipótese em que a nulidade do contrato garantido acarreta a nulidade do contrato de garantia, como foi visto no capítulo anterior: a nulidade da causa ou do objeto. Isso porque o contrato de garantia somente será válido e produzirá efeitos se a obrigação subjacente existir e seu objeto for válido. Essa situação, no entanto, não é capaz de caracterizar a existência de coligação contratual, pois a contaminação do contrato de garantia ocorre somente nessa situação excepcional, com o objetivo de assegurar a higidez da função do próprio contrato de garantia à primeira demanda no sistema jurídico brasileiro.

Qualificada a garantia à primeira demanda a partir de um viés externo, isto é, das diferentes relações contratuais que compõe a sua operação econômica, pode-se avançar para análise subjetiva dessas relações. Passa-se, então, a expor os interesses dos sujeitos que fazem parte do contrato de garantia à primeira demanda.

4.2. Os interesses dos sujeitos da operação de garantia à primeira demanda

O contrato de garantia à primeira demanda é formado pelo garantidor e pelo credor principal (beneficiário), como foi visto no item anterior. Em que pese somente estes sejam partes do contrato, o devedor principal exerce um papel central na operação econômica da garantia à primeira demanda. Analisar-se-ão, então, os interesses de todos esses sujeitos que formam a operação econômica da garantia.

Parte em um negócio jurídico é o centro de interesse,[377] sendo sinônimo de lado."[378] O conceito de *parte do contrato*, entretanto, não coin-

---

[377] Sobre parte na doutrina brasileira ver PENTEADO, Luciano Camargo. *Efeitos contratuais perante terceiros*. São Paulo: Quartier Latin, 2007, p. 41: "As partes do contrato são os agentes declarantes que vão ser responsáveis pela composição dos elementos gerais intrínsecos ou constitutivos do negócio jurídico. (...) Parte é um centro de imputação de interesses de um lado do contrato."

[378] TOMASETTI JR, Alcides. A parte contratual. *In:* ADAMEK, Marcelo Vieira Von (coord.). *Temas de direito societário e empresarial contemporâneos*. São Paulo: Malheiros, 2011, p. 760; BIANCA, Massimo. *Diritto Civile*, t. 3, il contrato. Milano: Giuffrè Editore, 2000, p. 53: "*Parte*

cide com o conceito de *pessoa*: deve-se entender a parte como o centro de interesse. Cada parte em um contrato pode ser formada de diversas pessoas.[379] No caso da garantia à primeira demanda, resgatando o caso da introdução, são partes do contrato de garantia apenas MT, LT, como beneficiários, e OD, como garantidor.[380]

Interesse, por sua vez, de acordo com Carnelluti, é uma relação, é uma posição favorável à satisfação de uma necessidade. É "uma relação entre um homem e um bem".[381] É uma relação heterogênea "no sentido de que pode consistir numa complementaridade entre uma pessoa e uma coisa".[382] O interesse, então, é intrinsicamente ligado à necessidade do indivíduo de ser complementado pelo bem da vida que persegue.[383]

---

del contratto o contraente in senso sostanziale è il titolare del rapporto contrattuale, cioè il soggetto cui è direttamente imputato l'insieme degli effetti giuridici del contratto."; p. 54: "La nozione di parte fa riferimento ai soggetti dell'atto o del rapporto. Ma la dottrina ritiene che tale nozione prescinda dai soggetti e debba piuttosto essere identificata nella posizione di interesse che si contrappone ad altra posizione di interesse. La parte sarebbe, precisamente, un centro di interessi."

[379] GALGANO, Francesco. *Trattado di diritto civile.* Volume secondo: Le obbligazioni in generale, il contratto in generale, i singoli contratti. Padova: CEDAM, 2010, p. 156.

[380] RIO GRANDE DO SUL. Tribunal de Justiça do Rio Grande do Sul. Apelação Cível n. 70077074417, Décima Sétima Câmara Cível, relator Des. Giovanni Conti, 25 de outubro de 2018.

[381] CARNELUTTI, Francesco. *Teoria Geral do direito.* São Paulo: Saraiva, 1940, p. 48. No âmbito do Direito Brasileiro, Erasmo Valladão Azevedo e Novaes França busca conceituar interesse, partindo, também, das lições de Carnelutti. O autor cita que "as relações existentes entre cada uma das pessoas e a coisa são relações de caráter econômico, ou seja, os interesses. (...) Por interesse pode-se entender a relação existente entre um sujeito que possui uma necessidade, e o bem apto a satisfazê-la, determinada na previsão geral e abstrata de uma norma. Para satisfação das suas necessidades, o homem vale-se de bens. Entre o sujeito e o bem, portanto, forma-se uma relação que, na situação jurídica enfocada, toma o nome de interesse." NOVAES FRANÇA, Erasmo Valladão Azevedo e. *Conflito de interesses nas assembleias de S.A. (e outros escritos sobre conflito de interesses).* 2. ed., rev. e aum. São Paulo: Malheiros, 2014, p. 21-22.

[382] CARNELUTTI, Francesco. *Teoria Geral do direito.* São Paulo: Saraiva, 1940, p. 53.

[383] CARNELUTTI, Francesco. *Teoria Geral do direito.* São Paulo: Saraiva, 1940, p. 80. "A relação entre o ente que experimenta a necessidade e o ente que é capaz de a satisfazer é o interesse.". Jhering também considerou o interesse no âmbito jurídico. Para este jurista, interesse é a condição indispensável a toda ação humana, é a relação que une o fim ao agente. JHERING, Rudolf Von. *El fin en el derecho.* Buenos Aires: Editorial Atalaya, 1946, p. 31.

ANÁLISE DAS RELAÇÕES DA OPERAÇÃO ECONÔMICA DO CONTRATO DE GARANTIA...

O interesse do garantidor, na garantia à primeira demanda, é afastar-se dos litígios oriundos da relação entre o devedor principal e o credor, e receber a remuneração devida (quando pactuada) por assegurar a operação. Seu interesse será o pagamento da garantia que cumpra com as exigências formais ou documentais postas no contrato, que não o obrigue a examinar a validade do pedido. Uma vez realizado esse pagamento, o garantidor poderá exercer o seu direito de crédito em via de regresso contra o devedor principal e contra o beneficiário, na pactuação menos autônoma.[384] Nesse caso, o não envolvimento na relação jurídica subjacente facilita o seu direito de regresso contra o devedor, pois o garantidor deverá receber o valor pago, independentemente de o pedido do beneficiário ter sido devido, ou não.

Por sua vez, o interesse primordial do beneficiário da garantia é assegurar-se contra os riscos decorrentes da possibilidade de inadimplemento do contrato principal. Assim, o beneficiário busca com a garantia à primeira demanda ter a possibilidade de demandar essa garantia sem ser obrigado a demonstrar a validade ou a admissibilidade desse pedido, devendo, em qualquer hipótese, agir com boa-fé.[385] Ele deseja uma garantia tão forte como o depósito de dinheiro.[386] O objetivo é que a execução da garantia não seja condicionada por circunstâncias estranhas ao contrato de garantia, em que as vicissitudes, ou qualquer discussão que se instaure no âmbito da relação jurídica subjacente, afetem o pedido da garantia; a intenção é que haja uma desconexão entre a relação principal e a obrigação de garantia.[387]

---

[384] GUILARTE, Juan Sánchez-Calero. *El contrato autónomo de garantía*. Las garantías a primera demanda. Madrid: Centro de documentación bancaria y bursátil, 1995, p. 30-31; GOMES, Manuel Januário da Costa. A Chamada "fiança ao primeiro pedido". *In:* GOMES, Manuel Januário. *Estudos de direito das garantias*. Coimbra: Almedina, 2003, p. 163.

[385] HUCK, Hermes Marcelo. Garantia à primeira solicitação no comércio internacional. *Doutrinas Essenciais de Direito Internacional*, São Paulo, vol. 5, p. 447-458, fev. 2012, p. 6, versão digital.

[386] TELLES, Inocêncio Galvão. Garantia bancária autônoma. Estudo e Parecer. *O Direito*, Coimbra, ano 120, III-IV, p. 275-293, 1988, p. 282.

[387] GUILARTE, Juan Sánchez-Calero. *El contrato autónomo de garantía*. Las garantías a primera demanda. Madrid: Centro de documentación bancaria y bursátil, 1995, p.28.

Outro interesse do beneficiário é ter a certeza de que o pagamento da garantia será efetuado assim que o garantidor for demandado. Logo, a solvência do garantidor é um elemento importante nesse contrato, pois será determinante para a eficácia da garantia.[388] Por essa razão, no âmbito europeu, essa garantia é prestada normalmente por bancos ou companhias de seguro.[389]

Ainda sobre os interesses, ressalta-se que na garantia à primeira demanda todos os intervenientes da operação econômica de garantia são agentes interessados, mesmo quem não seja parte do contrato de garantia, como o devedor da relação jurídica subjacente.[390] Este, em relação ao contrato de garantia, é terceiro interessado. Essa figura pode ser caracterizada como aquele sujeito de direitos que é interessado no cumprimento substancial do conteúdo da relação jurídica, mas que não integrou o contrato no momento de sua formação, tampouco na fase de inadimplemento. O interesse do terceiro é relacionado à função de utilidade que o contrato lhe proporciona.[391]

Sendo assim, verifica-se que o devedor é interessado, porque o contrato de garantia permitirá que ele celebre o contrato com o credor (beneficiário) e se favoreça economicamente desse negócio.[392] Aliás, o contrato de garantia surge da necessidade do devedor principal, ao

---

[388] GUILARTE, Juan Sánchez-Calero. *El contrato autónomo de garantía*. Las garantías a primera demanda. Madrid: Centro de documentación bancaria y bursátil, 1995, p. 29.

[389] JARDIM, Mónica. *A garantia autónoma*. Coimbra: Almedina, 2002, p. 13. No mesmo sentido RIBEIRO, Antônio Sequeira. Garantia bancária autônoma à primeira solicitação: algumas questões. *In:* MENEZES CORDEIRO, Antônio; LEITÃO, Luís Menezes; GOMES, Manuel Januário da Costa (Coord.). *Estudos em homenagem ao Professor Doutor Inocêncio Galvão Telles*, vol. II, Direito Bancário. Coimbra: Almedina, 2002, p. 292; EPIFÂNIO, Maria do Rosário. Garantias bancárias autônomas. Breves reflexões. *In:* VAZ, Manuel Afonso; LOPES, J. A. Azeredo. (Coord.) *Juris et de iure:* nos 20 anos da Faculdade de Direito da UCP Porto. Coimbra: Coimbra Editora, 1998, p. 320.

[390] GUILHARDI, Pedro. *Garantias autônomas:* instrumento para proteção jurídica do crédito. São Paulo: Quartier Latin, 2019, p. 45; ALMEIDA, Carlos Ferreira de. *Contratos III.* Contratos de liberdade, de cooperação e de risco. Coimbra: Almedina, 2015, p. 214.

[391] PENTEADO, Luciano Camargo. *Efeitos contratuais perante terceiros.* São Paulo: Quartier Latin, 2007, p. 206.

[392] RIBEIRO, Antônio Sequeira. Garantia bancária autônoma à primeira solicitação: algumas questões. *In:* MENEZES CORDEIRO, Antônio; LEITÃO, Luís Menezes; GOMES, Manuel

passo que somente o garantidor é diretamente obrigado no contrato de garantia.[393]

Apesar de o devedor não ser parte na garantia, ele possui um papel central na sua formação, execução e efeitos. Primeiro, porque o credor, ao pretender assegurar-se contra o inadimplemento do devedor, exige a pactuação de uma garantia à primeira demanda. Segundo, serão as condutas do devedor que poderão justificar o pedido de pagamento da garantia pelo beneficiário, isto é, o devedor, ao inadimplir a obrigação da relação principal, dá azo ao pedido de garantia. Terceiro, o devedor será o responsável por restituir o garantidor que pagou o valor acordado ao beneficiário, independentemente de ter contribuído para que a obrigação da relação principal não fosse adimplida.

A garantia à primeira demanda, então, apesar de ser um contrato firmado entre garantidor e beneficiário, insere-se em uma relação complexa, com diversos interesses envolvidos. Um dos principais interesses, como já afirmado, é o recebimento imediato do valor da garantia, assim que pedido. Por isso a figura e a solvabilidade do garantidor são de suma importância, razão pela qual cumpre verificar no Direito brasileiro quem pode prestar uma garantia tão enérgica.

4.3. A figura do garantidor à primeira demanda

O garantidor exerce um papel central na garantia à primeira demanda, pois é ele quem será demandado pelo beneficiário para realizar o pagamento imediato do valor pecuniário garantido, sem poder opor exceções e verificar se, de fato, houve incumprimento na relação jurídica subjacente. É uma posição assumida, muitas vezes, de forma mais gravosa do que a do devedor principal, razão pela qual em alguns países, sobretudo em Portugal, houve o questionamento sobre a existência de limitação a bancos e seguradoras. No Brasil, por sua vez, a análise da legislação pertinente conduz ao entendimento de que qualquer pessoa capaz poderá ser garantidora à primeira demanda.

Januário da Costa (Coord.). *Estudos em homenagem ao Professor Doutor Inocêncio Galvão Telles*, vol. II, Direito Bancário. Coimbra: Almedina, 2002, p. 303.

[393] GUILARTE, Juan Sánchez-Calero. *El contrato autónomo de garantía. Las garantías a primera demanda*. Madrid: Centro de documentación bancaria y bursátil, 1995, p. 32.

No Brasil, pessoas naturais e pessoas jurídicas podem figurar como garantidoras à primeira demanda com fundamento na liberdade contratual, consubstanciada no artigo 425 do Código Civil, que preceitua ser "lícito às partes estipular contratos atípicos, observadas as normas gerais fixadas neste Código".[394] Além disso, prestar garantia não consta como atividade privativa de instituições financeiras e de seguradoras. Para verificar essa questão, é importante analisar a Lei 4.595/64, que dispõe sobre as instituições monetárias, bancárias e creditícias e o Decreto-Lei n. 73 que trata sobre o Sistema Nacional de Seguros Privados.

A partir da análise do conceito material de instituição financeira, constata-se que suas atividades privativas são "a coleta, intermediação ou aplicação de recursos financeiros próprios ou de terceiros, em moeda nacional ou estrangeira, e a custódia de valor de propriedade de terceiros".[395] Por sua vez, a atividade de sociedades seguradoras, conforme o artigo 78 do Decreto-Lei n. 73, é operar seguros para os quais tenham autorização. A garantia à primeira demanda não se enquadra no âmbito de atividade exclusiva de instituições financeiras, tampouco pode ser caracterizada como um contrato de seguro, havendo distinções marcantes entre ambos, como será visto sexto capítulo.

Portanto, não há no ordenamento jurídico brasileiro qualquer disposição legal que limite a prestação de garantia às instituições financeiras ou às seguradoras, pois essa atividade não está inserida na enumeração de suas atividades privativas, assim como não há dispositivo legal que possa impedir pessoas naturais de prestar tal garantia. Não é por outra razão que o Tribunal de Justiça do Rio Grande do Sul reconheceu ter sido prestada garantia à primeira demanda por uma pessoa física no caso já mencionado neste trabalho.[396]

Porém, ainda que não haja limitação quanto ao sujeito, é preciso reconhecer que essa é uma garantia que se insere em relações tipicamente empresariais e que envolvem grandes somas pecuniárias. Sendo assim,

---

[394] BRASIL, Código Civil, art. 425.
[395] BRASIL, Lei 4.595/64, art. 17.
[396] RIO GRANDE DO SUL. Tribunal de Justiça do Rio Grande do Sul. Apelação Cível n. 70077074417, Décima Sétima Câmara Cível, relator Des. Giovanni Conti, 25 de outubro de 2018.

fora desse contexto empresarial, a parte que propõe a pactuação dessa garantia para assegurar determinado negócio jurídico possui o dever de informar a sua contraparte e o futuro garantidor quanto às características e os efeitos dessa garantia. Ainda, é preciso destacar que essa garantia não é destinada a relações de consumo, diante da assimetria informacional e técnica entre as partes, e pela vulnerabilidade dos consumidores, o que não é compatível com as características da garantia à primeira demanda.

Em virtude da complexidade que envolve a garantia à primeira demanda, em Portugal, o entendimento da existência de limitação de sua prestação a bancos e a seguradoras é defendido pelo jurista Menezes Cordeiro, que sustenta ser "garantia bancária à primeira demanda" a denominação correta dessa garantia.[397] Para justificar esse posicionamento, o jurista apresenta razões práticas, técnico-jurídicas e axiológicas.

A razão prática é que o garantidor deve apresentar uma absoluta robustez econômica e financeira para poder mobilizar valores consideráveis e prosseguir a sua atividade normal.[398] A justificativa técnico-jurídica é que a garantia ao não ser remunerada é uma liberalidade; não sendo possível as sociedades comerciais em Portugal prestá-la, em razão de proibição constante no Código das Sociedades Comerciais,[399] tampouco aos particulares, em razão das restrições relativas à doação.[400] As razões axioló-

---

[397] MENEZES CORDEIRO, Antônio. *Tratado de Direito Civil*, v. X, Direito das Obrigações, Garantias. Coimbra: Almedina, 2015, p. 527 e 539.

[398] MENEZES CORDEIRO, Antônio. *Tratado de Direito Civil*, v. X, Direito das Obrigações, Garantias. Coimbra: Almedina, 2015, p. 550.

[399] A proibição referida pelo autor consta no artigo 6º, §§2 e 3 do Código das Sociedades Comerciais, a seguir transcritos: "2 – As liberalidades que possam ser consideradas usuais, segundo as circunstâncias da época e as condições da própria sociedade, não são havidas como contrárias ao fim desta. 3 – Considera-se contrária ao fim da sociedade a prestação de garantias reais ou pessoais a dívidas de outras entidades, salvo se existir justificado interesse próprio da sociedade garante ou se se tratar de sociedade em relação de domínio ou de grupo."

[400] MENEZES CORDEIRO, Antônio. *Tratado de Direito Civil*, v. X, Direito das Obrigações, Garantias. Coimbra: Almedina, 2015, p. 551: "o garante assume, sem contrapartida, uma enorme responsabilidade. A confiança que tenha no mandante não chega para eliminar esta dimensão: sendo autônoma, a garantia pode ser acionada independentemente das vicissitudes da obrigação principal. As liberalidades estão sujeitas a regras estritas: sendo o "doador" uma sociedade, elas estão-lhe, em princípio, vedadas pelo artigo 6º/2 e 3, do

gicas seriam de ordem histórica, porque as garantias em seus primórdios seriam muito enérgicas e que, com o passar dos anos, desenvolveu-se no sentido de proteger o garantidor.[401] Assim, não seria possível regredir no Direito Civil, "em nome de modas ou de exigências de uma globalização cujos limites e cujas consequências nefastas já são conhecidas, no domínio da tutela das pessoas".[402]

Em que pese a respeitabilidade do referido posicionamento, as razões apresentadas não são capazes de restringir o uso da garantia à primeira demanda aos bancos e às companhias de seguro, tampouco de impossibilitar o exercício da liberdade contratual por outras entidades que também tenham interesse em firmar um contrato de garantia à primeira demanda. Em primeiro lugar, quanto ao argumento prático, salienta-se que a solvabilidade não é uma característica própria das instituições financeiras; empresas e pessoas naturais podem possuir robusta capacidade econômica.

Quanto à razão técnico-jurídica, referente à existência de ato de liberalidade entre garantidor e devedor, é preciso esclarecer que o garantidor não é um *doador*, ao contrário do afirmado. A doação é um contrato "em que uma pessoa, por liberalidade, transfere do seu patrimônio bens ou vantagens para o de outra".[403] Na garantia à primeira demanda, o garantidor obriga-se perante o devedor principal, através de uma relação contratual própria, a pagar determinado valor ao beneficiário assim que este o interpelar para garantir outra relação jurídica.

Código das Sociedades Comerciais; sendo um particular, há que se ter em conta diversas normas restritivas, incluindo sucessórias."

[401] MENEZES CORDEIRO, Antônio. *Tratado de Direito Civil*, v. X, Direito das Obrigações, Garantias. Coimbra: Almedina, 2015, p. 552.

[402] MENEZES CORDEIRO, Antônio. *Tratado de Direito Civil*, v. X, Direito das Obrigações, Garantias. Coimbra: Almedina, 2015, p. 552.

[403] BRASIL, Código Civil, art. 538. "Considera-se doação o contrato em que uma pessoa, por liberalidade, transfere do seu patrimônio bens ou vantagens para o de outra." Sobre contrato de doação ver SANSEVERINO, Paulo de Tarso. Contratos nominados II: contrato estimatório, doação, locação de coisas, empréstimo (comodato-mútuo). *In*: MARTINS-Costa, Judith. REALE, Miguel (coord.). *Estudos em Homenagem ao Professor Miguel Reale*, v.4. São Paulo: Revista dos Tribunais, 2011, p. 69.

ANÁLISE DAS RELAÇÕES DA OPERAÇÃO ECONÔMICA DO CONTRATO DE GARANTIA...

Ainda, há outra razão que demonstra inexistir fundamento jurídico para o posicionamento de Menezes Cordeiro quanto à impossibilidade de sociedades comerciais — que não instituições financeiras ou seguradoras — prestarem garantias no Brasil. É que, apesar de as partes não estabelecerem uma remuneração, isso não significa que o garantidor não possua interesse econômico na operação.

Na realidade, os garantidores somente prestarão a garantia se puderem retirar algum benefício econômico da operação, seja através de remuneração, seja através de vantagens advindas da própria operação.[404] Um exemplo que ilustra isso é quando uma sociedade controladora aceita prestar uma garantia à primeira demanda para que sua controlada concretize determinado negócio jurídico com outra empresa, sendo essa a beneficiária da garantia. Nesse caso, mesmo que não haja remuneração, há interesse da controladora em auferir ganhos econômicos advindos da operação de sua controlada. Em razão da presença de interesse, não é possível afirmar que exista liberalidade.

Ademais, a garantia à primeira demanda fundamenta-se na liberdade contratual.[405] Consequentemente, até que haja previsão legal no sentido de proibir que sociedades ou particulares sejam garantidores à primeira demanda, não há fundamento para defender o contrário. Em complemento, destaca-se a lição de Antônio Sequeira Ribeiro: "embora preponderante, a natureza bancária do garante não é requisito essencial à figura.

---

[404] Sobre essa questão FERREIRA, Waldemar Martins. *Compêndio das sociedades mercantis*. v. 2. Rio de Janeiro: Freitas Bastos, § 26, pp. 234-236: "Raro é, no entanto, seja o comerciante levado a praticar ato gratuito, pelo conforto íntimo de o bem fazer. A sua dádiva nunca é desinteressada. Representa, na maioria dos casos, recompensa. Remuneratória sempre é. Mesmo quando apresente caráter de inteira gratuidade, nela se desvenda o propósito interesseiro, senão atual, longínquo. Dar um, a fim de receber dois. Plantar hoje, para colher amanhã."

[405] CORREIA, A. Ferrer. Notas para o estudo da garantia bancária. *Revista de Direito e Economia*, Coimbra, p. 1-14, 1982, p. 3: "O contrato de garantia é uma pura criação dos participantes na vida dos negócios. Com as características que usualmente se lhe atribuem (...) ele não corresponde a qualquer perfil ou tipo de negócio atípico ou inominado. A sua admissibilidade ou legitimidade só do princípio da liberdade contratual ou autonomia privada poderá derivar."

Com efeito, admite-se que ela possa ser dada por outra pessoa coletiva e até por particulares sem que isso por si só a invalide".[406]

Essa questão também foi enfrentada na França, onde, inicialmente a garantia estava bastante reservada às instituições de crédito, estando excluída a possibilidade de pessoas físicas figurarem como garantidoras à primeira demanda. Mas não tardou para esse limite ser superado, sendo considerada válida as garantias à primeira demanda prestadas por pessoas naturais.[407]

Logo, tanto no Brasil, como em Portugal e na França, a garantia à primeira demanda pode ser firmada por qualquer pessoa capaz, com fundamento na liberdade contratual. Porém, quando da sua pactuação deve ser observada a robustez econômica do garantidor, a fim de viabilizar o pagamento do valor garantido, quando e se demandado pelo beneficiário. Além disso, todas as partes da operação econômica da garantia à primeira demanda devem estar informadas e cientes quanto aos efei-

---

[406] RIBEIRO, Antônio Sequeira. Garantia bancária autônoma à primeira solicitação: algumas questões. *In:* MENEZES CORDEIRO, Antônio; LEITÃO, Luís Menezes; GOMES, Manuel Januário da Costa (Coord.). *Estudos em homenagem ao Professor Doutor Inocêncio Galvão Telles*, vol. II, Direito Bancário. Coimbra: Almedina, 2002, p. 292. Ver também EPIFÂNIO, Maria do Rosário. Garantias bancárias autônomas. Breves reflexões. *In:* VAZ, Manuel Afonso; LOPES, J. A. Azeredo. (Coord.) *Juris et de iure:* nos 20 anos da Faculdade de Direito da UCP Porto. Coimbra: Coimbra Editora, 1998, p. 320: "Designamos estes tipos de garantia como garantias bancárias, já que estas são prestadas, em regra, por entidades bancárias, muito embora cumpra sublinhar que estas também podem ser prestadas (e são-no de fato) por outras entidades, tais como, entre nós, sociedades seguradoras, sociedades de desenvolvimento regional, etc."; GOMES, Fátima. Garantia bancária autônoma à primeira solicitação. *Direito e Justiça*, Lisboa, vol. VIII, t. 2, p. 119-210, 1994, p. 121: "A qualificação da garantia como 'bancária' não é elemento essencial da nova figura jurídica."; GOMES, Manuel Januário da Costa. *Assunção fidejussória de dívida:* sobre o sentido e o âmbito da vinculação como fiador. Coimbra: Almedina, 2000, p. 731: "a fiança ao primeiro pedido não está reservada para os sujeitos jurídicos que reúnam as características de instituição de crédito ou companhia seguradora. Mesmo os sujeitos que não reúnam essas condições podem prestar tais fianças, assim como podem prestar garantias autônomas"

[407] AYNÈS, Laurent. CORCQ, Pierre. DELEBECQUE, Philippe. BLANCHET, Juliettte. *Le Lamy Droit des Sûretés.* Paris: Wolters Kluwer, 2018, p. 135-15; PRUM, André. La consécration légale des garanties autonomes. *In:* ABRY, Bernard. *Études offertes au Doyen Philippe Simler.* Paris: Dalloz, 2006, p. 410.

tos dessa garantia, já que o modo de seu funcionamento é diferente das garantias tradicionais.

Ultrapassada a análise das relações da operação da garantia à primeira demanda, dos interesses dos sujeitos e de quem pode figurar como garantidor, compete verificar a classificação do contrato de garantia à primeira demanda, com o objetivo de entender os efeitos que dele decorrem.

5.
MOLDURA CLASSIFICATÓRIA DA GARANTIA À PRIMEIRA DEMANDA

A garantia à primeira demanda é um contrato formado entre o garantidor e o credor de outra relação jurídica, a relação subjacente.[408] A função, a autonomia e a automaticidade desse contrato serão determinantes para o seu enquadramento classificatório, que não atende somente a fins meramente didáticos.[409] O agrupamento de contratos em categorias aponta os efeitos jurídicos e práticos de cada tipo.[410]

A fim de compreender melhor os efeitos da garantia à primeira demanda, no primeiro subtópico desse capítulo, o objetivo será expor o tipo social dessa garantia (5.1), após será visto que esse contrato é consensual, sendo ponderada a exigência de forma para a sua pactuação (5.2), por fim, será analisada a unilateralidade, gratuidade e pessoalidade do contrato (5.3).

5.1. A tipicidade social da garantia à primeira demanda: dos usos internacionais aos ordenamentos jurídicos internos

Os contratos típicos são aqueles previstos e esquematizados na lei, com denominação própria, formando espécies definidas.[411] A garantia à pri-

---

[408] JARDIM, Mónica. *A garantia autónoma*. Coimbra: Almedina, 2002, p. 101: "Enquanto fonte de obrigação a garantia autónoma é um contrato, pois, para além de resultar da junção das liberdades de celebração e de estipulação, produz efeitos devido a duas vontades — a do banco garante e a do importador/credor do contrato base ou beneficiário."

[409] JABUR, Gilberto Haddad. Classificação dos contratos. *In:* LOTUFO, Renan; NANNI, Giovanni Ettore (coord.). *Teoria Geral dos Contratos*. São Paulo: Editora Atlas, 2011, p. 202.

[410] JABUR, Gilberto Haddad. Classificação dos contratos. *In:* LOTUFO, Renan; NANNI, Giovanni Ettore (coord.). *Teoria Geral dos Contratos*. São Paulo: Editora Atlas, 2011, p. 203.

[411] GOMES, Orlando. *Contratos*. 26ª ed., rev., atual. e aum. de acordo com o Código Civil

meira demanda não é regulada em nenhuma lei no Direito brasileiro, portanto, não há dúvidas de que é um contrato atípico em termos legais. Porém, é preciso verificar se não está caracterizada a tipicidade social desse instituto.

Prevalece no Direito Privado a regra da atipicidade,[412] que no Direito brasileiro está prevista no artigo 425 do Código Civil,[413] seguindo a premissa de o que não é proibido é permitido. Nada obstante, os tipos cumprem um papel muito importante para a compreensão dos institutos concretos. A função dos tipos legais é permitir um juízo de conformidade com o modelo previsto no ordenamento jurídico, "possibilitando a aplicação de um determinado regime jurídico preestabelecido".[414] Isto é, os tipos legais têm por objetivo a simplificação do "processo de vin-

de 2002 por Antonio Junqueira de Azevedo e Francisco Paulo De Crescenzo Marino. Rio de Janeiro: Forense, 2008, p. 97.

[412] Sobre o assunto ver ROPPO, Enzo. *O contrato*. Tradução de Ana Coimbra e M. Januário Costa Gomes. Coimbra: Almedina, 2009, p. 132-133: "no conceito de autonomia privada compreendem-se, de facto, tradicionalmente, além do poder de determinar o conteúdo do contrato (art. 1322º c. 1 cód. Civ.), também o poder de escolher livremente se contratar ou não contratar; o de escolher com quem contratar, recusando, por hipótese, ofertas provenientes de determinadas pessoas; enfim, o de decidir em que "tipo" contratual enquadrar a operação que se pretende, privilegiando um outro dos tipos legais codificados, ou mesmo de "concluir contratos que não pertençam aos tipos que têm uma disciplina particular."

[413] BRASIL. Código Civil, art. 425. "É lícito às partes estipular contratos atípicos, observadas as normas gerais fixadas neste Código."

[414] MARINO, Francisco Paulo de Crescenzo. *Contratos coligados*. São Paulo: Saraiva, 2009, p. 6: "A função dos tipos e categorias contratuais é permitir um juízo de conformidade do contrato in concreto ao modelo, possibilitando a aplicação de um determinado regime jurídico preestabelecido. A função dos modelos (em especial dos tipos) é um verdadeiro catálogo de operações econômicas cristalizadas e reguladas, a priori, de modo a promover um adequado equilíbrio dos interesses das partes."; no mesmo sentido ANTUNES VARELA, João de Matos. *Das obrigações em geral*. v. I. 10ª ed. Coimbra: Almedina, 2017, p. 273: "Por um lado, exatamente porque se trata dos acordos negociais mais vulgarizados na prática, a lei pretende auxiliar as partes e os tribunais, fixando subsidiariamente a disciplina jurídica aplicável aos pontos em que, não obstante a importância que revestem, as convenções redigidas pelas partes são frequentes vezes omissas."; COMIRAN, Giovana Cunha. A exegese do art. 425 do Código Civil e o método tipológico: notas sobre critérios hermenêutico-integrativos dos contratos atípicos. *In*: MOTA, Maurício; KLOH, Gustavo (org.). *Transformações contemporâneas do direito das obrigações*. Rio de Janeiro: Elsevier, 2011, p. 603: "os modelos legais típicos asseguram, em certa medida, uma regulamentação adequada às

culação por meio de contratos, oferecendo-lhes, assim, supletividade legislativa".[415]

Os tipos contratuais podem ser legais, quando previsto em legislação, ou sociais, quando decorrentes da prática.[416] A tipicidade social, assim como a legal, tem por função orientar a autonomia privada, mas é muito mais elástica, estando permeada pelas valorações da ética social.[417] Os tipos sociais decorrem daquilo que acontece na realidade de forma constante e reiterada, estando presente na consciência social de uma determinada época nos campos da economia, da tecnologia e da moral.[418] Para a sua formação é essencial a existência de usos mercantis, que são os verdadeiros transformadores dos negócios livremente firmados em tipos socialmente reconhecidos.[419]

---

relações mais frequentes, poupando aos sujeitos tempo e assim facilitando o exercício de sua autonomia, sem deixar de considerar, ainda, seu caráter leigo na produção normativa."

[415] COMIRAN, Giovana Cunha. *Os usos comerciais*: da formação dos tipos à interpretação e integração dos contratos. São Paulo: Quartier Latin, 2019, p. 153. Ver também: VASCONCELOS, Pedro Pais de. *Os contratos atípicos*. 2ª ed. Coimbra: Almedina, 2009, p. 92-93: "A função desempenhada pela tipificação é aqui, muito diferente. Consiste principalmente em simplificar a contratação, fornecendo às partes modelos dos contratos mais importantes ou mais frequentes, construídos de modo equilibrado e de acordo com o que é típico contratar na prática. A função da tipificação é pois de simplificar o processo da contratação, de equilibrar o conteúdo dos contratos através do direito do tipo e de acordo com os critérios de justiça do sistema, e de integrar as estipulações das partes do modo como o contrato é usual e tipicamente celebrado."

[416] VASCONCELOS, Pedro Pais de. *Os contratos atípicos*. 2ª ed. Coimbra: Almedina, 2009, p. 69.

[417] BETTI, Emilio. *Teoria generale del negozio giuridico*. Napoli: Edizioni Scientifiche Italiane, 1994, p. 192.

[418] BETTI, Emilio. *Teoria generale del negozio giuridico*. Napoli: Edizioni Scientifiche Italiane, 1994, p. 192.

[419] FORGIONI, Paula A. *Contratos empresariais*: teoria geral e aplicação. 3.ed. revista, atualizada e ampliada. São Paulo: Revista dos Tribunais, 2018, p. 137-138: "A tipificação social de contratos também tem origem nos usos e costumes, transformando negócios livremente encetados pelos agentes econômicos em tipos socialmente reconhecidos." Ver também PONTES DE MIRANDA, Francisco C. *Tratado de Direito Privado*. Parte Especial, t. XXXVIII. 3ª ed. São Paulo: Editora Revista dos Tribunais, 1984, p. 64-65: "No tráfico alguns negócios jurídicos se enchem de certos elementos de conteúdo, devido à frequência e diuturnidade deles, de modo que há o enchimento complementar como se tivesse havido edição de regra jurídica. Aí, o uso do tráfico faz o *ius dispositivum*. Porém, às vezes, o enchimento ganha em rigidez, a ponto de tipicizar o negócio jurídico, e os interessados não podem

Ainda que não haja uma fórmula exata para aferir como se formam os tipos sociais, há alguns indicativos importantes nesse sentido. O primeiro é a existência de uma pluralidade de casos, o segundo é a existência de uma prática, ou seja, é preciso haver uma "relação ou ligação tal que eles se reconheçam como aparentados ou do mesmo tipo e que essa prática seja socialmente reconhecível".[420] O terceiro é a existência de reconhecimento de uma consciência da vigência da prática como algo vinculativo, "como modelo de referência e padrão de comparação, e como norma de comportamento".[421]

No âmbito da garantia à primeira demanda foram os usos do comércio internacional os responsáveis por difundir esse modelo de contrato.[422] Sua pactuação, nessa seara, era majoritariamente por bancos, que, por não fazerem parte da relação jurídica subjacente entre credor e devedor, desejavam afastar-se dos litígios oriundos dessa relação e da obrigação de verificar se o pedido de pagamento da garantia era devido ou não.[423] A adoção reiterada desse contrato no comércio internacional culminou, em 1978, com a elaboração e a aprovação, pela Câmara Comércio Inter-

concluir qualquer negócio jurídico de tal tipo sem se subordinarem ao uso do tráfico." É preciso ressalvar que "a autonomia privada não significa a liberdade de estipulação de quais quer conteúdos contratuais" (VASCONCELOS, Pedro Pais de. *Os contratos atípicos*. 2ª ed. Coimbra: Almedina, 2009, p. 334). Há limites impostos pela Lei, Moral, Ordem Pública e Natureza. (VASCONCELOS, Pedro Pais de. *Os contratos atípicos*. 2ª ed. Coimbra: Almedina, 2009, p. 334). Nesse sentido, surge o questionamento se a garantia à primeira demanda não violaria as normas relativas à fiança, se não seria uma espécie de fraude às regras injuntivas da fiança. A resposta a essa questão será tratada no Capítulo 6, quando da comparação da garantia à primeira demanda e a fiança.

[420] VASCONCELOS, Pedro Pais de. *Os contratos atípicos*. 2ª ed. Coimbra: Almedina, 2009, p. 62.

[421] VASCONCELOS, Pedro Pais de. *Os contratos atípicos*. 2ª ed. Coimbra: Almedina, 2009, p. 63.

[422] Sobre a prática da garantia à primeira demanda no comércio internacional ver: AFFAKI, Georges; GOODE, Roy. *Guide to ICC Uniform Rules for demand guarantees URDG 758*. Paris: ICC Services Publications, 2011, p. 17-19; PIERCE, Anthony. *Demand guarantees in international trade*. London: Sweet & Maxwell, 1993, p. 4-5.

[423] BERTRAMS, Roeland F. *Bank Guarantees in International Trade*. Hague: Kluwer Law International, 2001, p. 2: *"Banks are not very keen to act as accessory guarantors as it is difficult for them to determine in which situations they should proceed to payment and because they may become involved in disputes between the parties to the underlying relationship. In order to avoid these drawbacks, practice invented the independent guarantee, issued by reliable and financially sound institutions such as banks."*

nacional, das Regras Uniformes sobre garantias contratuais (*Uniform Rules for contract guarantees*) e, posteriormente, em 1991, das Regras uniformes relativas às garantias a pedido (*Uniform rules for demand guarantees* — URDG 458). Ou seja, a Câmara do Comércio Internacional reconheceu a existência de uma prática reiterada atinente à garantia à primeira demanda e, a fim de fornecer mais segurança e previsibilidade ao instituto, elaborou regras, não obrigatórias, para o seu uso. Diante desse cenário, não há dúvidas que no âmbito do comércio internacional a garantia à primeira demanda é um tipo social.[424]

O sucesso no contexto internacional contribuiu para a importação e o uso da garantia no comércio interno em diversos sistemas jurídicos nacionais. A Itália é grande exemplo disso, pois a admissibilidade da garantia à primeira demanda teve como principal pilar a difusão internacional e o entendimento de que o país não poderia ficar isolado ao inadmitir esse instituto.[425] A respeito, a Corte de Cassação Italiana, em 1987, proferiu decisão de admissão da garantia à primeira demanda no ordenamento jurídico italiano utilizando como um dos fundamentos a exigência do comércio internacional.[426]

---

[424] ALMEIDA COSTA, Mário Júlio; PINTO MONTEIRO, Antônio. Garantias Bancárias. O contrato de garantia à primeira solicitação. *Colectânea de jurisprudência*, Coimbra, ano XI, t. V, p. 16-34, 1986, p. 19: "As garantias autônomas à primeira solicitação, ou automáticas, são hoje, como é sublinhado em todos os lados, uma constante do comércio internacional, 'nenhum país escapando atualmente do fenômeno', clássico em alguns deles (Alemanha, Inglaterra, e Estados Unidos), mais recente em outros (Bélgica, Itália e França, por exemplo). Elas representam, na expressão, que vai se tornando célebre, do juiz inglês KERR, o sangue da vida do comércio internacional (*the lifeblood of international commerce*)."

[425] GALGANO, Francesco. Fideiussione omnibus e contratto autonomo di garanzia. *In*: POLO, Antonio *et al* (org.). *Estudios de Derecho Bancario y bursatil — Homenaje a Evelio Verdera y Tuells*. T. II. Madrid: La Ley, 1994, p. 906-907.

[426] ITÁLIA. Corte di Cassazione, Sezioni Unite Civili, Sentenza 1º ottobre 1987, n. 7341. *Il Foro Italiano*, 1988, vol. 111, parte prima: Giurisprudenza Constituzionale e Civile, pp. 103/104 — 129/130, p. 123: "*In epoca più recente, le esigenze del commercio internazionale sempre più esteso e dei conessi rapporti interbancari, hanno determinato la prassi di contratti fideiussori in parti svincolati dal negozio principale garantito, soprattutto mediante clausole di pagamento "a prima richiesta", in base alle quali il fideiussore è tenuto alla prestazione garantita in favore del creditore, senza che questo possa esse preventivamente opposto l'avvenuto adempimento del debitore principale. Tale forma di garanzia atipica è stata presa più volte in considerazione dalla giurisprudenza di questa corte,*

Ou seja, a admissibilidade da garantia à primeira demanda na Itália ocorreu via usos mercantis, não havendo, até hoje, qualquer tipo de disposição legal sobre a matéria.[427] Porém, há consenso de que é um tipo social, devido ao uso reiterado e da existência de uma consciência quanto a sua funcionalidade.[428] A tarefa da doutrina e da jurisprudência, nesse cenário, foi qualificar essa garantia,[429] que encontra fundamento no artigo 1.322 do Código Civil Italiano, referente à autonomia contratual.[430]

che ha ritenuto costituisse figure contrattuale intermedia tra il deposito cauzionale e la fideiussione." Comentando a decisão, ver VIALE, Mirella. Sfogliando la margherita: "Garantievertrag" e fideiussione "omnibus" in Cassazione. *Il Foro Italiano*, 1988, vol. 111, parte prima: Giurisprudenza Constituzionale e Civile, pp. 103/104 — 129/130, p. 109: *"In epoca più recente le esigenze del commercio internazionale che, com'è noto, ha conosciuto un'espansione sempre maggiore, e dei connessi rapporti interbancari, hanno dato vita alla prassi dei contratti fideiussori in parti svincolati dal negozio principale garantito, soprattutto mediante la clausola di pagamento "a prima richiesta". Caratteristica fondamentale di tale contratti è che il fideiussore è tenuto ad adempiere la prestazione garantita nei confronti del creditore a semplice richiesta di quest'ultimo, senza poter opporre l'avvenuto adempimento da parte del debitore principale."*

[427] MONTANARI, Andrea. Garanzia autonoma e autonomia privata. *Banca Borsa Titoli di Credito*, Milano, Anno LXXIX, fasc. 3, p. 347-367, 2017, p. 353: *"Nonostante il sempre più diffuso impiego nella prassi, il contratto autonomo di garanzia non ha ricevuto nell'ordinamento italiano una disciplina"*; NAVARRETA, Emanuela. Il contratto autonomo di garanzia. *In:* GITTI, Gregorio; MAUGERI, Marisaria; NOTARI, Mario (coord.). *I contratti per l'impresa. I. Produzione, circolazione, gestione, garanzia*. Bologna: Il Mulino, 2012, p. 553-554: *"Stipulato fra parti imprenditrici, il Garantievertrag è un contratto estremamente versatile, che nasce con una vocazione internazionale, ma si sta diffondendo oltremodo anche nei rapporti interni. (...) La sua caratteristica tipologica è quella di garantire con l'immediatezza di un adempimento scisso dal vincolo di accessorietà il verificarsi di un risultato, assicurando un esito solo economicamente comparabile a quello di una cauzione, senza lo svantaggio dell'immobilizzazione patrimoniale."*

[428] BENATTI, Francesco. Il contratto autônomo di garanzia. *Banca Borsa e Titoli di Credito*, Milano, XLV, parte prima, 171-191, 1982; PORTALE, Giuseppe. Le garanzie bancarie internazionale (Questioni). *In:* PORTALE, Giuseppe. *Le garanzie bancarie internazionali*. Milano: Giuffrè Editore, 1989, p. 57: *"Per quanto il contratto autonomo di garanzia — in tutti i paesi europei in cui è rimasto privo di regolamentazione legislativa (e sono la maggior parte) — debba ormai essere considerato dotato di tipicità sociale o giurisprudenziale".*

[429] BARILLÀ, Giovanni B. *Contratto autonomo di garanzia e Garantievertrag*: categorie civilistiche e prassi del commercio. Frankfurt: Ed. Peter Lang, p. 6.

[430] ITALIA. Codice Civile, art. 1322. *"Autonomia contrattuale. Le parti possono liberamente determinare il contenuto del contratto nei limiti imposti dalla legge.*
Le parti possono anche concludere contratti che non appartengano ai tipi aventi una disciplina particolare, purché siano diretti a realizzare interessi meritevoli di tutela secondo l'ordinamento giuridico."

Em Portugal, o reiterado uso da garantia à primeira demanda foi essencial para a sua admissibilidade no ordenamento jurídico interno; é considerada uma garantia socialmente típica,[431] cuja utilização iniciou a partir da prática bancária, por volta de 1973.[432] Desde então esse contrato tem sido objeto de inúmeros estudos doutrinários,[433] os primeiros tendo sido escritos de António Ferrer Correia[434] e José Simões Patrício.[435] A jurisprudência também teve um papel fundamental para a afirmação da garantia à primeira demanda em Portugal.

Uma das primeiras decisões sobre a matéria no Supremo Tribunal de Justiça de Portugal foi em 23 de março de 1995,[436] na qual foi consignado que o contrato de garantia autônoma encontra a sua legalidade no princípio da liberdade contratual, sendo uma obrigação causal. Nessa decisão a Corte entendeu que a inserção da cláusula de pagamento à primeira demanda significa que o garantidor (normalmente um banco) não pode opor ao beneficiário quaisquer exceções derivadas da sua relação com o devedor (ordenador da garantia), tampouco da relação subjacente, e que

---

[431] EPIFÂNIO, Maria do Rosário. Garantias bancárias autônomas. Breves reflexões. *In:* VAZ, Manuel Afonso; LOPES, J. A. Azeredo. (coord.) *Juris et de iure:* nos 20 anos da Faculdade de Direito da UCP Porto. Coimbra: Coimbra Editora, 1998, p. 328; JARDIM, Mónica. *A garantia autónoma.* Coimbra: Almedina, 2002, p. 427: "Do ponto de vista da prática comercial não admitir seria, por um lado, não reconhecer a realidade que é a sua crescente utilização, e não assumir e defender um fator de expansão da atividade comercial, sobretudo da que vai para além do espaço nacional, e por outro, privar os agentes econômicos de um instrumento que torna mais céleres e simples as relações comerciais sobretudo internacionais e que é hoje verdadeiramente indispensável aos seus negócios, pois sem ele só muito dificilmente conseguem fazer frente às empresas estrangeiras concorrentes.

[432] JARDIM, Mónica. *A garantia autónoma.* Coimbra: Almedina, 2002, p. 20; MENEZES CORDEIRO, Antônio. *Tratado de Direito Civil,* v. X, Direito das Obrigações, Garantias. Coimbra: Almedina, 2015, p. 544.

[433] Sobre o desenvolvimento doutrinário da garantia à primeira demanda no direito português ver MENEZES CORDEIRO, Antônio. *Tratado de Direito Civil,* v. X, Direito das Obrigações, Garantias. Coimbra: Almedina, 2015, p. 543-553.

[434] CORREIA, A. Ferrer. Notas para o estudo da garantia bancária. *Revista de Direito e Economia,* Coimbra, p. 1-14, 1982.

[435] PATRÍCIO, José Simões. Preliminares sobre a garantia on first demand. *Revista da Ordem dos Advogados,* Lisboa, ano 43, p. 677-718, dezembro 1983.

[436] PORTUGAL. Supremo Tribunal de Justiça. Processo n. 086426. Relator Miranda Gusmão, julgado em 23/03/1995.

o beneficiário se isenta de provar os pressupostos da existência de seu crédito contra o garantidor.

Atualmente, Portugal conta com mais de trinta anos de jurisprudência sobre a matéria, conforme Menezes Cordeiro,[437] o qual cita mais de trinta decisões que contribuíram para a formação do instituto.[438] Nesse contexto, é inegável a existência de tipicidade social. Importante destacar que a garantia à primeira demanda está tão arraigada no sistema português que foi objeto de previsão no artigo 4, (1), c, do Decreto-Lei n. 69/2004,[439] referente ao papel comercial.

Semelhantemente, na França a garantia à primeira demanda surgiu no cenário interno através dos contratos internacionais, durante o último terço do século XX.[440] Os tribunais franceses não tiveram escolha a não ser aceitar a garantia à primeira demanda, já bastante utilizada na prática, respeitando a liberdade de contratar das partes.[441] No entanto, a transposição da garantia à primeira demanda ao sistema francês foi marcada inicialmente por algumas confusões, em razão da ausência de critérios claros para distinguir essa nova figura da fiança tradicional.[442] Nesse contexto, surgiram muitos questionamentos quanto à possibilidade de pessoas naturais figurarem como garantidoras, o que acabou sendo aceito

---

[437] Menezes Cordeiro, Antônio. *Tratado de Direito Civil*, v. X, Direito das Obrigações, Garantias. Coimbra: Almedina, 2015, p. 546.

[438] Menezes Cordeiro, Antônio. *Tratado de Direito Civil*, v. X, Direito das Obrigações, Garantias. Coimbra: Almedina, 2015, p. 546-549.

[439] PORTUGAL. Decreto-Lei 69/2004, art. 4º. "1 – Para a emissão de papel comercial, devem as entidades emitentes preencher um dos seguintes requisitos: (...) c) Obter, a favor dos detentores, garantia autónoma à primeira interpelação que assegure o cumprimento das obrigações de pagamento decorrentes da emissão ou do programa a que se refere o n.º 1 do artigo 7.º"

[440] Simler, Philippe. *Cautionnament. Garanties autonomes. Garanties indemnitaires.* Paris: LexisNexis, 2015, p. 913.

[441] Prum, André. La consécration légale des garanties autonomes. *In:* Abry, Bernard. *Études offertes au Doyen Philippe Simler.* Paris: Dalloz, 2006, p. 410.

[442] Simler, Philippe. *Cautionnament. Garanties autonomes. Garanties indemnitaires.* Paris: LexisNexis, 2015, p. 913.

pelos tribunais, por conta do enfraquecimento geral das garantias até então existentes.[443]

Ainda, foi essencial para o reconhecimento da validade da garantia à primeira demanda na França a afirmação, pelo Tribunal de Cassação, de sua natureza causal, e que a autonomia não implica a existência de abstração.[444] Nada obstante a existência de uma tipicidade social e de uma jurisprudência já consolidada, foi apresentado projeto de tipificação da garantia autônoma; foi redigido, então, o artigo 2321 do Código Civil Francês.[445] Nesse dispositivo foi definido o contrato de garantia autônoma como sendo o compromisso em que o garantidor se compromete, em contrapartida a uma obrigação subscrita por um terceiro, a pagar uma soma em dinheiro à primeira demanda ou nos termos acordados. Essa definição foi bastante elogiada pela doutrina, pois foi construída com base na diferença da fiança e deixou às partes margem para pactuar a garantia à primeira demanda ou qualquer outra modalidade de garantia autônoma.[446] Em que pese a existência dessa flexibilidade, o núcleo duro da garantia tipificada é que o objeto seja uma soma em dinheiro pré-

---

[443] PRUM, André. La consécration légale des garanties autonomes. *In:* ABRY, Bernard. *Études offertes au Doyen Philippe Simler.* Paris: Dalloz, 2006, p. 410.

[444] PRUM, André. La consécration légale des garanties autonomes. *In:* ABRY, Bernard. *Études offertes au Doyen Philippe Simler.* Paris: Dalloz, 2006, p. 411 .

[445] FRANÇA. Code Civil, art. 2321. *"La garantie autonome est l'engagement par lequel le garant s'oblige, en considération d'une obligation souscrite par un tiers, à verser une somme soit à première demande, soit suivant des modalités convenues.*
Le garant n'est pas tenu en cas d'abus ou de fraude manifestes du bénéficiaire ou de collusion de celui-ci avec le donneur d'ordre.
Le garant ne peut opposer aucune exception tenant à l'obligation garantie.
Sauf convention contraire, cette sûreté ne suit pas l'obligation garantie."

[446] PRUM, André. La consécration légale des garanties autonomes. *In:* ABRY, Bernard. *Études offertes au Doyen Philippe Simler.* Paris: Dalloz, 2006, p. 412: *"En centrant l'objet de l'obligation sur le versement d'une somme d'argent l'accent est placé sur la différence essentielle entre une garantie autonome et un cautionnement où le garant s'oblige nécessairement à payer directement la dette d'autrui. Il faut se féliciter que le législateur ait construit sa définition sur ce trait distinctif que la doctrine a mis en lumière de longue date et auquel la Cour de cassation se réfère constamment depuis plusieurs années. Pour le surplus, la nouvelle notion laisse une large marge de manœuvre à la pratique puisqu'elle se contente de prévoir que la garantie peut être stipulée payable sur simple demande ou suivant toute autre modalité convenue entre parties."*

-determinada, o que caracteriza a sua liquidez, e que não possa o garantidor opor exceções relacionadas a obrigação garantida.

Ao contrário da França, no Brasil a garantia à primeira demanda não está tipificada em lei, mas há indícios da existência de sua tipicidade social. Aqui, há de se destacar que a doutrina foi a precursora deste instituto,[447] ao lado da jurisprudência, já que a primeira decisão, que se tem conhecimento sobre a matéria, foi proferida em 1988, envolvendo as empresas Barilla Alimentare S.P.A e Santista Alimentos S.A,[448] já mencionada neste trabalho.

Essa decisão foi importante para o reconhecimento da existência no Brasil da garantia à primeira demanda, mas é preciso analisá-la com cautela, pois, ao longo da decisão, a garantia foi chamada de "fiança bancária", que é um instituto diverso, sendo uma atecnicidade. Além disso, foi determinado que o levantamento dos valores da garantia pelo beneficiário ocorresse apenas após o trânsito em julgado do litígio, contrariando a pactuação das partes. Ou seja, nesse caso não foi observado que o objetivo da garantia à primeira demanda é o pagamento imediato ao beneficiário da garantia, de modo que qualquer discussão ocorra após o pagamento, pois a essência do instituto é "pediu, pagou".[449]

Nada obstante, há decisões no Brasil que reconheceram de forma mais precisa o tipo social da garantia à primeira demanda, dando efetividade à sua liquidez e ao dever de execução imediata, como é o caso do julgamento do Tribunal de Justiça do Rio Grande do Sul,[450] já citado neste

---

[447] Os primeiros artigos de juristas brasileiros sobre a matéria, que se tem conhecimento, são: WALD, Arnoldo. A garantia a primeira demanda no direito comparado. *Revista de Direito Mercantil, Industrial Econômico Financeiro*, São Paulo, ano XXVI, n. 66, abril/junho 1987; WALD, Arnoldo. Alguns aspectos da garantia à primeira demanda no direito comparado. *Revista da Ajuris*, Porto Alegre, v. 39, n. 40, p. 66-76, julho, 1987; FRADERA, Vera. Os contratos autônomos de garantia. *Revista da Ajuris*, v. 18, n. 53, Porto Alegre, p. 170-180, nov. 1991.

[448] SÃO PAULO. Tribunal de Justiça de São Paulo. Agravo de Instrumento n. 79611-4/6, Nona Câmara Cível de Direito Privado, relator Des. Thyrso Silva, 17 de março de 1998.

[449] JARDIM, Mónica. *A garantia autónoma*. Coimbra: Almedina, 2002, p. 86: "Como é habitual afirmar-se na gíria bancária, o caráter automático do funcionamento dessa garantia significa: 'pediu, pagou'".

[450] RIO GRANDE DO SUL. Tribunal de Justiça do Rio Grande do Sul. Apelação Cível n. 70077074417, Décima Sétima Câmara Cível, relator Des. Giovanni Conti, 25 de outubro de 2018.

trabalho, assim como da Apelação Cível nº 1118736-63.2014.8.26.0100, da Comarca de São Paulo.[451] Nesse caso, Virginia Surety Companhia de Seguros do Brasil ("Virginia") firmou instrumento particular de acordo operacional com Sociedade Comercial e Importadora Hermes S.A ("Hermes), tendo sido pactuada garantia pelo banco CCB Brasil — China Construction Bank — Banco Múltiplo S/A ("Banco") para assegurar o seu cumprimento.

Diante da decretação de falência de Hermes e do inadimplemento do contrato firmado, Virginia ingressou com ação de execução da garantia, ao passo que o Banco apresentou Embargos à Execução. A sentença acolheu os Embargos do Banco, pois entendeu que a execução envolvia valores relacionados ao descumprimento do contrato entre Virginia e Hermes, o quais eram ilíquidos. Virginia, então, recorreu dessa decisão e juntou um parecer da jurista Teresa Arruda Alvim, que foi determinante para a reversão da decisão pelo TJSP. Nesse parecer constou que a "Carta Fiança" era, em verdade, uma fiança à primeira solicitação:

> A fiança à primeira solicitação acarreta uma espécie de 'suspensão' da acessoriedade da garantia, de forma a que o fiador é obrigado a pagar o objeto da fiança, assim que instado pelo beneficiário (no caso, a Virginia), sem que lhe seja possível apresentar qualquer tipo de recusa ao pagamento solicitado.[452]

Assim, a Vigésima Primeira Câmara de Direito Privado do Tribunal de Justiça de São Paulo considerou que a garantia prestada era líquida e que deveria haver o prosseguimento da execução. Em que pese o acórdão tenha reconhecido a pactuação da garantia à primeira demanda, a decisão de primeira instância não a reconheceu, considerou-a uma fiança qualquer, postergando o pagamento da garantia.

Percebe-se, então, que no Brasil ainda é necessário maior desenvolvimento e difusão do instituto nos tribunais para que os magistrados em

---

[451] SÃO PAULO. Tribunal de Justiça de São Paulo. Agravo de Instrumento n. 1118736-63.2014.8.26.0100, Vigésima Primeira Câmara de Direito Privado, relator Des. Silveira Paulilo, 06 de maio de 2019.

[452] ALVIM, Teresa Arruda. Parecer juntado ao processo n. 1118736-63.2014.8.26.0100, da Comarca de São Paulo.

CONTRATO DE GARANTIA À PRIMEIRA DEMANDA

primeira instância reconheçam que a garantia à primeira demanda exige o pagamento imediato do valor garantido, e que as discussões referentes à relação principal não afetam a automaticidade do pagamento. Nesse cenário, a doutrina brasileira tem sido importante para caracterizar a garantia à primeira demanda e a importância do pagamento imediato da soma garantida, destaca-se o posicionamento de Hermes Marcelo Huck:

> Se os Tribunais vierem a admitir, salvo casos excepcionalíssimos, que por meio de sentenças liminares em medidas cautelares, os Bancos deixem de honrar imediatamente a garantia assumida, certamente estará decretada a falência desse instituto, nascido e criado exclusivamente em nome da autonomia e da liquidez quase perfeitas.[453]

É dizer, é necessário que o magistrado, ao deparar-se com litígios envolvendo a garantia à primeira demanda, torne efetiva a execução imediata dos valores, assegurando a funcionalidade do instituto, tal como nos países que já o consolidaram em seus ordenamentos jurídicos internos. Nada obstante, não há dúvidas de que a garantia à primeira demanda foi absorvida pelo Direito brasileiro, tanto pela doutrina, quanto pelos Tribunais, haja vista a existência de diversas decisões sobre a matéria,[454] sendo

---

[453] HUCK, Hermes Marcelo. Garantia à primeira solicitação no comércio internacional. *Doutrinas Essenciais de Direito Internacional,* São Paulo, vol. 5, p. 447-458, fev. 2012, p. 7, versão digital.

[454] SÃO PAULO. Tribunal de Justiça de São Paulo. Agravo de Instrumento n. 79611-4/6, Nona Câmara Cível de Direito Privado, relator Des. Thyrso Silva, 17 de março de 1998; RIO DE JANEIRO. Tribunal de Justiça do Rio de Janeiro. Apelação Cível n. 2007.001.15509, Décima Sexta Câmara Cível, relator Des. Mauro Dickstein, 07 de agosto de 2007; SÃO PAULO. Tribunal de Justiça de São Paulo. Agravo de Instrumento n. 1254799-0/0, Vigésima Quinta Câmara de Direito Privado, relator Des. Amorim Cantuaria, 19 de maio de 2009; BRASIL. Superior Tribunal de Justiça. Agravo em Recurso Especial n. 1.382.463-SP, relator Min. Paulo de Tarso Sanseverino, 20 de abril de 2012; BRASIL. Superior Tribunal de Justiça. Agravo em Recurso Especial n. 799.871-SP, relator Min. Paulo de Tarso Sanseverino, 24 de abril de 2017; SÃO PAULO. Tribunal de Justiça de São Paulo. Agravo de Instrumento n. 0028833-77.2013.8.26.0000, Segunda Câmara Reservada de Direito Empresarial, relator Des. José Reynaldo, 07 de maio de 2013; RIO DE JANEIRO. Tribunal de Justiça do Rio de Janeiro. Agravo de Instrumento n. 0000305-52.2018.8.19.0000, Nona Câmara Cível, relator Des. Adolpho Andrade Mello, 13 de março de 2018; RIO GRANDE DO SUL.

possível afirmar que é uma garantia tipicamente social, marcada, principalmente, pela sua liquidez, pelo dever de pagar uma soma pecuniária sem contestação do valor garantido, e pela impossibilidade de oposição de exceções oriundas da relação subjacente. Esse é o verdadeiro núcleo duro da garantia à primeira demanda, que deve ser considerado para verificar o enquadramento de determinada garantia nesse tipo, independentemente da denominação que vier a ser designada pelas partes ou pelos tribunais ou da existência de cláusulas que estabeleçam o funcionamento da autonomia de forma mais mitigada após o pagamento.

A respeito, é preciso considerar que os tipos são elásticos, com contornos fluidos, não sendo possível determinar com segurança onde começa e onde termina determinado tipo.[455] A verificação de enquadramento em determinado tipo não ocorre em termos absolutos e binários de sim ou não, mas em termos gradativos.[456] A ausência de uma das características pode não ter como consequência o não enquadramento em determinado tipo, assim como a presença de todas as características pode não significar a correspondência com o tipo.[457] É a coerência interna dos elementos que formam o núcleo duro do tipo que deve ser observada.[458]

No tipo social da garantia à primeira demanda a coerência interna é marcada pela autonomia e pela automaticidade, razão pela qual o

---

Tribunal de Justiça do Rio Grande do Sul. Apelação Cível n. 70077074417, Décima Sétima Câmara Cível, relator Des. Giovanni Conti, 25 de outubro de 2018; SÃO PAULO. Tribunal de Justiça de São Paulo. Agravo de Instrumento n. 1118736-63.2014.8.26.0100, Vigésima Primeira Câmara de Direito Privado, relator Des. Silveira Paulilo, 06 de maio de 2019.

[455] VASCONCELOS, Pedro Pais de. *Os contratos atípicos*. 2ª ed. Coimbra: Almedina, 2009, p. 44.

[456] VASCONCELOS, Pedro Pais de. *Os contratos atípicos*. 2ª ed. Coimbra: Almedina, 2009, p. 44; DUARTE, Rui Pinto. *Tipicidade e atipicidade dos contratos*. Coimbra: Almedina, 2000, p. 44; COMIRAN, Giovana Cunha. A exegese do art. 425 do Código Civil e o método tipológico: notas sobre critérios hermenêutico-integrativos dos contratos atípicos. *In*: MOTA, Maurício; KLOH, Gustavo (org.). *Transformações contemporâneas do direito das obrigações*. Rio de Janeiro: Elsevier, 2011, p. 604.

[457] VASCONCELOS, Pedro Pais de. *Os contratos atípicos*. 2ª ed. Coimbra: Almedina, 2009, p. 43.

[458] VASCONCELOS, Pedro Pais de. *Os contratos atípicos*. 2ª ed. Coimbra: Almedina, 2009, p. 45: "Os tipos têm um sentido e uma coerência interna. As características do tipo não se aglomeram anarquicamente, de qualquer maneira. Existe um sentido que ordena as características, uma coerência que explica o modo como se relacionam."

garantidor deve pagar imediatamente o beneficiário, sem opor exceções oriundas da relação jurídica subjacente. No processo de recuperação do crédito, após o pagamento da garantia, esta pode ser mais ou menos autônoma, sendo nessa última hipótese denominada de *fiança à primeira demanda*. Todavia, como já mencionado, entende-se que é uma designação equivocada, já que não há fiança, mas *garantia autônoma à primeira demanda*, na qual um resquício de acessoriedade é pactuado e produz efeitos no processo de recuperação do crédito. Logo, a *fiança à primeira demanda* pertence ao tipo social da garantia à primeira demanda.[459]

Em suma, quando as partes pactuam que o garantidor deve responder de forma autônoma e automática até o pagamento da garantia, e que não pode opor exceções oriundas da relação jurídica subjacente, há o enquadramento no tipo social da garantia à primeira demanda. Consequentemente, aplica-se o regime jurídico próprio desse tipo de contrato, respeitando as suas características e funcionamento.

5.2. A forma do contrato de garantia à primeira demanda

Diante da atipicidade legal do contrato de garantia à primeira demanda, constata-se que não há previsão em lei que exija determinada forma para a sua celebração. Todavia, certas características desse contrato impedem uma conclusão precipitada sobre o tema, pois a literalidade é um mecanismo de segurança das operações.[460] Também é preciso considerar que

---

[459] Um pouco diverso é o entendimento de Manual Januário da Costa Gomes, segundo o qual a fiança à primeira demanda não é fiança, é "uma garantia intermédia entre a fiança e a garantia autônoma, uma garantia cujo regime é, a um tempo, o da fiança e o da garantia autônoma: a partir do momento em que se verifiquem os pressupostos para o pagamento pelo fiador, funciona o regime da garantia autônoma; após o pagamento efetivo é recuperado — na medida do recuperável — o regime da fiança; mais concretamente é actuada — *rectius*, actiável — a acessoriedade adormecida." GOMES, Manuel Januário da Costa. *Assunção fidejussória de dívida*: sobre o sentido e o âmbito da vinculação como fiador. Coimbra: Almedina, 2000, p. 724-725.

[460] GUILHARDI, Pedro. *Garantias autônomas*: instrumento para proteção jurídica do crédito. São Paulo: Quartier Latin, 2019, p. 162: "A liberdade de forma, que dispensa exigências especiais, contudo, parece chocar-se com um contrato envolvendo tamanhos riscos e em relação ao qual a literalidade traz segurança jurídica aos contraentes."

tradicionalmente as garantias pessoais, previstas em lei, exigem determinada forma para a sua celebração, como é o caso da fiança[461] e do aval.[462]

Em relação à garantia à primeira demanda, há divergências doutrinárias quanto à exigência de forma para a sua celebração.[463] Entretanto, há consenso de que esse é um contrato não-real,[464] pois independe da tradição de uma coisa e há a formação do contrato a partir da integração de duas declarações de vontade.[465] Essa classificação é diversa da exigência de forma ou solenidade, que é relacionada ao modo como o consentimento é expresso,[466] e cuja análise deve ser aprofundada.

Antes de adentrar propriamente nessa problemática, cumpre esclarecer que a forma é elemento do suporte fático dos atos jurídicos, portanto, todos a possuem, do contrário não existiriam para o direito.[467] Além disso, a forma é o modo como o negócio jurídico se apresenta na vida de

---

[461] BRASIL. Código Civil, art. 819. "A fiança dar-se-á por escrito, e não admite interpretação extensiva."

[462] BRASIL. Código Civil, art. 898. "O aval deve ser dado no verso ou no anverso do próprio título. §1º Para a validade do aval, dado no anverso do título, é suficiente a simples assinatura do avalista."

[463] Afirmam existir essa divergência VASCONCELOS, Miguel Pestana. *Direito das Garantias*. Coimbra: Almedina, 2019, p. 142-143; MENEZES LEITÃO, Luís Manuel Teles de. *Garantias das obrigações*. 5.ed. Coimbra: Almedina, 2016, p. 142-143.

[464] Sobre o conceito de contato real ver PEREIRA, Caio Mário da Silva. *Instituições de Direito Civil*. V. 3. 15ª ed., rev. e atual. por Régis Fichtner. Rio de Janeiro: Editora Forense, 2011, p. 55: "Denomina-se real o contrato para cuja perfeição a lei exige a *traditio* efetiva do objeto. Nele, a entrega da coisa não é fase executória, porém requisito da própria constituição do ato."; GOMES, Orlando. *Contratos*. 26ª ed., rev., atual. e aum. de acordo com o Código Civil de 2002 por Antonio Junqueira de Azevedo e Francisco Paulo de Crescenzo Marino. Rio de Janeiro: Forense, 2008, p. 90: "Dizem-se reais os contratos para a perfeição dos quais é necessária, ademais do consentimento das partes, a entrega da coisa".

[465] PINHEIRO, Jorge Duarte. A garantia bancária autônoma. *Revista da Ordem dos Advogados*, ano 52, julho 1992, p. 431; JARDIM, Mónica. *A garantia autónoma*. Coimbra: Almedina, 2002, p. 103.

[466] GOMES, Orlando. *Contratos*. 26ª ed., rev., atual. e aum. de acordo com o Código Civil de 2002 por Antonio Junqueira de Azevedo e Francisco Paulo De Crescenzo Marino. Rio de Janeiro: Forense, 2008, p. 92.

[467] PONTESDE MIRANDA, Francisco C. *Tratado de Direito Privado*. Parte Geral, t. III. atual. por Marcos Bernardes de Mello, Marcos Ehrhardt Jr. São Paulo: Editora Revista dos Tribunais, 2012, § 332, p. 445.

relação, é a sua figura exterior.[468] Logo, os atos e negócios jurídicos só são reconhecidos externamente através de sua forma.[469]

No âmbito do Direito Contratual brasileiro, prevalecem os princípios do consensualismo e da liberdade de formas.[470] Ou seja, a forma, em regra, não tem importância para a formação do negócio jurídico; basta o acordo, o consentimento, das partes.[471] E, neste último caso, o consentimento pode se manifestar de qualquer modo.

A discussão jurídica quanto à forma das declarações negociais restringe-se em verificar a exigência de forma especial prescrita para uma determinada declaração ou tipo negocial.[472] A distinção entre os atos for-

---

[468] BETTI, Emilio. *Teoria generale del negozio giuridico*. Napoli: Edizioni Scientifiche Italiane, 1994, p. 125. Ver também ALMEIDA, Carlos Ferreira de. *Texto e enunciado na teoria do negócio jurídico*. v. II. Coimbra: Livraria Almedina, 1992, p. 665: "Numa concepção muito ampla, a forma é o modo de ser do negócio, confundindo-se com a declaração ou outro comportamento com valor negocial."; *Idem*, p. 668: "A forma define-se portanto como o aspecto sensível dos sinais e do modo de produção de um enunciado."; COUTO E SILVA, Clóvis. V. do. Direito Material e Processual em matéria de prova. *Revista de Processo*, São Paulo, Ano IV, n. 13, p. 135-146, jan-mar de 1979, p. 137: "A forma é a maneira como se exterioriza uma ação humana."

[469] BETTI, Emilio. *Teoria generale del negozio giuridico*. Napoli: Edizioni Scientifiche Italiane, 1994, p. 125; *Idem*, p. 126: "*In verità un atto, come fatto socialmente rilevante, non sussiste senza una forma di contegno attraverso la quale sia riconoscibile agli altri consociati.*"

[470] BRASIL. Código Civil, art. 107. "A validade da declaração de vontade não dependerá de forma especial, senão quando a lei expressamente a exigir." ZANETTI, Cristiano de Sousa. *A conservação dos contratos nulos por defeito de forma*. São Paulo: Quartier Latin, 2013, p. 189: "Diante da clareza do texto legal, não há dúvida que a liberdade de forma seja a regra entre nós, como, aliás, reconhece a doutrina há bastante tempo."

[471] PEREIRA, Caio Mário da Silva. *Instituições de Direito Civil*. V. 3. 15ª ed., rev. e atual. por Régis Fichtner. Rio de Janeiro: Editora Forense, 2011, p. 53; GOMES, Orlando. *Contratos*. 26ª ed., rev., atual. e aum. de acordo com o Código Civil de 2002 por Antonio Junqueira de Azevedo e Francisco Paulo de Crescenzo Marino. Rio de Janeiro: Forense, 2008, p. 90; COUTO E SILVA, Clóvis. V. do. Direito Material e Processual em matéria de prova. *Revista de Processo*, São Paulo, Ano IV, n. 13, p. 135-146, jan-mar de 1979, p. 137: "Quando se afirma que o ato ou o negócio jurídico independem de forma, o que é regra em nosso sistema, quer se dizer que os negócios jurídicos, embora isto seja paradoxal, precisam de uma forma, ainda que esta não seja taxativamente especificada pela lei."

[472] ALMEIDA, Carlos Ferreira de. *Texto e Enunciado do Negócio Jurídico*, vol II. Coimbra: Almedina, 1992, p. 669: "A relevância jurídica da forma das declarações negociais é geralmente encarada sob um prisma muito mais restrito, porque, vigorando actualmente o princípio

mais ou não formais está na intervenção, pelo ordenamento jurídico, na autonomia privada quando da formação dos atos formais, prescrevendo, neste caso, o seu modo de exteriorização; para os não formais prevalece a liberdade de escolha para tornar o ato exteriormente reconhecível.[473]

Logo, o contrato formal ou solene é aquele em que a lei exige certa formalidade para a sua celebração.[474] A lei pode estabelecer a exigência da observância de certa forma especial para os negócios jurídicos,[475] podendo ser pressuposto de existência, de eficácia ou de validade.[476 e 477]

da liberdade formal, se limitaria à questão de saber se a lei ou a vontade das partes predeterminaram uma dada forma. Forma, em sentido técnico-jurídico, ou forma vinculada, seria então apenas a forma especial prescrita para uma determinada declaração ou para um tipo negocial. Só assim se compreende por que não é paradoxal falar-se de declarações negociais sem forma: declaração sem forma é aquela em que a forma não tem importância; a chamada "forma livre" não teria relevância para a técnica jurídica."

[473] BETTI, Emilio. *Teoria generale del negozio giuridico*. Napoli: Edizioni Scientifiche Italiane, 1994, p. 126.

[474] PEREIRA, Caio Mário da Silva. *Instituições de Direito Civil*. V. 3. 15ª ed., rev. e atual. por Régis Fichtner. Rio de Janeiro: Editora Forense, 2011, p. 53; GOMES, Orlando. *Contratos*. 26ª ed., rev., atual. e aum. de acordo com o Código Civil de 2002 por Antonio Junqueira de Azevedo e Francisco Paulo de Crescenzo Marino. Rio de Janeiro: Forense, 2008, p. 90; PONTES DE MIRANDA, Francisco C. *Tratado de Direito Privado*. Parte Especial, t. XXX-VIII. 3ª ed. São Paulo: Editora Revista dos Tribunais, 1984, §4.205, p. 106: "Só a lei pode determinar que se observe, necessariamente, alguma forma. Se isso não ocorre, pode o negócio jurídico concluir-se oralmente, frente a frente, ou pelo telefone, ou por meio de gestos, ou qualquer outra espécie de expressão."

[475] PONTES DE MIRANDA, Francisco C. *Tratado de Direito Privado*. Parte Geral, t. III. atual. por Marcos Bernardes de Mello, Marcos Ehrhardt Jr. São Paulo: Editora Revista dos Tribunais, 2012, §334, p. 450-451: "Diz-se forma especial a forma que o sistema jurídico exige para determinado ato, ou quando se trate de alguma pessoa, ou coisa. Só a lei especializa. (...) Daí a importância técnica de distinção entre forma especial, que é exigida por lei e forma voluntária, que as pessoas físicas ou as pessoas jurídicas pré-exigiram".

[476] PONTES DE MIRANDA, Francisco C. *Tratado de Direito Privado*. Parte Geral, t. III. atual. por Marcos Bernardes de Mello, Marcos Ehrhardt Jr. São Paulo: Editora Revista dos Tribunais, 2012, § 332, p. 451. Ver também COUTO E SILVA, Clóvis. V. do. Direito Material e Processual em matéria de prova. *Revista de Processo*, São Paulo, Ano IV, n. 13, p. 135-146, jan-mar de 1979, p. 137: "Em outras hipóteses, a forma é, na verdade, elemento de substância, de tal sorte que, não cumprida a regra, o ato não é simplesmente nulo; ele não existe. Uma letra de câmbio que não preencha os requisitos da Lei Uniforme não é título nulo apenas. É mais do que isso, não é letra de câmbio. Por igual, um casamento que não

Em que pese a ausência de lei, há um elemento histórico a ser considerado no que tange a garantia à primeira demanda. A difusão dessa garantia no comércio internacional deveu-se muito à influência anglo--americana, em especial na terminologia (*bond*)[478] e na escrita de formulários de uso generalizado pelos operadores do comércio internacional.[479] A terminologia "*bond*", muito difundida na prática, tem um "valor sugestivo, não despido de significado",[480] pois "*bond*" é um ato formal (*under seal*), que não depende de *consideration*[481] e, assim, não é subor-

---

se realize perante o juiz, ressalvado o caso de casamento nuncupativo, não é casamento. Nestes dois exemplos, a ordem jurídica considera a forma como requisito absoluto. (...) Verifica-se, assim, que a forma, por vezes, é elemento de existência, ou de validade dos negócios jurídicos. Tudo está em distinguir quando ele realmente diz respeito à substância do ato, e quando dele é mero atributo."

[477] O Código Civil prevê a forma como requisito de validade no artigo 166. BRASIL. Código Civil, art. 166: "É nulo o negócio jurídico quando: (...) IV — não revestir a forma prescrita em lei; V — for preterida alguma solenidade que a lei considere essencial para a sua validade"; por esta razão defende ZANETTI, Cristiano de Sousa. *A conservação dos contratos nulos por defeito de forma*. São Paulo: Quartier Latin, 2013, p. 194: "Para precisar o significado da exigência de cunho substancial no direito brasileiro, deve-se ter presente o sistema adotado pela Parte Geral, a qual, no particular, trata a forma como requisito de validade e não como elemento de existência."

[478] No direito anglo-americano utiliza-se a terminologia *bond* para designar uma garantia autônoma de caráter documental. Sobre terminologia da garantia no direito inglês ver MCKENDRICK, Ewan. *Goode on Commercial Law*. London: Penguin Group, 2010, p. 1124: "*But 'guarantee' and 'performance bond' are now also used to denote undertakings which are documentary in character. They partake of the character of documentary credits in that they are primary in form, being conditioned only by presentation of a written demand for payment and any other specified documents without the issuing bank being concerned with whether there has been actual default by the principal.*"

[479] TUELLS, Evelio Verdera. Prólogo. *In*: GUILARTE, Juan Sánchez-Calero. *El contrato autónomo de garantía*. Las garantías a primera demanda. Madrid: Centro de documentación bancaria y bursátil, 1995.

[480] SILVA, João Calvão da. *Estudos de Direito Comercial (Pareceres)*. Capítulo II. Garantia Bancária. Coimbra: Almedina, 1996, p. 340.

[481] Sobre *consideration* ver: FRIED, Charles. *Contract as promise*: a theory of contractual obligation. New York: Oxford University Press, 2015, p. 28; PERILLO, Joseph. *Contracts*. United States of America: West Academic Publishing, 2014, p. 158-160; SIMPSON, A. W. B. *A history of the Common Law of contract: the rise of action of assumpsit*. New York: Oxford University Press, 1987, p. 321; BAIRD, Douglas G. *Reconstructing contracts*. United States of

dinado à relação principal garantida.[482] Ou seja, historicamente há uma intrínseca relação entre a forma da garantia e a sua autonomia.

Por isso não é comum a celebração verbal das garantias à primeira demanda.[483] Apesar disso, ante a ausência de lei, há quem defenda a prevalência da liberdade de forma para a sua pactuação, como Mónica Jardim,[484] Pedro Romano Martinez e Pedro Fuzeta da Ponte,[485] e Jorge Duarte Pinheiro.[486]

Ainda, defendendo a liberdade de formas, mas adotando uma posição diferente dos demais, por entender que esta garantia está restrita aos bancos, Menezes Cordeiro afirma que o contrato de garantia autônoma não está sujeito a nenhuma forma solene. Portanto, segundo o referido jurista é possível a realização de pedido verbal ao banco, que concorda e emite o título.[487] Ou seja, haverá necessariamente uma transcrição em determinado documento do que foi solicitado.

Por outro lado, considerando a prática comercial de celebrar os contratos de garantia à primeira demanda por escrito, há outra corrente doutrinária que entende que a mera aplicação da regra da liberdade de

---

America: Harvard University Press, 2013, p. 26; FARNSWORTH, E. Allan. *Contracts*. 3rd ed. New York: Aspen Law & Business, 1999, p. 46.

[482] SILVA, João Calvão da. *Estudos de Direito Comercial (Pareceres)*. Capítulo II. Garantia Bancária. Coimbra: Almedina, 1996, p. 340.

[483] RIBEIRO, Antônio Sequeira. Garantia bancária autônoma à primeira solicitação: algumas questões. *In*: MENEZES CORDEIRO, Antônio; LEITÃO, Luís Menezes; GOMES, Manuel Januário da Costa (coord.). *Estudos em homenagem ao Professor Doutor Inocêncio Galvão Telles*, vol. II, Direito Bancário. Coimbra: Almedina, 2002, p. 408; MARTINEZ, Pedro Romano; DA PONTE, Pedro Fuzeta. *Garantias de cumprimento*, 4ª ed. Almedina, Coimbra, 2006, p. 130.

[484] JARDIM, Mónica. *A garantia autónoma*. Coimbra: Almedina, 2002, p. 242: "O contrato de garantia autônoma, ao invés, é um contrato consensual, pois a sua validade não depende de uma determinada forma."

[485] MARTINEZ, Pedro Romano; DA PONTE, Pedro Fuzeta. *Garantias de cumprimento*, 4ª ed. Almedina, Coimbra, 2006, p. 130: "quanto à forma, o contrato de garantia segue o regime geral dos negócios jurídicos, que aponta para a liberdade de forma".

[486] PINHEIRO, Jorge Duarte. A garantia bancária autônoma. *Revista da Ordem dos Advogados*, Lisboa, ano 52, p. 417-465, julho 1991, p. 431: "Trata-se de um contrato consensual, por a respectiva validade não depender da observância de uma determinada forma."

[487] MENEZES CORDEIRO, Antônio. *Tratado de Direito Civil*, v. X, Direito das Obrigações, Garantias. Coimbra: Almedina, 2015, p. 564.

formas não seria compatível com esse contrato, em que a elaboração de um documento escrito parece ser essencial para trazer segurança jurídica à relação. Por isso, Menezes Leitão defende a exigência de forma escrita para a declaração do garantidor, não sendo necessário, todavia, forma especial para a aceitação do beneficiário.[488]

De forma semelhante, Manuel Januário assevera serem "irrealistas as posições daqueles (...) que defendem a aplicação a tais garantias do princípio da liberdade de forma, e afigurando-se imperiosa a afirmação da invalidade de tais garantias quando verbalmente prestadas".[489] No mesmo sentido, é a posição de Evaristo Mendes, que entende ser inaceitável considerar a prevalência da liberdade de forma. Segundo esse jurista, em que pese a garantia à primeira demanda seja um negócio atípico, a forma escrita é indispensável.[490] Ele também destaca o caso particular de essas garantias serem prestada por pessoas naturais, pois entende ser justificável haver exigências equivalentes às do aval cambiário, devendo haver a "manifestação de vontade expressa e inequívoca revelando plena consciência do caráter autônomo da garantia e respectivo significado, constante de documento subscrito pelo garante".[491]

Diante dessas considerações, verifica-se que a exigência de forma para a pactuação da garantia à primeira demanda não encontra fundamento na aplicação analógica das regras da fiança,[492] mas na própria natureza autônoma do contrato. Além disso, os riscos que envolvem esse contrato, bem como a sua rigidez quanto à impossibilidade de oposição de exceções,

---

[488] Menezes Leitão, Luís Manuel Teles de. *Garantias das obrigações*. 5.ed. Coimbra: Almedina, 2016, p. 142.

[489] Gomes, Manuel Januário da Costa. *Assunção fidejussória de dívida*: sobre o sentido e o âmbito da vinculação como fiador. Coimbra: Almedina, 2000, p. 443.

[490] Mendes, Evaristo. Garantias bancárias. Natureza. *Revista de Direito e de estudos sociais*, Coimbra, Ano XXXVII, X da 2.ª série, n. 4, p. 411-473, out-dez. 1995, p. 456.

[491] Mendes, Evaristo. Garantias bancárias. Natureza. *Revista de Direito e de estudos sociais*, Coimbra, Ano XXXVII, X da 2.ª série, n. 4, p. 411-473, out-dez. 1995, p. 457.

[492] Menezes Leitão, Luís Manuel Teles de. *Garantias das obrigações*. 5.ed. Coimbra: Almedina, 2016, p.142.

devendo o pagamento ocorrer de imediato, conduz ao entendimento de haver a exigência de pactuação escrita da garantia.[493]

É preciso considerar, ainda, que a literalidade é um elemento essencial da garantia à primeira demanda, pois é nesse contrato em que estará expressa a soma pecuniária garantida, a existência de prazo para o seu pagamento e a estipulação de quem é o beneficiário. Em virtude da autonomia da garantia, o que está expresso no contrato é decisivo para a sua compreensão e sua interpretação, assim como para determinar a extensão da obrigação do garantidor. Não será possível buscar elementos externos ao contrato de garantia para interpretá-lo e definir o seu conteúdo.

Há grande semelhança com a literalidade dos títulos de crédito. Segundo Ascarelli, "o direito decorrente do título é literal no sentido de que, quanto ao conteúdo, à extensão e às modalidades desse direito, é decisivo exclusivamente o teor do título".[494] Como consequência, não pode o subscritor "opor nenhuma exceção decorrente de uma convenção não constante do próprio título".[495] No caso da garantia à primeira demanda, a literalidade é um elemento que complementa a noção da autonomia da garantia, o que também justifica a impossibilidade de oposição de exceções decorrentes de outras relações, tal como ocorre nos títulos de crédito.

Assim, analogicamente às garantias cambiárias,[496] e considerando a natureza do contrato de garantia à primeira demanda, parece não ser possível a sua celebração senão por via escrita, ainda que não haja exigência em lei. Isso porque a forma escrita é própria do tipo social da garantia à primeira demanda.

---

[493] Corrobora esse entendimento o seguinte autor: GUILHARDI, Pedro. *Garantias autônomas:* instrumento para proteção jurídica do crédito. São Paulo: Quartier Latin, 2019, p. 162-163.

[494] ASCARELLI, Tulio. *Teoria geral dos títulos de crédito.* Campinas: Editora Jurídica Mizuno, 2003, p. 64.

[495] ASCARELLI, Tulio. *Teoria geral dos títulos de crédito.* Campinas: Editora Jurídica Mizuno, 2003, p. 65.

[496] MENDES, Evaristo. Garantias bancárias. Natureza. *Revista de Direito e de estudos sociais,* Coimbra, Ano XXXVII, X da 2.ª série, n. 4, p. 411-473, out-dez. 1995, p. 456: "Outro tanto se diga para as garantias bancárias autônomas, embora, neste caso, por analogia com as garantias cambiárias, a forma escrita possa ter-se, sempre, por indispensável".

Nesse sentido, convém destacar a distinção existente entre forma interna e forma externa. A forma interna "é o modo como o contrato é celebrado, é a sua forma própria",[497] enquanto a forma externa "corresponde às formalidades que, sem serem típicas, nem próprias do contrato, quer dizer, sem corresponderem ao modo típico ou ao modo próprio de o celebrar são adoptadas, ou porque exigidas por lei, ou porque convencionadas".[498] A forma interna está intrinsecamente relacionada ao modo de ser do contrato, na medida em que sem a sua presença, o próprio contrato não existe. Por sua vez, a forma externa constitui apenas "um simples meio ao serviço de um fim",[499] sendo este o da certeza, da publicidade ou outro.[500]

É da forma interna que se está a referir no caso da garantia à primeira demanda. A ausência de sua estipulação escrita acarreta a sua inexistência no mundo jurídico, pois a forma, a literalidade, é característica inerente ao seu tipo social.

Na prática, a garantia é prestada sempre por escrito, podendo constar tanto em instrumento autônomo, assim como no mesmo contrato da relação jurídica subjacente. Essa garantia também pode ser contratada pelo devedor e anexada ao contrato da relação jurídica subjacente.[501]

---

[497] VASCONCELOS, Pedro Pais de. *Contratos atípicos*. 2. ed. Coimbra: Almedina, p. 162.

[498] VASCONCELOS, Pedro Pais de. *Contratos atípicos*. 2. ed. Coimbra: Almedina, p. 162.

[499] VASCONCELOS, Pedro Pais de. *Contratos atípicos*. 2. ed. Coimbra: Almedina, p. 162.

[500] VASCONCELOS, Pedro Pais de. *Contratos atípicos*. 2. ed. Coimbra: Almedina, p. 162-163.

[501] CORREIA, A. Ferrer. Notas para o estudo da garantia bancária. *Revista de Direito e Economia*, Coimbra, p. 1-14, 1982, p. 4. No mesmo sentido, JARDIM, Mónica. *A garantia autônoma*. Coimbra: Almedina, 2002, p. 101: "Enquanto fonte de obrigação a garantia autônoma é um contrato, pois, para além de resultar da junção das liberdades de celebração e de estipulação, produz efeitos devido a duas vontades — a do banco garante e a do importador/credor do contrato base ou beneficiário."; PINHEIRO, Jorge Duarte. A garantia bancária autônoma. *Revista da Ordem dos Advogados*, Lisboa, ano 52, p. 417-465, julho 1991, p. 430-431: "Enquanto fonte de obrigação, a garantia bancária autônoma é um contrato. Para além de resultar da junção das liberdades de celebração e de estipulação, produz efeitos devido a duas vontades — a do banco e a do beneficiário. À proposta do banco, materializada na carta de garantia, segue-se a aceitação do beneficiário, mediante declaração expressa ou, o que é mais comum, revelada pela celebração do contrato-base". CORTEZ, Francisco. A garantia bancária autônoma — alguns problemas. *Revista da Ordem dos Advogados*, Lisboa, ano 52, Vol. II, p. 513-610, jul. 1992, p. 529: "É evidente que na maioria dos casos, a

Portanto, ainda que não haja lei exigindo a forma escrita, os usos relacionados a essa garantia exigem esta forma para a sua pactuação, sendo um elemento do tipo social.

5.3. A unilateralidade, gratuidade e pessoalidade do contrato

Exposta a tipicidade social da garantia à primeira demanda e a exigência, ainda que não legal, de forma para a sua celebração, cumpre analisar os demais enquadramentos classificatórios desse contrato. Desde já, constata-se que a garantia à primeira demanda é um contrato unilateral, gratuito, não real, *intuitu personae* e de execução instantânea.

Se, a partir do viés de sua formação, os contratos são sempre negócios jurídicos bilaterais, pois exigem a manifestação de vontade das partes que dele participam, sob o viés de seus efeitos, os contratos podem ser bilaterais ou unilaterais.[502] Os contratos bilaterais criam, para ambas as partes,

---

aceitação do beneficiário da garantia assume a natureza de uma declaração tácita, uma vez que depois de assinar o contrato principal, em que a outra parte se compromete a prestar através de um banco uma garantia, o beneficiário desta recebe deste banco uma carta de garantia — que não pode deixar de ser vista como uma proposta contratual, aceite depois tacitamente pelo beneficiário. O facto de a garantia constar normalmente apenas de um documento assinado pelo banco e enviado ao beneficiário, não lhe retira o seu caráter contratual."

[502] PONTES DE MIRANDA, Francisco C. *Tratado de Direito Privado*. Parte Geral, t. III. atual. por Marcos Bernardes de Mello, Marcos Ehrhardt Jr. São Paulo: Editora Revista dos Tribunais, 2012, §302, p. 281: "Todos os contratos são negócios jurídicos bilaterais. Porque aí, a bilateralidade diz respeito à composição subjetiva do suporte fático, ao nascimento do negócio jurídico, com as duas manifestações de vontade concordes (plano da existência). (...) Quanto à eficácia, é que os negócios jurídicos (bilaterais ou plurilaterais) podem ser unilaterais, bilaterais ou plurilaterais (plano da eficácia)"; ver também PEREIRA, Caio Mário da Silva. *Instituições de Direito Civil*. V. 3. 15ª ed., rev. e atual. por Régis Fichtner. Rio de Janeiro: Editora Forense, 2011, p. 56; GOMES, Orlando. *Contratos*. 26ª ed., rev., atual. e aum. de acordo com o Código Civil de 2002 por Antonio Junqueira de Azevedo e Francisco Paulo De Crescenzo Marino. Rio de Janeiro: Forense, 2008, p. 84: "Assim, na formação, todo o contrato é negócio jurídico bilateral, mas nos seus efeitos, tanto pode ser bilateral, como unilateral."; ENNECCERUS, Ludwig; KIPP, Theodor; WOLFF, Martín. *Tratado de Derecho Civil*. t. II, v. I. Buenos Aires: BOSCH, 1948, p. 161: "Todos los contratos obligatorios, como resulta del concepto mismo del contrato, son bilaterales en cuanto a su nacimiento, se componen de las recíprocas declaraciones de voluntad. Si, no obstante, se dividen los contratos en bilaterales y unilaterales, es porque al efecto no se toma en cuenta

direitos, deveres, pretensões, obrigações, ações e exceções; há prestação e contraprestação.[503] Por outro lado, os contratos unilaterais criam obrigações, pretensões e ações somente a uma das partes.[504] Sob o ponto de vista etimológico, a distinção entre ambos é evidente, pois *bilateralidade é bis latus* — dois lados —, enquanto *unilateralidade é ex uno latere* — um lado — e exprime a existência de obrigações somente de um lado.[505] A característica marcante dos contratos bilaterais é que os contraentes são credores e devedores simultâneos, havendo uma dependência recíproca das obrigações,[506] o nexo ou sinalagma entre prestação e contraprestação.

De acordo com essa concepção, o contrato de garantia à primeira demanda é unilateral, pois somente o garantidor tem obrigações.[507] O garantidor obriga-se a pagar ao beneficiário determinado valor em

---

el acto de la conclusión del contrato, sino el efecto del mismo, haciéndose referencia a los contractos que obligan bilateralmente o sólo unilateralmente."

[503] PONTES DE MIRANDA, Francisco C. *Tratado de Direito Privado*. Parte Geral, t. III. atual. por Marcos Bernardes de Mello, Marcos Ehrhardt Jr. São Paulo: Editora Revista dos Tribunais, 2012, §302, p. 281.

[504] PONTES DE MIRANDA, Francisco C. *Tratado de Direito Privado*. Parte Geral, t. III. atual. por Marcos Bernardes de Mello, Marcos Ehrhardt Jr. São Paulo: Editora Revista dos Tribunais, 2012, §302, p. 281: "O negócio jurídico bilateral com eficácia só unilateral, ou o é porque só um dos lados (contraentes) adquire crédito, pretensão ou ação (e.g., mútuo promessa de doação); ou o é, porque o crédito, pretensão ou ação de um contraente não equivale ao crédito, pretensão ou ação do outro (e.g., mandato, depósito gratuito, comodato)." Sobre a distinção entre contratos unilaterais e bilaterais ver ALMEIDA COSTA, Mário Júlio de. *Direito das obrigações*. 12. ed. Coimbra: Almedina, 2012, p. 360-361: "O critério de distinção entre contratos unilaterais e bilaterais reporta-se ao modo como se distribuem as obrigações resultantes do negócio: os primeiros geram obrigações apenas para uma das partes (ex.: doação pura, o mútuo), ao passo que dos segundos derivam obrigações recíprocas a cargo de ambas (ex.: compra e venda, a locação). (...) Torna-se necessário acentuar que nos contratos bilaterais ou sinalagmáticos as obrigações das partes encontram-se numa relação de correspectividade e interdependência."

[505] ANDRADE, Darcy Bessone de Oliveira. *Aspectos da evolução da teoria dos contratos*. São Paulo: Saraiva, 1949, p. 26.

[506] GOMES, Orlando. *Contratos*. 26ª ed., rev., atual. e aum. de acordo com o Código Civil de 2002 por Antonio Junqueira de Azevedo e Francisco Paulo De Crescenzo Marino. Rio de Janeiro: Forense, 2008, p. 109-110.

[507] TELLES, Inocêncio Galvão. Garantia bancária autônoma. Estudo e Parecer. *O Direito*, Coimbra, ano 120, III-IV, p. 275-293, 1988, p. 287. Ver também PINHEIRO, Jorge Duarte. A garantia bancária autônoma. *Revista da Ordem dos Advogados*, Lisboa, ano 52, p. 417-465,

MOLDURA CLASSIFICATÓRIA DA GARANTIA À PRIMEIRA DEMANDA

dinheiro, previamente estipulado (pelo menos o valor máximo), mediante simples pedido.[508] Por outro lado, o beneficiário, no âmbito da relação de garantia, não tem obrigações perante o garantidor. A unilateralidade, em geral, é comum nos contratos de garantia sem contrapartida, pois o eventual sacrifício recai somente sobre o garantidor.[509]

Ademais, quando há o pagamento de certa remuneração ao garantidor pelo devedor, Carlos Ferreira de Almeida entende que há uma bilateralidade imperfeita,[510] porque eventual e assimétrica.[511] É eventual, porque o garantidor só suporta um custo se ocorrer o evento que desencadeia a

julho 1991, p. 431: "Não sinalagmático: não dá lugar a obrigações recíprocas."; JARDIM, Mónica. *A garantia autónoma*. Coimbra: Almedina, 2002, p. 103.

[508] EPIFÂNIO, Maria do Rosário. Garantias bancárias autônomas. Breves reflexões. *In:* VAZ, Manuel Afonso; LOPES, J. A. Azeredo. (coord.) *Juris et de iure:* nos 20 anos da Faculdade de Direito da UCP Porto. Coimbra: Coimbra Editora, 1998, p. 331.

[509] ALMEIDA, Carlos Ferreira de. *Contratos III*. Contratos de liberdade, de cooperação e de risco. Coimbra: Almedina, 2015, p. 158.

[510] Sobre bilateralidade imperfeita, ver PEREIRA, Caio Mário da Silva. *Instituições de Direito Civil*. V. 3. 15ª ed., rev. e atual. por Régis Fichtner. Rio de Janeiro: Editora Forense, 2011, p. 57: "Os autores imaginaram uma terceira categoria, a dos contratos bilaterais imperfeitos, atendendo a que há certos contratos que normalmente criam obrigações para um só dos contratantes, e são portanto unilaterais. Mas, à vista de circunstâncias excepcionais, podem eventualmente deles nascer para aquele que originariamente não as tinha. Destarte, passam a dar nascimento a obrigações para um e outro contratante, como se fossem bilaterais; ANTUNES VARELA, João de Matos. *Das obrigações em geral*. v. I. 10ª ed. Coimbra: Almedina, 2017, p. 398: "Dizem-se contratos bilaterais imperfeitos ou acidentalmente bilaterais (...) aqueles que em princípio só geram deveres para uma das partes, mas dos quais brotam acidentalmente deveres para a outra no desenvolvimento da relação contratual, sem que entre as obrigações de um ou de outro dos contraentes se estabeleça, todavia, o nexo psicológico-jurídico próprio do sinalagma."; ALMEIDA COSTA, Mário Júlio de. *Direito das obrigações*. 12. ed. Coimbra: Almedina, 2012, p. 361: Numa área intermédia — entre os contratos unilaterais e os bilaterais —, situam-se os chamados contratos bilaterais (ou sinalagmáticos) imperfeitos. Cabem nesta categoria: os contratos que, por sua natureza, não originam necessariamente obrigações para ambas as partes, muito embora isso possa vir a acontecer depois da respectiva constituição."

[511] ALMEIDA, Carlos Ferreira de. *Contratos III*. Contratos de liberdade, de cooperação e de risco. Coimbra: Almedina, 2015, p. 158.

sua obrigação, e assimétrica, porque o possível sacrifício do garantidor não corresponde a um benefício recíproco da outra parte.[512]

Esse posicionamento, todavia, parece não ser o mais acertado porquanto, no contrato de garantia à primeira demanda, não há obrigações interdependentes para ambas as partes; o beneficiário, no âmbito dessa relação não tem obrigações perante o garantidor. Se o garantidor receber alguma remuneração, esta será paga pelo devedor.[513] Também é importante destacar a lição de Darcy Bessone no sentido de que a distinção entre os bilaterais perfeitos e imperfeitos é repelida pela doutrina.[514] A justificativa é que bilaterais imperfeitos são, na verdade, unilaterais, pois o que importa "é a essência da convenção, fixada no momento da formação do acordo de vontades".[515]

Consequentemente, o contrato de garantia à primeira demanda será sempre unilateral, pois o beneficiário, perante o garantidor, não possui prestação. Ainda que o garantidor receba alguma remuneração por assegurar o cumprimento da obrigação, essa remuneração é objeto de outro contrato — do contrato entre devedor e garantidor.

A distinção entre contratos unilaterais e bilaterais é de grande importância prática, pois há efeitos e cláusulas que decorrem apenas dos contratos bilaterais.[516] São consequências da bilateralidade: a previsão da exceção de contrato não cumprido, a existência da cláusula resolutória tácita e a aplicação da teoria dos riscos.[517]

---

[512] ALMEIDA, Carlos Ferreira de. *Contratos III*. Contratos de liberdade, de cooperação e de risco. Coimbra: Almedina, 2015, p. 158.

[513] JARDIM, Mónica. *A garantia autónoma*. Coimbra: Almedina, 2002, p. 49 e 60; TELLES, Inocêncio Galvão. Garantia bancária autônoma. Estudo e Parecer. *O Direito*, Coimbra, ano 120, III-IV, p. 275-293, 1988, p. 289.

[514] ANDRADE, Darcy Bessone de Oliveira. *Aspectos da evolução da teoria dos contratos*. São Paulo: Saraiva, 1949, p. 29.

[515] ANDRADE, Darcy Bessone de Oliveira. *Aspectos da evolução da teoria dos contratos*. São Paulo: Saraiva, 1949, p. 29.

[516] ANDRADE, Darcy Bessone de Oliveira. *Aspectos da evolução da teoria dos contratos*. São Paulo: Saraiva, 1949, p. 26: "A distinção entre os contratos unilaterais e bilaterais seria despicienda questão de terminologia, puramente verbal, se não tivesse consequências práticas."

[517] ANDRADE, Darcy Bessone de Oliveira. *Aspectos da evolução da teoria dos contratos*. São Paulo: Saraiva, 1949, p. 27; GOMES, Orlando. *Contratos*. 26ª ed., rev., atual. e aum. de acordo

Somente os contratos bilaterais comportam a invocação da exceção do contrato não cumprido,[518] prevista no artigo 476 do Código Civil, segundo a qual nenhum dos contratantes pode, antes de cumprida a sua obrigação, exigir a do outro.[519] Por razão semelhante, não incide nos contratos unilaterais a regra prevista no artigo 477 do Código Civil.[520] Esse dispositivo, aplicável às hipóteses em que a lei ou o contrato determinam a quem cabe primeiro cumprir a obrigação, permite ao contratante, que primeiro deveria adimplir o contrato, recusar o cumprimento de sua prestação até que o outro contratante, que sofreu uma diminuição patrimonial que tornou duvidosa a sua prestação, apresente garantias suficientes ou adimpla antecipadamente o contrato.[521]

Ademais, entende-se implícita, em todos os contratos bilaterais, a cláusula resolutiva tácita, sendo uma presunção legal[522] disposta no

---

com o Código Civil de 2002 por Antonio Junqueira de Azevedo e Francisco Paulo De Crescenzo Marino. Rio de Janeiro: Forense, 2008, p. 109; no direito português ver: ALMEIDA COSTA, Mário Júlio de. *Direito das obrigações*. 12. ed. Coimbra: Almedina, 2012, p. 362.

[518] GOMES, Orlando. *Contratos*. 26ª ed., rev., atual. e aum. de acordo com o Código Civil de 2002 por Antonio Junqueira de Azevedo e Francisco Paulo De Crescenzo Marino. Rio de Janeiro: Forense, 2008, p. 109; PEREIRA, Caio Mário da Silva. *Instituições de Direito Civil*. v. 3. 15ª ed., rev. e atual. por Régis Fichtner. Rio de Janeiro: Editora Forense, 2011, p. 57 e p. 135: "O contrato bilateral caracteriza-se pela reciprocidade das prestações. Cada uma das partes deve e é credora, simultaneamente. Por isto mesmo, nenhuma delas, sem ter cumprido o que lhe cabe, pode exigir que a outra o faça. A ideia predominante aqui é a da interdependência das prestações (De Page)."

[519] BRASIL. Código Civil, art. 476. "Nos contratos bilaterais, nenhum dos contratantes, antes de cumprida a sua obrigação, pode exigir o implemento da do outro."

[520] BRASIL. Código Civil, art. 477. "Se, depois de concluído o contrato, sobrevier a uma das partes contratantes diminuição em seu patrimônio capaz de comprometer ou tornar duvidosa a prestação pela qual se obrigou, pode a outra recusar-se à prestação que lhe incumbe, até que aquela satisfaça a que lhe compete ou dê garantia bastante de satisfazê-la."

[521] PEREIRA, Caio Mário da Silva. *Instituições de Direito Civil*. v. 3. 15ª ed., rev. e atual. por Régis Fichtner. Rio de Janeiro: Editora Forense, 2011, p. 57; JABUR, Gilberto Haddad. Classificação dos contratos. *In:* LOTUFO, Renan; NANNI, Giovanni Ettore (coord.). *Teoria Geral dos Contratos*. São Paulo: Editora Atlas, 2011, p. 209.

[522] JABUR, Gilberto Haddad. Classificação dos contratos. *In:* LOTUFO, Renan; NANNI, Giovanni Ettore (coord.). *Teoria Geral dos Contratos*. São Paulo: Editora Atlas, 2011, p. 209.

artigo 475 do Código Civil.[523] Em outras palavras, o inadimplemento por uma das partes do contrato tem por consequência facultar à outra promover a sua resolução, se não preferir exigir-lhe o cumprimento.[524] Aos contratos unilaterais não cabe a resolução por inadimplemento.

Da garantia à primeira demanda não decorrem os referidos efeitos próprios dos contratos bilaterais, visto que é um contrato unilateral. Assim, é impertinente qualquer questionamento quanto à possibilidade de incidência da exceção do contrato não cumprido (artigo 476 do Código Civil) e quanto à aplicação dos artigos 477 e 475 do Código Civil.

A teoria dos riscos, semelhantemente, só interessa aos contratos bilaterais, pois somente nesses casos existe a necessidade de apurar qual das partes sofrerá a perda da coisa devida ou a impossibilidade da prestação.[525] Nos contratos unilaterais, o risco de perecimento da coisa é do devedor, ou seja, de quem deve cumprir a prestação.[526]

Em relação ao contrato de garantia à primeira demanda, porém, a matéria atinente aos riscos ganha importância, pela natureza da obrigação de garantia, cuja causa é a eliminação de um risco que pesa sobre o credor.[527] O garantidor se torna responsável, em qualquer caso, pela não realização da prestação, mesmo na hipótese de força maior. A diferença

---

[523] BRASIL. Código Civil, art. 475. "A parte lesada pelo inadimplemento pode pedir a resolução do contrato, se não preferir exigir-lhe o cumprimento, cabendo, em qualquer dos casos, indenização por perdas e danos."

[524] PEREIRA, Caio Mário da Silva. *Instituições de Direito Civil*. v. 3. 15ª ed., rev. e atual. por Régis Fichtner. Rio de Janeiro: Editora Forense, 2011, p. 132.

[525] PEREIRA, Caio Mário da Silva. *Instituições de Direito Civil*. v. 3. 15ª ed., rev. e atual. por Régis Fichtner. Rio de Janeiro: Editora Forense, 2011, p. 57.

[526] JABUR, Gilberto Haddad. Classificação dos contratos. *In:* LOTUFO, Renan; NANNI, Giovanni Ettore (coord.). *Teoria Geral dos Contratos*. São Paulo: Editora Atlas, 2011, p. 210; no mesmo sentido: GOMES, Orlando. *Contratos*. 26ª ed., rev., atual. e aum. de acordo com o Código Civil de 2002 por Antonio Junqueira de Azevedo e Francisco Paulo De Crescenzo Marino. Rio de Janeiro: Forense, 2008, p. 86-87: Aos contratos unilaterais aplica-se o princípio *res perit creditori* — a coisa perece para o credor. É ele quem sofre o prejuízo; o devedor não está obrigado a substitui-la ou indenizar o seu valor, salvo em casos especiais."

[527] COMPARATO, Fábio Konder. Obrigações de meios, de resultado e de garantia. *Doutrinas Essenciais Obrigações e Contratos*, v. 1, São Paulo, p. 761-776, junho 2011, p. 767.

MOLDURA CLASSIFICATÓRIA DA GARANTIA À PRIMEIRA DEMANDA

da obrigação de garantia reside na natureza absolutamente certa e determinada do cumprimento do fato prometido.[528]

Em que pese a distinção entre contratos unilaterais e bilaterais seja determinante para definir os efeitos decorrentes do contrato firmado, no caso das obrigações de garantia, é também a própria natureza da garantia que condicionará as regras incidentes. Há, conseguintemente, o afastamento de algumas regras que contradizem a natureza da obrigação de garantia, como a prevista no artigo 480 do Código Civil, segundo a qual é possível, nos contratos unilaterais, a revisão do conteúdo da prestação e do modo de executá-la, com a finalidade de evitar a onerosidade excessiva do único contratante.[529] Caso incidisse referida regra, não haveria o afastamento do risco, que é a função da garantia, acarretando insegurança nas relações jurídicas diante da eminência de revisão da obrigação pactuada sem maiores requisitos como nos contratos bilaterais.[530]

Diante na natureza da obrigação de garantia, é também relevante analisar se a garantia à primeira demanda é um contrato gratuito ou oneroso.[531] Essa classificação é autônoma da anterior, pois refere-se às

---

[528] Comparato, Fábio Konder. *Essai d'analyse dualiste de l'obligation em Droit Privé*. Paris: Librairie Dalloz, 1964, p. 39.

[529] BRASIL. Código Civil, art. 480. "Se no contrato as obrigações couberem a apenas uma das partes, poderá ela pleitear que a sua prestação seja reduzida, ou alterado o modo de executá-la, a fim de evitar a onerosidade excessiva."

[530] Nos contratos bilaterais a regra de revisão incidente é a disposta no artigo 317 do Código Civil, cuja redação é a seguinte: "Quando, por motivos imprevisíveis, sobrevier desproporção manifesta entre o valor da prestação devida e o do momento de sua execução, poderá o juiz corrigi-lo, a pedido da parte, de modo que assegure, quanto possível, o valor real da prestação."

[531] Sobre o conceito de contrato gratuito e oneroso, ver GOMES, Orlando. *Contratos*. 26ª ed., rev., atual. e aum. de acordo com o Código Civil de 2002 por Antonio Junqueira de Azevedo e Francisco Paulo De Crescenzo Marino. Rio de Janeiro: Forense, 2008, p. 87: "Contrato oneroso é aquele em que cada uma das partes visa a obter vantagem. Via de regra, à vantagem obtida corresponde de sua parte um sacrifício, consistente na diminuição do patrimônio, embora compensado subjetivamente. A esse sacrifício corresponde o proveito da outra parte. (...) Contrato gratuito é o negócio jurídico em que só uma das partes obtém um proveito."; PEREIRA, Caio Mário da Silva. *Instituições de Direito Civil*. V. 3. 15ª ed., rev. e atual. por Régis Fichtner. Rio de Janeiro: Editora Forense, 2011, p. 56: "Onerosos, aqueles dos quais ambas as partes visam a obter vantagens ou benefícios, impondo-se encargos reciprocamente em benefício uma da outra. Gratuitos ou benéficos,

atribuições patrimoniais, ao passo que a bilateralidade e unilateralidade relacionam-se à estrutura das prestações devidas.[532]

A doutrina portuguesa costuma considerar o contrato de garantia à primeira demanda como gratuito,[533] "porque com ele o beneficiário nunca sofre sacrifícios".[534] No caso de haver pagamento de uma comissão pela assunção do risco, quem realizará o pagamento será o devedor principal, já que é ele o responsável pela sua contratação.[535] No âmbito do contrato de garantia, portanto, o beneficiário não assume qualquer ônus ou encargo, ao passo que o garantidor obriga-se ao pagamento de uma soma pecuniária.

---

aqueles dos quais somente uma aufere a vantagem, e a outra suporta, só ela, o encargo."; PONTES DE MIRANDA, Francisco C. *Tratado de Direito Privado.* Parte Especial, t. XXXVIII. 3ª ed. São Paulo: Editora Revista dos Tribunais, 1984, §4258, p. 369: "Dizem-se gratuitos os negócios jurídicos em que não há contraprestação. A contraprestação determina a onerosidade. Quem presta sem que outrem contrapreste, ou prometa contraprestar, aliena a título gratuito. O que importa é a relação jurídica entre os figurantes do negócio jurídico de que se trata."

[532] ANTUNES VARELA, João de Matos. *Das obrigações em geral.* v. I. 10ª ed. Coimbra: Almedina, 2017, p. 405; ver também ALMEIDA COSTA, Mário Júlio de. *Direito das obrigações.* 12. ed. Coimbra: Almedina, 2012, p. 368: "Trata-se de distinções que decorrem de pressupostos diversos: a oposição dos contratos unilaterais aos bilaterais, radica, conforme se observou, na estrutura jurídica do vínculo, em saber se há, ou não obrigações interdependentes para ambas as partes; pelo contrário os contratos gratuitos distinguem-se dos onerosos considerando as atribuições e vantagens que os mesmos envolvem, ou seja, com base no conteúdo e finalidade do negócio."; TELLES, Inocêncio Galvão. *Direito das Obrigações.* Coimbra: Coimbra Editora, 2014, p. 97: "A onerosidade e a gratuidade são conceitos de relação: relação que pode ter como termos os sujeitos do negócio jurídico (nos contratos) ou algum deles e terceira pessoa (nos negócios jurídicos unilaterais e também nos contratos). Tudo se reduz a saber se a atribuição patrimonial, decorrente do acto para uma das partes ou para terceiro, apresenta carácter oneroso ou gratuito."

[533] JARDIM, Mónica. *A garantia autónoma.* Coimbra: Almedina, 2002, p. 103; PINHEIRO, Jorge Duarte. A garantia bancária autônoma. *Revista da Ordem dos Advogados,* Lisboa, ano 52, p. 417-465, julho 1991, p. 431;

[534] PINHEIRO, Jorge Duarte. A garantia bancária autônoma. *Revista da Ordem dos Advogados,* Lisboa, ano 52, p. 417-465, julho 1991, p. 431.

[535] JARDIM, Mónica. *A garantia autónoma.* Coimbra: Almedina, 2002, p. 49 e 60; TELLES, Inocêncio Galvão. Garantia bancária autônoma. Estudo e Parecer. *O Direito,* Coimbra, ano 120, III-IV, p. 275-293, 1988, p. 289.

Os contratos gratuitos importam a diminuição patrimonial a apenas uma das partes, isto é, um dos lados recebe as vantagens e o outro suporta os encargos.[536] A distinção entre ambos decorre das diferentes atribuições e vantagens que envolvem, com base no conteúdo e na finalidade do negócio.[537]

Como regra geral, o interesse prático na distinção entre contratos gratuitos e onerosos reside na maneira pela qual os direitos e deveres dos contratantes serão apreciados. Quem recebe um benefício ou serviço gratuito não pode ser tão exigente como se tivesse pagado por isso.[538] Consequentemente, não incidem aos contratos gratuitos as regras referentes à evicção[539] e vícios redibitórios.[540] Ademais, nos contratos gratuitos, quem realiza a prestação responde apenas por dolo, ao passo que nos contratos onerosos todas as partes respondem por culpa, salvo exceções previstas em lei.[541]

Essas regras relacionadas à responsabilidade contratual dos contratos gratuitos não incidem no contrato de garantia à primeira demanda em razão da natureza da obrigação de garantia. O garantidor obriga-se ao pagamento de um valor pecuniário de uma determinada quantia em dinheiro[542] mediante simples pedido do beneficiário da garantia. O garantidor à pri-

---

[536] PEREIRA, Caio Mário da Silva. *Instituições de Direito Civil*. V. 3. 15ª ed., rev. e atual. por Régis Fichtner. Rio de Janeiro: Editora Forense, 2011, p. 56.

[537] ALMEIDA COSTA, Mário Júlio de. *Direito das obrigações*. 12. ed. Coimbra: Almedina, 2012, p. 368.

[538] CARBONNIER, Jean. *Droit Civil*. Tome Second, Les biens et les obligations. Paris: Presses Universitaires de France, 1957, p. 312.

[539] BRASIL. Código Civil, art. 447. "Nos contratos onerosos, o alienante responde pela evicção. Subsiste esta garantia ainda que a aquisição se tenha realizado em hasta pública."

[540] BRASIL. Código Civil, art. 441. "A coisa recebida em virtude de contrato comutativo pode ser enjeitada por vícios ou defeitos ocultos, que a tornem imprópria ao uso a que é destinada, ou lhe diminuam o valor." Parágrafo único. É aplicável a disposição deste artigo às doações onerosas.

[541] BRASIL. Código Civil, art. 392. "Nos contratos benéficos, responde por simples culpa o contratante, a quem o contrato aproveite, e por dolo aquele a quem não favoreça. Nos contratos onerosos, responde cada uma das partes por culpa, salvo as exceções previstas em lei."

[542] MENDES, Evaristo. Garantias bancárias. Natureza. *Revista de Direito e de estudos sociais*, Coimbra, Ano XXXVII, X da 2.ª série, n. 4, p. 411-473, out-dez. 1995, p. 450; JARDIM, Mónica. *A garantia autónoma*. Coimbra: Almedina, 2002, p. 13 e 181; TELLES, Inocêncio

meira demanda deverá cumprir a obrigação de garantia independentemente do preenchimento dos requisitos de responsabilidade contratual, haja vista que o nexo de imputação é objetivo nas obrigações de garantia;[543] não o adimplindo, ficará em mora. Não há o questionamento de culpa ou dolo apesar da gratuidade da operação face o beneficiário. Como consequência da gratuidade do contrato de garantia à primeira demanda, afasta-se qualquer discussão relacionada à sua comutatividade ou aleatoriedade, que é aplicável somente aos contratos onerosos.[544]

O contrato de garantia à primeira demanda se enquadra na categoria geral das garantias pessoais, o que significa que o credor protege-se não apenas com o patrimônio do devedor, mas também com o patrimônio de outra pessoa.[545] Em particular, na garantia à primeira demanda, constata-

---

Galvão. Garantia bancária autônoma. Estudo e Parecer. *O Direito*, Coimbra, ano 120, III-IV, p. 275-293, 1988, p. 283.

[543] MARTINS-COSTA, Judith. *Comentários ao Novo Código Civil*, v. V, t. II. Do inadimplemento das obrigações. 2.ed. São Paulo: Editora Forense, 2009, p. 136. No mesmo sentido, ver SILVA, Jorge Cesa Ferreira da. Inadimplemento das Obrigações. *In*: MARTINS-COSTA, Judith; REALE, Miguel (coord.). *Estudos em homenagem ao Professor Miguel Reale*, v. 7. São Paulo: Editora Revista do Tribunais, 2007, p. 34: "Ocorre que há casos em que a conduta da parte, assim como a sua eventual culpa, não entra em questão para se ter a questão como inadimplida (...), bastando lembrar a assunção negocial da prestação de garantia, nas quais o resultado puro e simples já basta para estabelecer o regime (...)."

[544] ANDRADE, Darcy Bessone de Oliveira. *Aspectos da evolução da teoria dos contratos*. São Paulo: Saraiva, 1949, p. 34-35: "Como subdivisão dos contratos onerosos, formula-se a distinção entre os contratos em que a extensão da prestação é certa e avaliável desde o momento de sua formação e aqueles em que somente a prestação de um dos contraentes é, desde logo, certa e avaliável, sendo incerta a do outro, porque dependente de um acontecimento desconhecido por ocasião do ajuste"; GOMES, Orlando. *Contratos*. 26ª ed., rev., atual. e aum. de acordo com o Código Civil de 2002 por Antonio Junqueira de Azevedo e Francisco Paulo De Crescenzo Marino. Rio de Janeiro: Forense, 2008, p. 88: "Os contratos onerosos subdividem-se em contratos comutativos e aleatórios. Nos contratos comutativos, a relação entre vantagem e sacrifício é subjetivamente equivalente, havendo certeza quanto às prestações. Nos contratos aleatórios, há incerteza para as duas partes sobre a vantagem esperada será proporcional ao sacrifício. Os contratos aleatórios expõem os contratantes à alternativa de ganho ou perda."

[545] EPIFÂNIO, Maria do Rosário. Garantias bancárias autônomas. Breves reflexões. *In*: VAZ, Manuel Afonso; LOPES, J. A. Azeredo. (coord.) *Juris et de iure*: nos 20 anos da Faculdade de Direito da UCP Porto. Coimbra: Coimbra Editora, 1998, p. 324.

-se um alto grau de confiança entre as partes envolvidas na operação. O garantidor somente compromete-se a prestar uma garantia tão forte após considerar as características do devedor principal e do credor, já que elas determinam o seu risco de crédito.[546]

A confiança do garantidor depende, em primeiro lugar, da capacidade comercial, industrial e financeira do devedor para executar o serviço e impedir que o beneficiário solicite a garantia. O garantidor analisa, então, a situação do devedor e os compromissos assumidos por ele. O garantidor vai prestar a garantia apenas se estiver convencido da capacidade de o devedor honrar o contrato que será garantido.[547]

Por outro lado, o beneficiário da garantia deve confiar na capacidade financeira do garantidor. Quando a garantia é prestada por bancos ou companhias de seguro, há uma presunção de sua robusta capacidade econômica. Quando não o é, o beneficiário deverá avaliar a situação financeira do garantidor, podendo recusar a cobertura proposta, tendo em vista os valores envolvidos e a duração do risco.[548]

Também deve haver uma relação de confiança do garantidor em relação ao beneficiário. O garantidor, ao ser demandado a realizar o pagamento da garantia, deve crer que o pedido realizado pelo beneficiário não será injustificado ou abusivo. De acordo com André Prum, há o pressuposto de que o garante pode confiar na boa-fé do beneficiário.[549] Afirma-se, portanto, que a garantia à primeira demanda é *intuitu personae*,[550] ou seja, o garantidor é objeto e sujeito da relação de confiança.[551]

---

[546] PRUM, André. *Les garanties à première demande*: essay sur l'autonomie. Paris: Litec, 1994, p. 102.

[547] PRUM, André. *Les garanties à première demande*: essay sur l'autonomie. Paris: Litec, 1994, p. 104.

[548] PRUM, André. *Les garanties à première demande*: essay sur l'autonomie. Paris: Litec, 1994, p. 102-103.

[549] PRUM, André. *Les garanties à première demande*: essay sur l'autonomie. Paris: Litec, 1994, p. 104.

[550] MARTIN, Claude. Les Garanties bancaires autonomes. *In: Repertoire pratique du droit belge* — legislation, doctrine et jurisprudence. Bruxelles: Établissements Émile Bruylant, 1990, p. 568.

[551] PRUM, André. *Les garanties à première demande*: essay sur l'autonomie. Paris: Litec, 1994, p. 102.

Classifica-se, ainda, a garantia à primeira demanda como um contrato de execução diferida em que a prestação se exaure em um único instante futuro, após o pedido pelo beneficiário. É diferido porque a prestação não pode ser satisfeita contemporaneamente à formação do contrato, mas subordina-se a um evento futuro.[552]

Verifica-se, então, que a garantia à primeira demanda é um contrato tipicamente social, em que não há a exigência de forma em lei para a sua pactuação. Além disso, é unilateral, gratuito, consensual, *intuitu personae* e de execução diferida.

Por fim, é considerada determinante para a compreensão dos efeitos da garantia à primeira demanda, a percepção de que este é um contrato cuja obrigação é de garantia, isto é, o garantidor deve responder perante o credor haja o que houver, assim como nas demais garantias. Há, entretanto, diferenças significativas entre a garantia à primeira demanda e as demais garantias previstas no Código Civil, razão pela qual a comparação com esses institutos é o fechamento necessário para o enquadramento jurídico da garantia à primeira demanda no Direito brasileiro.

---

[552] GOMES, Orlando. *Contratos*. 26ª ed., rev., atual. e aum. de acordo com o Código Civil de 2002 por Antonio Junqueira de Azevedo e Francisco Paulo De Crescenzo Marino. Rio de Janeiro: Forense, 2008, p. 96: "Os contratos de execução diferida impõem-se, às vezes, como consequência da natureza da prestação prometida. Casos há, com efeito, nos quais não pode ser satisfeita contemporaneamente à formação do contrato, mas ordinariamente a execução se protrai em virtude de cláusula que a subordina a um termo."

6.
DISTINÇÃO DAS GARANTIAS LEGAIS PREVISTAS
NO CÓDIGO CIVIL

A confrontação da garantia à primeira demanda com as garantias previstas no Código Civil tem especial relevância para expor os contornos de seu tipo social, bem como para verificar a possibilidade de incidência de normas legais no instituto em estudo. Mais do que isso, essa comparação é importante para questionar até que ponto a garantia à primeira demanda não é uma burla às regras das garantias legais. Conseguintemente, serão analisadas as garantias pessoais legalmente previstas em nosso ordenamento: a fiança, o aval e o seguro.

6.1. A fiança e a garantia à primeira demanda

A fiança é o grande paradigma das garantias pessoais,[553] estando prevista no Código Civil brasileiro nos artigos 818 a 839. A fiança é um contrato que exige a declaração do credor e do fiador,[554] que é o sujeito passivo da relação, a quem incumbe a responsabilidade passiva do débito.[537]

---

[553] MENEZES CORDEIRO, Antônio. *Tratado de Direito Civil*, v. X, Direito das Obrigações, Garantias. Coimbra: Almedina, 2015, p. 556; GOMES, Manuel Januário da Costa. A fiança no quadro das garantias pessoais. Aspectos de regime. *In: Comemorações dos 35 anos do Código Civil e dos 25 anos da reforma de 1977*. v. III. Coimbra: Coimbra Editora, 2007, p. 80.

[554] MIRAGEM, Bruno. *Direito Civil*: direito das obrigações. São Paulo: Saraiva, 2017, p. 657; PASQUALOTTO, Adalberto. Contratos Nominados III: seguro, constituição de renda, jogo e aposta, fiança, transação e compromisso. *In:* MARTINS-COSTA, Judith; REALE, Miguel (coord.). *Estudos em homenagem ao Professor Miguel Reale*, v. 9. São Paulo: Editora Revista do Tribunais, 2008, p. 229: "Afirmam os clássicos que fiança é *promessa* de pagar obrigação de um terceiro (v.g., Bevilácqua, 2000, p. 525; Carvalho de Mendonça, M. I., 1995, p. 810; Pontes de Miranda TDP, 44, §4.781, 1). Acrescentam todos que se trata de con-

[555] O contrato de fiança é unilateral, pois apenas o fiador tem obrigações.[556] É normalmente gratuito, mas poderá ter caráter oneroso, a partir da estipulação de uma remuneração ao fiador pela assunção do risco.[557] Porém, "mesmo a fiança onerosa é um contrato unilateral".[558]

Exige-se que a fiança tenha forma escrita para consubstanciar a declaração de vontade do fiador.[559] Essa forma é elemento do suporte fático da fiança, cuja inobservância acarreta a sua nulidade. É plenamente justificável a exigência de forma para a celebração desse contrato, pois o fiador assume dívida alheia, alterando a regra da responsabilidade própria.[560]

---

trato, e isso ninguém discute. "(...) formando-se o consenso por aceitação tácita ou até pelo silêncio do credor."

[555] Pasqualotto, Adalberto. Contratos Nominados III: seguro, constituição de renda, jogo e aposta, fiança, transação e compromisso. *In:* Martins-Costa, Judith; Reale, Miguel (coord.). *Estudos em homenagem ao Professor Miguel Reale*, v. 9. São Paulo: Editora Revista do Tribunais, 2008, p. 227; Pinto e Silva, Fábio Rocha. *Garantias das obrigações*: uma análise sistemática do direito das garantias e uma proposta abrangente para a sua reforma. São Paulo: Editora IASP, 2017, p. 315: "A fiança, portanto, é uma relação jurídica tendo por objeto a criação de uma responsabilidade acessória em relação à responsabilidade do devedor principal, que se submete à satisfação da dívida deste. É o exemplo mais evidente de uma dissociação relativa entre dívida e responsabilidade."

[556] Gomes, Orlando. *Contratos.* 26ª ed., rev., atual. e aum. de acordo com o Código Civil de 2002 por Antonio Junqueira de Azevedo e Francisco Paulo De Crescenzo Marino. Rio de Janeiro: Forense, 2008, p. 537; Pasqualotto, Adalberto. Contratos Nominados III: seguro, constituição de renda, jogo e aposta, fiança, transação e compromisso. *In:* Martins-Costa, Judith; Reale, Miguel (coord.). *Estudos em homenagem ao Professor Miguel Reale*, v. 9. São Paulo: Editora Revista do Tribunais, 2008, p. 231; Pinto e Silva, Fábio Rocha. *Garantias das obrigações*: uma análise sistemática do direito das garantias e uma proposta abrangente para a sua reforma. São Paulo: Editora IASP, 2017, p. 315.

[557] Gomes, Orlando. *Contratos.* 26ª ed., rev., atual. e aum. de acordo com o Código Civil de 2002 por Antonio Junqueira de Azevedo e Francisco Paulo De Crescenzo Marino. Rio de Janeiro: Forense, 2008, p. 537.

[558] Gomes, Orlando. *Contratos.* 26ª ed., rev., atual. e aum. de acordo com o Código Civil de 2002 por Antonio Junqueira de Azevedo e Francisco Paulo De Crescenzo Marino. Rio de Janeiro: Forense, 2008, p. 537.

[559] BRASIL. Código Civil, art. 819. "A fiança dar-se-á por escrito, e não admite interpretação extensiva."

[560] Pasqualotto, Adalberto. Contratos Nominados III: seguro, constituição de renda, jogo e aposta, fiança, transação e compromisso. *In:* Martins-Costa, Judith; Reale, Miguel

DISTINÇÃO DAS GARANTIAS LEGAIS PREVISTAS NO CÓDIGO CIVIL

A fiança é um contrato *intuitu personae* em relação ao fiador.[561] É necessária confiança do credor no fiador, pois este deve gerar a expectativa de ser capaz de adimplir a obrigação quando o devedor principal não o fizer. Consequentemente, pode o credor recusar determinado fiador "que não for pessoa idônea, domiciliada no município onde tenha que prestar a fiança, e não possua bens suficientes para cumprir a obrigação".[562]

A partir da caracterização geral — e ainda preliminar — da fiança, nota-se a existência de semelhanças e diferenças com a garantia à primeira demanda, que merecem destaque. Essa garantia é, assim como a fiança típica, um contrato unilateral, em que pode, ou não, ser estipulada uma remuneração ao garantidor; ambos os contratos são *intuitu personae*. Assim, pode o beneficiário da garantia (credor principal) recusar determinado garantidor que não tenha bens suficientes para garantir a operação, assim como na fiança. O beneficiário da garantia precisa confiar na capacidade financeira do garantidor.

Pressupõe-se, para a formação da fiança, pelo menos duas relações jurídicas: a principal, formada pelo devedor e o credor, e a acessória, formada pelo credor e o fiador.[563] A fiança é um contrato de garantia em que a obrigação do fiador é acessória, sendo exigível na hipótese de inadimplemento imputável ao devedor, ou seja, é também subsidiária.[564]

Na garantia à primeira demanda, exige-se a formação de três relações jurídicas para tornar eficazes a sua autonomia e automaticidade — pelo

---

(coord.). *Estudos em homenagem ao Professor Miguel Reale*, v. 9. São Paulo: Editora Revista do Tribunais, 2008, p. 230.

[561] GOMES, Orlando. *Contratos*. 26ª ed., rev., atual. e aum. de acordo com o Código Civil de 2002 por Antonio Junqueira de Azevedo e Francisco Paulo De Crescenzo Marino. Rio de Janeiro: Forense, 2008, p. 538.

[562] BRASIL. Código Civil, art. 825. "Quando alguém houver de oferecer fiador, o credor não pode ser obrigado a aceitá-lo se não for pessoa idônea, domiciliada no município onde tenha de prestar a fiança, e não possua bens suficientes para cumprir a obrigação."

[563] PASQUALOTTO, Adalberto. Contratos Nominados III: seguro, constituição de renda, jogo e aposta, fiança, transação e compromisso. *In:* MARTINS-COSTA, Judith; REALE, Miguel (coord.). *Estudos em homenagem ao Professor Miguel Reale*, v. 9. São Paulo: Editora Revista do Tribunais, 2008, p. 226.

[564] MIRAGEM, Bruno. *Direito Civil*: direito das obrigações. São Paulo: Saraiva, 2017, p. 656; CORTEZ, Francisco. A garantia bancária autônoma — alguns problemas. *Revista da Ordem dos Advogados*, Lisboa, ano 52, Vol. II, p. 513-610, jul. 1992, p. 548.

menos até o pagamento —, tanto em face da relação jurídica subjacente, quanto em face da relação de cobertura.[565] Diferentemente da fiança, é uma garantia autônoma, em seu significado de independência e autonomia em relação à obrigação principal,[566] o que significa que não é exigível do beneficiário a comprovação da existência de inadimplemento — ou qualquer outro incumprimento — da relação principal. Consequentemente, o garantidor não poderá opor face ao beneficiário as exceções fundadas na relação jurídica subjacente.[567] A obrigação do garantidor na modalidade de garantia à primeira demanda nasce e imediatamente se desvincula da relação jurídica base que lhe deu origem. Logo, o garantidor não poderá se eximir de cumprir a prestação a que se obrigou invocando exceções ou objeções que digam respeito à obrigação assumida pelo devedor.[568]

Já na garantia à primeira demanda com menor autonomia após o pagamento, há autonomia até o pagamento do valor garantido e, posteriormente, acessoriedade mitigada, sendo, por isso, diversa da fiança típica. O garantidor à primeira demanda, que firma uma garantia menos autônoma, não renuncia definitivamente à oposição de exceções, apenas temporariamente; assim, deverá pagar o valor demandado pelo beneficiário,

---

[565] VASCONCELOS, Miguel Pestana. *Direito das Garantias*. Coimbra: Almedina, 2019, p. 141: "A estrutura contratual acima definida, que envolve três contratos, aparece como correspondendo ao tipo social da própria operação, a forma como ela, de maneira reiterada e uniforme, vai sendo concluída pelos agentes econômicos. Sublinhe-se que esta estrutura, e a celebração do contrato de garantia autônoma no seu seio, são indispensáveis para o resultado que se pretende alcançar."; quanto à existência mínima de três relações ver JARDIM, Mónica. *A garantia autónoma*. Coimbra: Almedina, 2002, p. 46-47; quanto à autonomia em face às demais relações ver JARDIM, Mónica. *A garantia autónoma*. Coimbra: Almedina, 2002, p. 115: "A obrigação que emerge do contrato de garantia é autônoma face ao contrato-base e ainda face ao contrato de mandato celebrado entre o garante e o devedor principal."

[566] PORTALE, Giuseppe B. *Lezioni pisane di diritto commerciale a cura di Francesco Barachini*. Pisa: Pisa University Press, 2014, p. 29.

[567] JARDIM, Mónica. *A garantia autónoma*. Coimbra: Almedina, 2002, p. 115.

[568] GUILHARDI, Pedro. *Garantias autônomas*: instrumento para proteção jurídica do crédito. São Paulo: Quartier Latin, 2019, p. 243.

DISTINÇÃO DAS GARANTIAS LEGAIS PREVISTAS NO CÓDIGO CIVIL

e só depois poderá utilizar-se dos meios de defesa em um processo de recuperação dos valores indevidamente exigidos.[569]

Na fiança típica, há vínculo entre o fiador e o devedor afiançado, decorrente do consentimento das partes em um segundo negócio jurídico (a fiança), cuja causa é a garantia de um negócio jurídico principal ou originário, entre credor e devedor.[570] O fiador vincula-se, não só sujeita, ou subordina, o seu patrimônio à execução. A dívida é pessoal, com a peculiaridade de, "pela técnica da acessoriedade, estar moldada nos termos da dívida principal".[571] Assim, o fiador, enquanto devedor fideijussório, promete o adimplemento pelo devedor principal.[572]

Ao contrário, o garantidor à primeira demanda paga um débito próprio, não paga o débito da obrigação principal.[573] A responsabilidade

---

[569] GOMES, Manuel Januário da Costa. *Assunção fidejussória de dívida*: sobre o sentido e o âmbito da vinculação como fiador. Coimbra: Almedina, 2000, p. 720-721; BONELLI, Franco. *Le garanzie bancarie a prima domanda nel commercio internazionale*. Milano: Giuffrè Editore, 1991, p. 43-44; PORTALE, Giuseppe. Nuovi sviluppi del contratto di garanzia. In: PORTALE, Giuseppe. *Le garanzie bancarie internazionale*. Milano: Giuffrè Editore, 1989, p. 38, nota 5.

[570] MIRAGEM, Bruno. *Direito Civil*: direito das obrigações. São Paulo: Saraiva, 2017, p. 656.

[571] GOMES, Manuel Januário da Costa. A fiança no quadro das garantias pessoais. Aspectos de regime. *In: Comemorações dos 35 anos do Código Civil e dos 25 anos da reforma de 1977*. v. III. Coimbra: Coimbra Editora, 2007, p. 83.

[572] PONTES DE MIRANDA, Francisco C. *Tratado de Direito Privado*. Parte Especial, t. XLIV. atual por Cláudia Lima Marques, Bruno Miragem. São Paulo: Editora Revista dos Tribunais, 2013, §4781, p. 185. No mesmo sentido PASQUALOTTO, Adalberto. Contratos Nominados III: seguro, constituição de renda, jogo e aposta, fiança, transação e compromisso. *In:* MARTINS-COSTA, Judith; REALE, Miguel (coord.). *Estudos em homenagem ao Professor Miguel Reale*, v. 9. São Paulo: Editora Revista do Tribunais, 2008, p. 226: "o fiador promete o adimplemento pelo devedor principal, apesar de não assumir a dívida dele nem se tornar devedor solidário (...). O adimplemento que fizer será adimplemento devido em seu próprio nome, porque é devedor da garantia." Idem, p. 239: "O objeto da fiança é a garantia de adimplemento da dívida contraída, dívida sempre diferida, que pode ser única ou desdobrar-se em diversas frações, como no pagamento de aluguéis ou parcelas de um preço."

[573] PORTALE, Giuseppe B. *Lezioni pisane di diritto commerciale a cura di Francesco Barachini*. Pisa: Pisa University Press, 2014, p. 29. No mesmo sentido ver JARDIM, Mónica. *A garantia autónoma*. Coimbra: Almedina, 2002, p.183; RIBEIRO, Antônio Sequeira. Garantia bancária autônoma à primeira solicitação: algumas questões. *In:* MENEZES CORDEIRO, Antônio; LEITÃO, Luís Menezes; GOMES, Manuel Januário da Costa (coord.). *Estudos em homenagem ao Professor Doutor Inocêncio Galvão Telles*, vol. II, Direito Bancário. Coimbra: Almedina,

CONTRATO DE GARANTIA À PRIMEIRA DEMANDA

assumida pelo garante é diferente da assumida pelo fiador: enquanto a responsabilidade do fiador é acessória, é igual à do devedor, a responsabilidade do garantidor à primeira demanda é própria e distinta da do devedor.[574] O garantidor à primeira demanda promete uma indenização pelo inadimplemento, isto é, tem por objeto uma prestação pecuniária, um valor líquido e pré-determinado.[575] Aliás, Mónica Jardim é enfática ao afirmar que o garantidor "quando efetua o pagamento da quantia pecuniária determinada a título de garantia, não cumpre também a obrigação do devedor, cumpre apenas uma obrigação própria."[576]

Ainda, o que o beneficiário espera do garantidor em uma garantia à primeira demanda é o compromisso de, quando solicitar a execução, não levantar nenhuma contestação relativa ao negócio subjacente.[577] Inde-

---

2002, p. 308: Enquanto a função de garantia da fiança persegue a substituição de um cumprimento, tal função nas garantias bancárias à primeira solicitação traduz-se em prometer uma indenização."

[574] JARDIM, Mónica. *A garantia autónoma*. Coimbra: Almedina, 2002, p.180; VIALE, Mirella. Le garanzie bancarie. *In:* GALGANO, Francesco. *Trattato di diritto commerciale e di diritto pubblico dell'economia*. Padova: CEDAM, 1994, p. 177; MENDES, Evaristo. Garantias bancárias. Natureza. *Revista de Direito e de estudos sociais*, Coimbra, Ano XXXVII, X da 2.ª série, n. 4, p. 411-473, out-dez. 1995, p. 450.

[575] Sobre a fiança à primeira demanda ver GOMES, Manuel Januário da Costa. *Assunção fidejussória de dívida*: sobre o sentido e o âmbito da vinculação como fiador. Coimbra: Almedina, 2000, p. 725: "Tendo a garantia autônoma automática sempre por objeto dinheiro, não se compreenderia que pudesse ser diversamente na fiança ao primeiro pedido, que àquela vai buscar inspiração."; Sobre a fiança à primeira demanda em sentido diverso ver NATUCCI, Alessandro. *Astrazione causale e contratto autonomo di garanzia*. Milano: CEDAM, 1992, p. 91: "Verrebbe in tal modo a svanire del tutto la differenza tra fideiussione e *Garantievertrag*. Non solo in relazione all'accessorietà che lega la fideiussione, e non il contratto autonomo, all'obbligazione garantita, ma anche in relazione all'oggetto delle due fattispecie"; Sobre a garantia autônoma à primeira demanda ver TELLES, Inocêncio Galvão. Garantia bancária autônoma. Estudo e Parecer. *O Direito*, Coimbra, ano 120, III-IV, p. 275-293, 1988, p. 288: "Não versando a obrigação garantida sobre dinheiro, o garante responsabiliza-se apenas pela indenização resultante do incumprimento e não pelo cumprimento específico."

[576] JARDIM, Mónica. *A garantia autónoma*. Coimbra: Almedina, 2002, p.182-183.

[577] VILLEREY, André. As garantias bancárias em direito francês. In: LESGUILLONS, Henry (org.). *As garantias bancárias nos contratos internacionais*. Versão brasileira organizada e anotada por Luiz Olavo Baptista e José Alexandre Tavares Guerreiro. São Paulo: Saraiva, 1985, p. 215; VIALE, Mirella. Le garanzie bancarie. *In:* GALGANO, Francesco. *Trattato di diritto commerciale e di diritto pubblico dell'economia*. Padova: CEDAM, 1994, p. 178.

pendentemente do grau do vínculo de ligação à obrigação principal, na garantia à primeira demanda o garantidor "tem que colocar dinheiro nas mãos do credor — de imediato — não podendo furtar-se com a 'pouca consistência' ou debilidade do crédito principal".[578]

Diferentemente, na fiança, o fiador pode valer-se de diversos meios de defesa que o afiançado poderia opor ao credor antes de realizar qualquer pagamento.[579] Ademais, desaparecendo a obrigação principal, desaparece também a acessória, a fiança.[580] Assim, se a dívida principal se extingue ou prescreve, a fiança cessa.[581] Consequentemente, a acessoriedade da fiança típica significa subordinação genética, funcional e extintiva.[582] A subordinação genética significa que a invalidade da obrigação principal transmite-se à fiança;[583] a funcional, que o fiador, além dos seus meios

---

[578] GOMES, Manuel Januário da Costa. *Assunção fidejussória de dívida*: sobre o sentido e o âmbito da vinculação como fiador. Coimbra: Almedina, 2000, p. 735-736. No mesmo sentido ver: POULLET, Yves. La jurisprudence recente em matière de garantie bancaire dans les contrats internationaux. *Banca Borsa e Titoli de Credito*, Milano, III, p. 397-440, 1982, p. 418; PORTALE, Giuseppe. Fideiussione e garantievertrag nella prassi bancaria. *In:* PORTALE, Giuseppe. *Le operazione Bancarie*, t. II. Milano: Giuffrè Editore, 1978, p. 19; VIALE, Mirella. Le garanzie bancarie. *In:* GALGANO, Francesco. *Trattato di diritto commerciale e di diritto pubblico dell'economia*. Padova: CEDAM, 1994, p. 180-183.

[579] BRASIL. Código Civil, art. 837. "O fiador pode opor ao credor as exceções que lhe forem pessoais, e as extintivas da obrigação que competem ao devedor principal, se não provierem simplesmente de incapacidade pessoal, salvo o caso do mútuo feito a pessoa menor."

[580] CORTEZ, Francisco. A garantia bancária autônoma — alguns problemas. *Revista da Ordem dos Advogados*, Lisboa, ano 52, Vol. II, p. 513-610, jul. 1992, p. 557.

[581] PONTES DE MIRANDA, Francisco C. *Tratado de Direito Privado*. Parte Especial, t. XLIV. atual por Cláudia Lima Marques, Bruno Miragem. São Paulo: Editora Revista dos Tribunais, 2013, §4781, 187.

[582] EPIFÂNIO, Maria do Rosário. Garantias bancárias autônomas. Breves reflexões. *In:* VAZ, Manuel Afonso; LOPES, J. A. Azeredo. (coord.) *Juris et de iure*: nos 20 anos da Faculdade de Direito da UCP Porto. Coimbra: Coimbra Editora, 1998, p. 341; SILVA, João Calvão da. *Estudos de Direito Comercial (Pareceres)*. Capítulo II. Garantia Bancária. Coimbra: Almedina, 1996, p. 334.

[583] BRASIL. Código Civil, art. 824. "As obrigações nulas não são suscetíveis de fiança, exceto se a nulidade resultar apenas de incapacidade pessoal do devedor."; PASQUALOTTO, Adalberto. Contratos Nominados III: seguro, constituição de renda, jogo e aposta, fiança, transação e compromisso. *In:* MARTINS-COSTA, Judith; REALE, Miguel (coord.). *Estudos em homenagem ao Professor Miguel Reale*, v. 9. São Paulo: Editora Revista do Tribunais, 2008, p.

pessoais, pode opor defesas oriundas da relação entre devedor e credor; e a extintiva, que a extinção da obrigação principal implica a extinção da obrigação garantida.[584]

Verifica-se que a fiança é caracterizada pela acessoriedade e pela subsidiariedade, ambas fortes. A garantia à primeira demanda, no entanto, não é acessória, nem subsidiária, em sentido forte.[585] Por isso, Menezes Cordeiro afirma que: "a supressão dessas características é tão vincada que alguma doutrina defende a inaplicabilidade, ainda que analógica, de regras da fiança, à gba [garantia bancária autônoma]".[586]

Todavia, é preciso questionar se algumas regras relativas à fiança não seriam aplicáveis no âmbito do Direito brasileiro à garantia à primeira demanda. A primeira regra que precisa ser analisada é a do artigo 823 do Código Civil que prevê a impossibilidade de a fiança ser mais onerosa que a dívida principal, sob pena de nulidade em relação ao excesso. A fiança não pode ser mais gravosa em relação ao tempo, aos encargos aplicáveis, ao lugar, às condições, ao modo e quanto à possibilidade de opor ao credor as exceções relativas à obrigação principal.[587]

Essa regra não pode ser aplicada à garantia à primeira demanda, pois o pagamento deve ser efetivado imediatamente após o pedido do credor (beneficiário). Não pode haver margem para a discussão quanto ao pedido, se era devido ou não, tampouco para a oposição de exceções.[588]

243: "A fiança de obrigação nula, nula também é. Este é um corolário da natureza acessória da fiança. O princípio é que todo acessório segue o principal, e está presente no art. 184."

[584] EPIFÂNIO, Maria do Rosário. Garantias bancárias autônomas. Breves reflexões. *In:* VAZ, Manuel Afonso; LOPES, J. A. Azeredo. (coord.) *Juris et de iure:* nos 20 anos da Faculdade de Direito da UCP Porto. Coimbra: Coimbra Editora, 1998, p. 341.

[585] MENEZES CORDEIRO, Antônio. *Tratado de Direito Civil*, v. X, Direito das Obrigações, Garantias. Coimbra: Almedina, 2015, p. 556.

[586] MENEZES CORDEIRO, Antônio. *Tratado de Direito Civil*, v. X, Direito das Obrigações, Garantias. Coimbra: Almedina, 2015, p. 557.

[587] PINTO E SILVA, Fábio Rocha. *Garantias das obrigações*: uma análise sistemática do direito das garantias e uma proposta abrangente para a sua reforma. São Paulo: Editora IASP, 2017, p. 319. No mesmo sentido: GOMES, Orlando. *Contratos*. 26ª ed., rev., atual. e aum. de acordo com o Código Civil de 2002 por Antonio Junqueira de Azevedo e Francisco Paulo De Crescenzo Marino. Rio de Janeiro: Forense, 2008, p. 538.

[588] GOMES, Manuel Januário da Costa. *Assunção fidejussória de dívida*: sobre o sentido e o âmbito da vinculação como fiador. Coimbra: Almedina, 2000, p. 734: "Na fiança ao pri-

Além disso, na garantia à primeira demanda, pode haver a estipulação de taxa de juros e multa mais onerosas do que aquelas previstas no contrato principal. Portanto, é uma garantia que é mais gravosa para o garantidor por sua natureza, de modo que o afastamento dessa característica desvirtuaria a garantia e violaria a intenção das partes de pactuar uma garantia diversa da fiança típica.

Também em função da natureza da garantia à primeira demanda, afastam-se as regras referentes ao benefício de ordem,[589] à possibilidade de oposição de exceções[590] e à dependência da certeza e liquidez da obrigação principal do devedor.[591] A impossibilidade de aplicação desta última regra justifica-se porque, no contrato de garantia à primeira demanda, as partes estipulam o valor garantido ou mecanismos para a sua apuração, havendo sempre liquidez; qualquer discordância quanto ao valor pedido pelo beneficiário será objeto de discussão futura, após o pagamento.[592]

Assim como na fiança típica, a garantia à primeira demanda pode ser limitada — no sentido de garantir apenas parte da relação jurídica subjacente —, o que deve estar previsto no contrato de garantia, o qual deve prever a incidência de juros, correção e demais despesas decorrentes do

---

meiro pedido basta o pedido: uma vez recebido pelo fiador o pedido de pagamento (...) fica, em princípio, ditado o momento de vencimento da obrigação de pagar, normalmente contratualmente definido; é então a altura de o fiador ao primeiro pedido proceder ao pagamento".

[589] BRASIL. Código Civil, artigos 827, 828 e 839.

[590] BRASIL. Código Civil, artigos 824, 837, 838.

[591] BRASIL. Código Civil, art. 821. "As dívidas futuras podem ser objeto de fiança; mas o fiador, neste caso, não será demandado senão depois que se fizer certa e líquida a obrigação do principal devedor."

[592] Sobre o objetivo e mecanismo de funcionamento da garantia ver ALMEIDA, Carlos Ferreira de. *Contratos III*. Contratos de liberdade, de cooperação e de risco. Coimbra: Almedina, 2015, p. 213: "visa, antes, assegurar que o beneficiário receberá, de imediato e sem discussão, nas condições previstas no texto da própria garantia, uma determinada quantia em dinheiro, logo que o beneficiário o solicite."; VASCONCELOS, Miguel Pestana. *Direito das Garantias*. Coimbra: Almedina, 2019, p. 141: "Do contrato emerge a obrigação autônoma que tem por objeto uma determinada quantia pecuniária. É neste negócio que são fixadas as condições da garantia autônoma (...), nomeadamente saber se se trata de uma garantia autônoma simples ou à primeira solicitação, quais os documentos a apresentar com o pedido por parte do garantido (...)".

inadimplemento. Não havendo tal previsão, não é possível a aplicação do artigo 822 do Código Civil de forma analógica, pois esta norma decorre do vínculo acessório da garantia.

Relativamente à fiança bancária, é comum referir-se a ela como a evolução da fiança acessória a um instrumento autônomo. Todavia, não é porque emitida profissionalmente por um banco que a fiança perde a sua acessoriedade, característica que lhe é ínsita.[593] A fiança bancária é contrato de fiança prestado por instituições bancárias, sendo praxe a emissão de uma carta fiança que contenha de forma pormenorizada a descrição da obrigação garantida.[594] Nesta carta, normalmente há a fixação do termo final, de modo que vencido o prazo sem que o afiançado tenha inadimplido, extingue-se a obrigação da instituição financeira.[595]

Outra questão que precisa ser refletida é em relação à exigência de outorga conjugal, prevista no artigo 1.647, III, do Código Civil[596] para a fiança ou o aval. A racionalidade dessa norma é proteger o patrimônio comum, cuja inobservância poderá dar causa à anulação da fiança ou do aval se o cônjuge desconsiderado propuser a ação competente até dois anos depois de terminada a sociedade conjugal.[597] Em outras palavras,

---

[593] GUILHARDI, Pedro. *Garantias autônomas*: instrumento para proteção jurídica do crédito. São Paulo: Quartier Latin, 2019, p. 243; no mesmo sentido ver GOMES, Manuel Januário da Costa. *Assunção fidejussória de dívida*: sobre o sentido e o âmbito da vinculação como fiador. Coimbra: Almedina, 2000, p. 65-66: "A expressão fiança bancária designa simplesmente a fiança prestada por um banco, não havendo, nesse particular, qualquer traço ou característica que afaste tais fianças do tipo fiança, ficando, no entanto, de pé a acentuação de características que apontem ou que relevem suficientemente para a (relativa) autonomização de um subtipo; a fiança bancária não é mais, assim, do que uma modalidade de fiança, com características específicas resultantes do fato de o sujeito prestador ser um banco e ainda do fato de a prestação da fiança estar enquadrada dentro das operações de crédito e *del credere*".

[594] PAULIN, Luiz Alfredo. Da fiança bancária. *Revista de Direito Bancário e do Mercado de Capitais*, São Paulo, v. 53, p. 159-181, jul. 2011, p. 8, versão digital.

[595] PAULIN, Luiz Alfredo. Da fiança bancária. *Revista de Direito Bancário e do Mercado de Capitais*, São Paulo, v. 53, p. 159-181, jul. 2011, p. 8, versão digital.

[596] BRASIL. Código Civil, art. 1.647. "Ressalvado o disposto no art. 1.648, nenhum dos cônjuges pode, sem autorização do outro, exceto no regime da separação absoluta: (...) III — prestar fiança ou aval; (...)."

[597] BRASIL. Código Civil, art. 1.649. "A falta de autorização, não suprida pelo juiz, quando necessária (art. 1.647), tornará anulável o ato praticado, podendo o outro cônjuge pleitear-

DISTINÇÃO DAS GARANTIAS LEGAIS PREVISTAS NO CÓDIGO CIVIL

a ausência de outorga uxória para a fiança e o aval acarreta a nulidade relativa da garantia, porquanto somente pode ser alegada pelo cônjuge preterido.[598] Impõe-se verificar, então, se a indicação da fiança e do aval na regra do artigo 1.647, III, do Código Civil possui caráter exemplificativo ou exaustivo, isto é, se a interpretação deve ser estendida a todas as garantias pessoais acessórias e autônomas ou restrita àquelas legalmente previstas.

Um primeiro indicativo de resposta pode ser buscado nas decisões referentes à figura do garante solidário, que é uma garantia pessoal atípica. Essa garantia é formada quando uma pessoa intervém no contrato para assegurá-lo como devedor solidário. O Superior Tribunal de Justiça desde 1990 entende que a garantia solidária, por ser distinta da fiança, não exige a outorga uxória. Na decisão paradigma prolatada no Recurso Especial n. 3.238/MG de 19/11/1990,[599] o Ministro Sálvio de Figueiredo entendeu que "o garante solidário não passa de um devedor (...) e como tal obrigado, e de forma ainda mais ampla que o fiador, quer por dispensar a anuência do cônjuge (...) quer por não dispor do benefício de ordem, com o qual é contemplado o fiador por força de lei."

A partir dessa decisão, até os dias de hoje, o entendimento dos tribunais estaduais[600] e do STJ[583] quanto à inexigibilidade da outorga uxória

---

-lhe a anulação, até dois anos depois de terminada a sociedade conjugal. Parágrafo único. A aprovação torna válido o ato, desde que feita por instrumento público, ou particular, autenticado." Na doutrina ver PASQUALOTTO, Adalberto. Contratos Nominados III: seguro, constituição de renda, jogo e aposta, fiança, transação e compromisso. *In:* MARTINS-COSTA, Judith; REALE, Miguel (coord.). *Estudos em homenagem ao Professor Miguel Reale*, v. 9. São Paulo: Editora Revista do Tribunais, 2008, p. 238.

[598] Em que pese a súmula n. 332 do STJ estabeleça que "A fiança prestada sem autorização de um dos cônjuges implica a ineficácia total da garantia" entende-se que é caso de nulidade, não de ineficácia, haja vista que o artigo 1649 do Código Civil expressa a possibilidade de "anulação" do ato.

[599] BRASIL. Superior Tribunal de Justiça. Recurso Especial n. 3.238-MG, relator Min. Sálvio de Figueiredo Teixeira, 23 de outubro de 1990.

[600] A título exemplificativo, cita-se: RIO GRANDE DO SUL. Tribunal de Justiça do Rio Grande do Sul. Apelação Cível n. 70015334832, Décima Segunda Câmara Cível, relator Des. Cláudio Baldino Maciel, 24 de agosto de 2006; RIO GRANDE DO SUL. Tribunal de Justiça do Rio Grande do Sul. Apelação Cível n. 70030476295, Décima Segunda Câmara Cível, relator Des. Cláudio Baldino Maciel, 20 de agosto de 2009; SÃO PAULO. Tribunal

para a prestação de garantia solidária passou a ser unívoco e sem maiores questionamentos. A título exemplificativo, convém citar o Recurso Especial n. 538.832[602] julgado em 10/02/2004, no qual o Ministro relator Carlos Alberto Menezes Direito citou a decisão paradigma do Ministro Sálvio de Figueiredo bem como uma decisão posterior do mesmo,[603] em que ele endossa o seu posicionamento, e conclui que "a figura do garante solidário não se confunde nem com o aval nem com a fiança, sendo incabível, portanto, a nulidade por falta de outorga uxória".

Apesar de não haver posicionamento geral sobre garantias pessoais atípicas, as decisões acima referidas indicam pela inaplicabilidade do artigo 1647, III, do Código Civil às garantias diversas da fiança e do aval. Ou seja, tem prevalecido uma interpretação restritiva da necessidade de outorga conjugal. Há, ainda, uma tendência jurisprudencial[604] de limitar a anuência do cônjuge aos avais prestados aos títulos inominados do Código Civil, excluindo-se os títulos nominados regidos por lei especial. Diante desse contexto, o entendimento que deve prevalecer é o da desnecessidade de outorga conjugal para a prestação de garantias à primeira demanda.

Diante das diferenças entre os institutos, poder-se-ia questionar se a garantia à primeira demanda não seria uma "burla" às regras da fiança pois, além de o garantidor poder ser mais onerado que o devedor principal, não é possível a oposição de exceções antes da realização do pagamento, tampouco é necessária outorga uxória. A resposta a esse ques-

---

de Justiça de São Paulo. Apelação Cível n. 1001335-66.2015.8.26.0663, 1ª Câmara Reservada de Direito Empresarial, relator Des. Fortes Barbosa, 21 de setembro de 2018; SÃO PAULO. Tribunal de Justiça de São Paulo. Apelação Cível n. 0011750-60.2010.8.26.0224, 21ª Câmara de Direito Privado, relator Des. Maia da Rocha, 27 de maio de 2013.

[601] BRASIL. Superior Tribunal de Justiça. Agravo Regimental no Recurso Especial n. 1.196.639-RJ, relator Min. João Otávio de Noronha, 10 de maio de 2011; BRASIL. Superior Tribunal de Justiça. Agravo Interno no Agravo em Recurso Especial n. 931.556-SP, relator Min. Marco Aurélio Bellizze, 22 de novembro de 2016.

[602] BRASIL. Superior Tribunal de Justiça. Recurso Especial n. 538.832-RS, relator Min. Carlos Alberto Menezes Direito, 10 de fevereiro de 2004.

[603] BRASIL. Superior Tribunal de Justiça. Recurso Especial n. 6.268-MG, relator Min. Salvio de Figueiredo Teixeira, 15 de abril de 1991.

[604] BRASIL. Superior Tribunal de Justiça. Recurso Especial n. 1.526.560-MG, relator Min. Paulo de Tarso Sanseverino, 16 de março de 2017.

DISTINÇÃO DAS GARANTIAS LEGAIS PREVISTAS NO CÓDIGO CIVIL

tionamento perpassa pelo entendimento dos limites da atipicidade. É preciso verificar se a garantia à primeira demanda, como contrato atípico, não representaria uma fraude à lei.

Consoante Pedro Pais de Vasconcelos, "na fraude à lei, o conteúdo contratual não agride diretamente a lei defraudada, mas antes colide com a intencionalidade normativa que lhe está subjacente e que justifica a sua imperatividade".[605] A intencionalidade normativa, segundo o autor, é a Ordem Pública. É bastante complicado o relacionamento dos contratos atípicos com a fraude à lei, pois a sua celebração implica o repúdio, por parte dos contratantes, dos tipos contratuais legais, seja por inconveniência dos tipos legais, seja por inabilidade para assegurar as finalidades pretendidas pelas partes.[606]

A solução está em perquirir se a injuntividade da norma tida por defraudada é "de molde a impor a sua vigência para além daquele tipo e em atenção a consequências jurídicas ou práticas que se verifiquem também como consequência do contrato atípico".[607] Em outras palavras, é preciso verificar se a intenção da norma é que sua aplicação seja restrita ao tipo legal ou a todos os contratos tendentes a produzir efeitos semelhantes.

Muitas normas da fiança decorrem de seu caráter acessório, como a impossibilidade de afiançar obrigações nulas, as hipóteses de desobrigação do fiador e a possibilidade de oposição de exceções decorrentes do contrato afiançado. Sendo assim, um dos critérios para verificar a licitude da garantia à primeira demanda perpassa por analisar a possibilidade de pactuação de garantias autônomas, já que isso acarretaria o afastamento das normas relativas à acessoriedade da fiança, que não seriam de Ordem Pública, tampouco seriam aplicáveis a todas as garantias.

No Direito brasileiro, não há dúvidas de que é lícita a pactuação de garantias autônomas. O maior exemplo disso é o aval, que é tipificado

---

[605] VASCONCELOS, Pedro Pais de. *Os contratos atípicos*. 2ª ed. Coimbra: Almedina, 2009, p. 350.
[606] VASCONCELOS, Pedro Pais de. *Os contratos atípicos*. 2ª ed. Coimbra: Almedina, 2009, p. 353.
[607] VASCONCELOS, Pedro Pais de. *Os contratos atípicos*. 2ª ed. Coimbra: Almedina, 2009, p. 359.

legalmente. Portanto, as normas decorrentes do caráter acessório da fiança não são de Ordem Pública, mas correspondem apenas ao seu tipo legal e não podem ser estendidas a outros tipos de garantias.

Outra questão pertinente diz respeito à regra de o fiador não poder obrigar-se em condições mais onerosas que o devedor. Devido às peculiaridades da garantia à primeira demanda, como a impossibilidade de oposição de exceções antes de realizar o pagamento e a desnecessidade de apresentação de prova do inadimplemento, o garantidor à primeira demanda obriga-se em condições mais onerosas que o devedor principal, o que permite questionar se isso não seria fraude à fiança, e se essa norma deveria ser aplicável a todas as garantias pessoais.

Entende-se, porém, que há exceções à regra de impossibilidade de o fiador onerar-se mais que o devedor principal. O exemplo disso é que o bem de família do fiador em contrato de locação pode ser penhorado.[608] Nessa hipótese, constata-se que o fiador se obrigou de forma mais onerosa, pois o bem de família do devedor principal permanece impenhorável, seguindo a regra do artigo 1º da Lei 8.009/1990. Portanto, essa regra também não pode ser interpretada como de Ordem Pública, tampouco poder-se-ia sustentar sua extensão a todas as demais garantias. Mais uma vez, o exemplo do aval é útil, pois o fato de que o avalista permanece obrigado, mesmo se a obrigação garantida for nula,[609] significa que é lícita a pactuação de aval em que o avalista se obriga em condições mais onerosas que o do devedor principal.

---

[608] Sobre o assunto, destaca-se o seguinte precedente: "FIADOR. Locação. Ação de despejo. Sentença de procedência. Execução. Responsabilidade solidária pelos débitos do afiançado. Penhora de seu imóvel residencial. Bem de família. Admissibilidade. Inexistência de afronta ao direito de moradia, previsto no art. 6º da CF. Constitucionalidade do art. 3º, inc. VII, da Lei nº 8.009/90, com a redação da Lei nº 8.245/91. Recurso extraordinário desprovido. Votos vencidos. A penhorabilidade do bem de família do fiador do contrato de locação, objeto do art. 3º, inc. VII, da Lei nº 8.009, de 23 de março de 1990, com a redação da Lei nº 8.245, de 15 de outubro de 1991, não ofende o art. 6º da Constituição da República." (BRASIL. Supremo Tribunal Federal. Recurso Extraordinário n. 407.688-SP, relator Min. Cezar Peluso, 08 de fevereiro de 2006).

[609] BRASIL. Código Civil, art. 899, §2º: "O avalista equipara-se àquele cujo nome indicar; na falta de indicação, ao emitente ou devedor final. (...) § 2º Subsiste a responsabilidade do avalista, ainda que nula a obrigação daquele a quem se equipara, a menos que a nulidade decorra de vício de forma."

Consequentemente, entende-se que a garantia à primeira demanda não é uma burla à fiança. É um novo tipo contratual, bastante comum no âmbito do comércio internacional e que pode ser muito útil para assegurar os contratos firmados nacionalmente. É um contrato com características muito diferentes daquelas da fiança, portanto, a sua função e seu funcionamento são incompatíveis com as regras da fiança.

6.2. O aval e a garantia à primeira demanda

Se, por um lado, a fiança é a garantia acessória paradigma, o aval,[610] por outro lado, é o paradigma das garantias autônomas. O aval é um negócio jurídico unilateral cambiário decorrente da manifestação unilateral de vontade, pelo qual uma pessoa assume a obrigação cambiária autônoma e incondicional de garantir, total ou parcialmente, no vencimento, o pagamento do título, conforme as condições nele estabelecidas.[611]

O aval é mecanismo de garantia do direito cambiário, característico dos títulos de crédito;[612] está previsto na Lei Uniforme de Genebra, sendo também regulado pelos artigos 897 a 900 do Código Civil. O aval somente pode ser lançado no próprio título de crédito ou em folha anexa.[613] Logo, o "aval" prestado em contrato não é aval.

O Superior Tribunal de Justiça, em diversas ocasiões,[614] entendeu que o denominado *aval* aposto em contrato é, na verdade, uma imprecisão

---

[610] Sobre aval ver: BORGES, João Eunápio. *Do aval*. 4. ed. rev. Rio de Janeiro: Forense, 1975.

[611] ROSA JUNIOR, LUIZ Emygdio Franco da. *Títulos de crédito*. Rio de Janeiro: Forense, 2019, p. 225

[612] Sobre títulos de crédito, ver ASCARELLI, Tulio. *Teoria geral dos títulos de crédito*. Campinas: Editora Jurídica Mizuno, 2003.

[613] Lei Uniforme de Genebra, art. 31: "O aval é escrito na própria letra ou numa folha anexa. Exprime-se pelas palavras "bom para aval" ou por qualquer fórmula equivalente; e assinado pelo dador do aval. O aval considera-se como resultante da simples assinatura do dador aposta na face anterior da letra, salvo se se trata das assinaturas do sacado ou do sacador. O aval deve indicar a pessoa por quem se dá. Na falta de indicação entender-se-á ser pelo sacador."

[614] BRASIL. Superior Tribunal de Justiça. Recurso Especial n. 23.878-MG, relator Min. Salvio de Figueiredo Teixeira, 25 de novembro de 1992, destaca-se o seguinte trecho na p. 3: "A imprecisão técnica não pode servir de subterfúgio aos que desejam esquivar-se do cumprimento de compromissos livremente pactuados. *In casu*, restou induvidosa a condição de devedores solidários assumida pelas pessoas físicas que subscreveram o instrumento

técnica para designar a garantia exercida por um devedor solidário. Em outras palavras, o *avalista* de determinado contrato nada mais é do que devedor solidário da obrigação. Não se aplicam, portanto, as regras referentes ao aval, mas as referentes à solidariedade.

Verifica-se que é requisito essencial para a constituição de aval a existência de título de crédito. Diferentemente, a garantia autônoma à primeira demanda não exige a emissão de título para assegurar o resultado da obrigação da relação jurídica subjacente. Essa exigência do aval foi, inclusive, uma das razões pelas quais o comércio internacional sentiu a necessidade da criação da garantia autônoma à primeira demanda.[615]

O avalista, por garantir a obrigação constante em um título de crédito circulável, obriga-se perante uma pessoa indeterminada. Assim, terá que pagar o valor do título a qualquer pessoa que o tenha em mãos. Logo, em razão dessa circulabilidade, o aval não é obrigação personalíssima.[616] Não haverá uma análise da capacidade creditória do avalista pelo beneficiário da garantia como ocorre na garantia à primeira demanda.

Outra diferença marcante é estrutural, pois o aval é constituído por um negócio jurídico unilateral, em que somente há a aposição de uma declaração unilateral do avalista no título de crédito a fim de garantir, por um dos subscritores, o pagamento da obrigação incorporada na cártula.[617] Ao contrário, a garantia à primeira demanda é um contrato cele-

---

contratual, inobstante no campo destinado às assinaturas constasse a expressão 'avalista'"; ver também: BRASIL. Superior Tribunal de Justiça. Recurso Especial n. 93.036-RS, relator Min. Sálvio de Figueiredo Teixeira, 12 de maio de 1998; BRASIL. Superior Tribunal de Justiça. Recurso Especial n. 114.436-RS, relator Min. Antônio de Pádua Ribeiro, 31 de agosto de 2000; BRASIL. Superior Tribunal de Justiça. Agravo Regimental no Agravo n. 1360103-MG, relatora Min. Maria Isabel Gallotti, 13 de outubro de 2015.

[615] CORTEZ, Francisco. A garantia bancária autônoma — alguns problemas. *Revista da Ordem dos Advogados*, Lisboa, ano 52, Vol. II, p. 513-610, jul. 1992, p. 518.

[616] ROSA JUNIOR, LUIZ Emygdio Franco da. *Títulos de crédito*. Rio de Janeiro: Forense, 2019, p. 227

[617] MIRAGEM, Bruno. *Direito Civil*: direito das obrigações. São Paulo: Saraiva, 2017, p. 689. No mesmo sentido: ROSA JUNIOR, Luiz Emygdio Franco da. *Títulos de Crédito*. Rio de Janeiro: Forense, 2019, p. 225: "o aval decorre de uma mera declaração unilateral de vontade manifestada pelo avalista e que independe, formalmente, da concordância do avalizado e do portador do título, não tendo natureza jurídica de contrato."; RIZZARDO,

brado entre o garantidor e o beneficiário, em que há a declaração de vontade de ambos os contratantes.[618]

Ainda, o aval corresponde a um ato incondicional,[619] pois não depende de evento futuro ou incerto; é exigível na data de vencimento constante no título. A garantia à primeira demanda é um contrato de garantia, cuja prestação do garantidor é eventual, que depende de incumprimento no contrato garantido.[620] Ao contrário do vencimento do título, inexiste data certa para a exigência da garantia, tampouco há certeza se será necessário o seu acionamento.

No aval, o avalista garantirá solidariamente[621] o pagamento do título, segundo as condições constantes na cártula, por imposição do princípio

---

Arnaldo. *Títulos de crédito*. 5ª ed. Rio de Janeiro: Forense, 2015, p. 82: "Lança-se o aval mediante mera assinatura, se aposto no anverso do título".

[618] CORTEZ, Francisco. A garantia bancária autônoma — alguns problemas. *Revista da Ordem dos Advogados*, Lisboa, ano 52, Vol. II, p. 513-610, jul. 1992, p. 563; EPIFÂNIO, Maria do Rosário. Garantias bancárias autônomas. Breves reflexões. *In:* VAZ, Manuel Afonso; LOPES, J. A. Azeredo. (coord.) *Juris et de iure:* nos 20 anos da Faculdade de Direito da UCP Porto. Coimbra: Coimbra Editora, 1998, p. 345: "Em segundo lugar, o aval obedece a uma estrutura diferente, pois o avalista limita-se a apor a sua assinatura no título de crédito, enquanto na garantia bancária autônoma é necessária a celebração de um contrato entre o banco garante e o credor beneficiário."

[619] ROSA JUNIOR, LUIZ Emygdio Franco da. *Títulos de crédito*. Rio de Janeiro: Forense, 2019, p. 236: "Deve-se considerar como não escrita a cláusula que subordine a eficácia do aval a um evento futuro e incerto, por se tratar de cláusula que beneficia o devedor (Decreto nº 2.044/1908, art. 44, IV, vigente em razão do silêncio da LUG). O art. 890 do CCB de 2002 também considera como não escrita a cláusula que, além dos limites fixados em lei, exclua ou restrinja direitos e obrigações."

[620] ALMEIDA, Carlos Ferreira de. *Contratos III.* Contratos de liberdade, de cooperação e de risco. Coimbra: Almedina, 2015, p. 161.

[621] Lei Uniforme de Genebra, art. 47. "Os sacadores, aceitantes, endossantes ou avalistas de uma letra são todos solidariamente responsáveis para com o portador. O portador tem o direito de acionar todas estas pessoas individualmente, sem estar adstrito a observar a ordem por que elas se obrigaram. O mesmo direito possui qualquer dos signatários de uma letra quando a tenha pago. A ação intentada contra um dos co-obrigados não impede acionar os outros, mesmo os posteriores àquele que foi acionado em primeiro lugar." Na doutrina ver PINTO E SILVA, Fábio Rocha. *Garantias das obrigações:* uma análise sistemática do direito das garantias e uma proposta abrangente para a sua reforma. São Paulo, Editora IASP, 2017, p. 331-332; NORONHA, Fernando. *Direito das obrigações.* 3ª ed. São Paulo: Saraiva, 2010, p. 213; ASSUMPÇÃO, Marcio Calil. O aval e a Lei 10.406 de 10 de janeiro de

da literalidade.[622] Como corolário dessa solidariedade, o avalista e o avalizado são devedores de uma mesma prestação,[623] pois o objetivo do aval é o de "garantir o pagamento da obrigação de qualquer outro dos subscritores do título".[624] Assim, se houver o pagamento pelo avalista, esse pagamento será da obrigação do avalizado.[625] Diferentemente, na garantia à primeira demanda, o garantidor assume uma obrigação própria perante o beneficiário.[626]

O aval é garantia autônoma. A autonomia do aval, no entanto, é diferente da autonomia da garantia à primeira demanda. O avalista não pode opor-se às causas de nulidade substancial da obrigação garantida (artigo 899, §2º, do Código Civil); apenas as nulidades formais (ou vícios de forma) são oponíveis.[627] Em outras palavras, não podem ser opostas pelos avalistas exceções decorrentes da obrigação garantida, mantendo-

---

2002 (Novo Código Civil). *Revista de Direito Bancário e do Mercado de Capitais*, São Paulo, v. 35, p. 47-65, jan.-mar. 2007, p. 1-2, versão digital.

[622] ROSA JUNIOR, LUIZ Emygdio Franco da. *Títulos de crédito*. Rio de Janeiro: Forense, 2019, p. 225.

[623] GUILHARDI, Pedro. *Garantias autônomas*: instrumento para proteção jurídica do crédito. São Paulo: Quartier Latin, 2019, p. 233; RIZZARDO, Arnaldo. *Títulos de crédito*. 5ª ed. Rio de Janeiro: Forense, 2015, p. 83: "Aquele que dá aval assume a obrigação pelo pagamento da dívida, solidariamente com o devedor, adquirindo a responsabilidade daquele que vem a garantir".

[624] MENEZES LEITÃO, Luís Manuel Teles de. *Garantias das obrigações*. 5.ed. Coimbra: Almedina, 2016, p. 129.

[625] PORTALE, Giuseppe B. *Lezioni pisane di diritto commerciale a cura di Francesco Barachini*. Pisa: Pisa University Press, 2014, p. 29.

[626] GUILHARDI, Pedro. *Garantias autônomas*: instrumento para proteção jurídica do crédito. São Paulo: Quartier Latin, 2019, p. 233; GOMES, Manuel Januário da Costa. *Assunção fidejussória de dívida*: sobre o sentido e o âmbito da vinculação como fiador. Coimbra: Almedina, 2000, p. 725: "Tendo a garantia autônoma automática sempre por objeto dinheiro, não se compreenderia que pudesse ser diversamente na fiança ao primeiro pedido, que àquela vai buscar inspiração."; TELLES, Inocêncio Galvão. Garantia bancária autônoma. Estudo e Parecer. *O Direito*, Coimbra, ano 120, III-IV, p. 275-293, 1988, p. 288: "Não versando a obrigação garantida sobre dinheiro, o garante responsabiliza-se apenas pela indenização resultante do incumprimento e não pelo cumprimento específico."

[627] NORONHA, Fernando. *Direito das obrigações*. 3ª ed. São Paulo: Saraiva, 2010, p. 215.

DISTINÇÃO DAS GARANTIAS LEGAIS PREVISTAS NO CÓDIGO CIVIL

-se o aval mesmo que esta seja nula, com exceção da nulidade de forma.[628] Consequentemente, entende-se que "a obrigação do avalista é autônoma quanto à essência e acessória quanto à forma".[629] Em relação à possibilidade de oposição de exceções, Fernando Noronha explica que:

> Por razões similares as causas, não de nulidade, mas de extinção (posterior, ou superveniente) da obrigação garantida, se não forem exceções pessoais do avalizado, poderão ser opostas pelo avalista ao portador: sempre que o avalizado também pudesse opô-las ao portador, o avalista também poderá fazê-lo.[630]

Observa-se, assim, uma autonomia limitada no que diz respeito ao aval, ao contrário da garantia autônoma, uma vez que, em regra, nem sequer a invalidade formal da relação subjacente poderá ser suscitada pelo garantidor antes de efetuar o pagamento ao beneficiário.[631] Ademais, a doutrina e a jurisprudência[632] têm admitido a possibilidade de o

---

[628] Lei Uniforme de Genebra, art. 32. "(...) A sua obrigação mantém-se, mesmo no caso de a obrigação que ele garantiu ser nula por qualquer razão que não seja um vício de forma."; Na doutrina ver PINTO E SILVA, Fábio Rocha. *Garantias das obrigações*: uma análise sistemática do direito das garantias e uma proposta abrangente para a sua reforma. São Paulo: Editora IASP, 2017, p. 332. Ver também: MIRAGEM, Bruno. *Direito Civil*: direito das obrigações. São Paulo: Saraiva, 2017, p. 690.

[629] ROSA JUNIOR, Luiz Emygdio Franco da. *Títulos de crédito*. Rio de Janeiro: Forense, 2019, p. 251.

[630] NORONHA, Fernando. *Direito das obrigações*. 3ª ed. São Paulo: Saraiva, 2010, p. 216.

[631] GUILHARDI, Pedro. *Garantias autônomas*: instrumento para proteção jurídica do crédito. São Paulo: Quartier Latin, 2019, p. 234; CORTEZ, Francisco. A garantia bancária autônoma — alguns problemas. *Revista da Ordem dos Advogados*, Lisboa, ano 52, Vol. II, p. 513-610, jul. 1992, p. 563. No mesmo sentido: TELLES, Inocêncio Galvão. Garantia bancária autônoma. Estudo e Parecer. *O Direito*, Coimbra, ano 120, III-IV, p. 275-293, 1988, p. 286: "O aval também goza de autonomia, mas é próprio dos títulos de crédito, no que se diferencia da garantia automática. E nesta a autonomia ainda é mais acentuada, como resulta, além do mais, do fato de o avalista só não poder socorrer-se dos meios de defesa do avalizado decorrentes da invalidade substancial da respectiva obrigação."

[632] BRASIL. Superior Tribunal de Justiça. Recurso Especial n. 1.436.245-MG, relator Min. João Otávio de Noronha, 17 de março de 2015; BRASIL. Superior Tribunal de Justiça. Recurso Especial n. 43.119-RS, relator Min. Eduardo Ribeiro, 21 de novembro de 1995; BRASIL. Superior Tribunal de Justiça. Recurso Especial n. 162.332-SP, relator Min.

avalista arguir exceções baseadas na extinção, ilicitude ou inexistência da dívida que o originou, na hipótese de ausência de circulação do título.[633]

Em uma das decisões recentes sobre a matéria do Superior Tribunal de Justiça, o Ministro João Otávio de Noronha,[634] após analisar diversos precedentes da Corte que relativizaram a autonomia e a abstração do aval, consignou que é acertada a possibilidade de análise de exceções opostas pelo avalista referente a título que não circulou, pois "evita o enriquecimento sem causa e a tutela do credor de má-fé, ambos não tolerados pelo ordenamento jurídico pátrio." O relator considerou, ainda, que o princípio da abstração e da autonomia da obrigação do avalista podem ser mitigados na hipótese de colisão com outros princípios, como o da boa-fé. Exaradas essas considerações, garantiu-se ao avalista a possibilidade de opor exceções pessoais do devedor principal ao credor originário.

Esse precedente, assim como os demais citados no acórdão, distanciam a extensão da autonomia do aval da garantia à primeira demanda. É da natureza desta última garantia a inoponibilidade de exceções oriundas da relação subjacente; considerar o contrário, com fundamento na impossibilidade de enriquecimento sem causa, significaria desvirtuar a garantia e seu mecanismo de funcionamento, que já prevê formas e procedimentos de evitar o enriquecimento sem causa. Essas decisões, portanto, não podem ser utilizadas como norte interpretativo da garantia à primeira demanda, pois seria prejudicial à segurança pretendida e à sua própria formação histórica.

Em relação à necessidade de outorga uxória para prestar o aval,[635] o Código Civil a exige, assim como na fiança, no artigo 1647, III. Em razão da natureza cambiária do aval, no entanto, foi feita, na I Jornada de

---

Eduardo Ribeiro, 29 de junho de 2000; BRASIL. Superior Tribunal de Justiça. Recurso Especial n. 245.610-SP, relator Min. Cesar Asfor Rocha, 12 de dezembro de 2000; BRASIL. Superior Tribunal de Justiça. Recurso Especial n. 678.881-PR, relatora Min. Nancy Andrighi, 20 de junho de 2006.

[633] ROSA JUNIOR, LUIZ Emygdio Franco da. *Títulos de crédito*. Rio de Janeiro: Forense, 2019, p. 254.

[634] BRASIL. Superior Tribunal de Justiça. Recurso Especial n. 1.436.245-MG, relator Min. João Otávio de Noronha, 17 de março de 2015.

[635] Sobre o tema, ver ALVES, Alexandre Ferreira de Assumpção; DIAS, José Carlos Jordão Pinto. Aval e outorga conjugal: análise da interpretação do artigo 1.647 do Código Civil

Direito Civil do Conselho de Justiça Federal, uma proposição de alteração do referido dispositivo, no sentido de suprimir a expressão "ou aval" da sua redação. A justificativa foi que a exigência da outorga do cônjuge no aval descaracterizaria o instituto, haja vista a celeridade indispensável dos títulos de crédito, que não é compatível com a exigência e verificação do regime de bens do avalista.[636]

Apesar da inexistência de alteração legislativa, o caminho da jurisprudência, a partir de 2016, foi considerar a aplicação subsidiária do Código Civil aos títulos de créditos típicos ou nominados, afastando-se a exigência da outorga uxória para a prestação do aval. Essa exigência manteve-se, entretanto, em relação ao aval prestado nos títulos de crédito inominados.[637] Em decisão paradigma sobre essa questão, o Ministro Luis Felipe

---

pela doutrina e jurisprudência. *Revista Brasileira de Direito Empresarial*, São Luís, v. 3, n. 2, p. 78-99, jul.-dez. 2017.

[636] Jornadas de Direito Civil I, III, IV e V: enunciados aprovados / coordenador científico Ministro Ruy Rosado de Aguiar Júnior. Brasília: Conselho da Justiça Federal, Centro de Estudos Judiciários, 2012, p. 33: "Proposição sobre o art. 1.647, inc. III, do novo Código Civil: OUTORGA CONJUGAL EM AVAL. Suprimir as expressões "ou aval" do inc. III do art. 1.647 do novo Código Civil. Justificativa: Exigir anuência do cônjuge para a outorga de aval é afrontar a Lei Uniforme de Genebra e descaracterizar o instituto. Ademais, a celeridade indispensável para a circulação dos títulos de crédito é incompatível com essa exigência, pois não se pode esperar que, na celebração de um negócio corriqueiro, lastreado em cambial ou duplicata, seja necessário, para a obtenção de um aval, ir à busca do cônjuge e da certidão de seu casamento, determinadora do respectivo regime de bens". As Jornadas de Direito Civil do CNJ têm por objetivo "reunir magistrados, professores, representantes das diversas carreiras jurídicas e estudiosos do Direito Civil para o debate, em mesa redonda, de temas sugeridos pelo Código Civil de 2002 e aprovar enunciados que representem o pensamento da maioria dos integrantes de cada uma das diversas comissões" (Jornadas de Direito Civil I, III, IV e V: enunciados aprovados / coordenador científico Ministro Ruy Rosado de Aguiar Júnior. Brasília: Conselho da Justiça Federal, Centro de Estudos Judiciários, 2012, p. 9).

[637] ALVES, Alexandre Ferreira de Assumpção; Dias, José Carlos Jordão Pinto. Aval e outorga conjugal: análise da interpretação do artigo 1.647 do Código Civil pela doutrina e jurisprudência. *Revista Brasileira de Direito Empresarial*, São Luís, v. 3, n. 2, p. 78-99, jul.-dez. 2017, p. 97: "O entendimento mais adequado é o de que, diante da especificidade do instituto do aval, bem como levando em consideração o princípio da autonomia e da inexistência de exigência de outorga na legislação cambial, a norma geral do Código Civil presente no art. 1.647, inc. III, não será aplicada aos títulos cambiais ou cambiariformes. A aplicação deste artigo restringe se aos títulos de crédito atípicos ou inominados e àqueles

Salomão consignou que "a necessidade de outorga conjugal para o aval em títulos inominados (...) tem razão de ser no fato de que alguns deles não assegura, nem mesmo direitos creditícios, a par de que a possibilidade de circulação é, evidentemente, deveras mitigada".[638]

Até a referida decisão do Ministro Luis Felipe Salomão, o entendimento da Corte era pela anulabilidade do aval em caso de ausência de outorga uxória. Essa decisão marcou uma virada de entendimento da Corte, tendo sido seguida pelo Ministro Paulo de Tarso Sanseverino na decisão do Resp. n. 1.526.560.[639] Nesta decisão, o Ministro lembrou que o aval é fruto de uma construção histórica relacionada ao desenvolvimento dos títulos de crédito, cuja circulação foi essencial para o aumento da produção de riquezas. Assim, a "submissão da validade do aval à outorga do cônjuge do avalista compromete (...) a garantia que dimana do instituto, enfraquecendo, ao fim e ao cabo, os próprios títulos de crédito, tão aptos à circulação".[640]

Verifica-se, novamente, uma interpretação cada vez mais restritiva quanto à exigência de outorga conjugal para a prestação de aval e de outras garantias em geral. Conforme já mencionado na parte da fiança, entende-se, portanto, que não é necessária a outorga conjugal para a prestação de garantia à primeira demanda.

Em síntese, constata-se que há duas diferenças principais entre a garantia à primeira demanda e o aval: a primeira é estrutural, pois o aval

---

que não possuem disposições próprias sobre aval, mas que se valem da disciplina subsidiária do Código Civil, de acordo com o art. 903 desse diploma."

[638] BRASIL. Superior Tribunal de Justiça. Recurso Especial n. 1.633.399-SP, relator Min. Luis Felipe Salomão, 10 de novembro de 2016.

[639] BRASIL. Superior Tribunal de Justiça. Recurso Especial n. REsp 1.526.560-MG, relator Min. Paulo de Tarso Sanseverino, 16 de março de 2017, p. 13 "interpretação do art. 1647, inciso III, do CCB que mais se concilia com o instituto cambiário do aval e, pois, às peculiaridades dos títulos de crédito é aquela em que as disposições contidas no referido dispositivo hão de se aplicar aos avais prestados nos títulos de crédito regidos pelo próprio Código Civil (atípicos), não se aplicando aos títulos de crédito nominados (típicos) regrados pelas leis especiais, que, atentas às características do direito cambiário, não prevêem semelhante disposição, pelo contrário, estabelecem a sua independência e autonomia em relação aos negócios subjacentes."

[640] BRASIL. Superior Tribunal de Justiça. Recurso Especial n. REsp 1.526.560-MG, relator Min. Paulo de Tarso Sanseverino, 16 de março de 2017, p. 11-12.

é um negócio jurídico unilateral, e a segunda é em relação à autonomia, que no aval é limitada, sendo possível a oposição de exceções formais.[641] Além disso, a vocação à circulabilidade dos títulos de crédito influencia o aval a ser uma garantia simples — prestada mediante simples assinatura — que possibilita a qualquer pessoa que tenha o título em mãos exigir do avalista o seu pagamento no vencimento. É uma garantia que, embora seja autônoma, é muito diferente da garantia à primeira demanda, tanto em estrutura, como em função.

6.3. O seguro e a garantia à primeira demanda

O seguro garantia — também chamado de seguro caução — é a espécie de seguro que mais se aproxima das garantias autônomas, o que pode suscitar dúvidas razoáveis quanto à natureza de cada um já que a cláusula *à primeira demanda* pode ser acrescida a esse seguro.[642] Essa figura, no entanto, apresenta diferenças significativas em relação à garantia à primeira demanda.

O contrato de seguro, incluindo a espécie de seguro garantia, conta com elementos mínimos e comuns que o caracterizam. Eles exigem: uma empresa seguradora; duas atribuições patrimoniais, o prêmio e a prestação da empresa seguradora, que é incerta; uma circunstância de eventualidade (sinistro compreendido no risco tipificado); e a garantia como função econômico-social.[643] São essas características que particularizam

---

[641] EPIFÂNIO, Maria do Rosário. Garantias bancárias autônomas. Breves reflexões. *In:* VAZ, Manuel Afonso; LOPES, J. A. Azeredo. (coord.) *Juris et de iure:* nos 20 anos da Faculdade de Direito da UCP Porto. Coimbra: Coimbra Editora, 1998, p. 344-345: "O aval distingue-se da garantia autônoma em dois aspectos principais: o primeiro é que a autonomia da garantia autônoma é pura, enquanto no aval há a oponibilidade da invalidade formal pelo avalista; o segundo é que o aval obedece a uma estrutura deferente, pois o avalista limita-se a apor a sua assinatura no título de crédito, enquanto na garantia bancária autônoma é necessária a celebração de um contrato entre o garantidor e o credor beneficiário".

[642] GUILHARDI, Pedro. *Garantias autônomas:* instrumento para proteção jurídica do crédito. São Paulo: Quartier Latin, 2019, p. 223.

[643] ALMEIDA, Carlos Ferreira de. *Contratos III.* Contratos de liberdade, de cooperação e de risco. Coimbra: Almedina, 2015, p. 231.

o contrato de seguro e servem de parâmetro para a distinção das demais modalidades contratuais.[644]

A noção de contrato de seguro no direito brasileiro está prevista no artigo 757 do Código Civil, que preceitua que, pelo contrato de seguro, "o segurador se obriga, mediante o pagamento do prêmio, a garantir interesse legítimo do segurado, relativo à pessoa ou coisa, contra riscos predeterminados".[645] Constata-se ser essencial ao contrato de seguro a figura do segurador, que é uma entidade legalmente autorizada.[646]

Os contratos de seguro são muito regulados, principalmente pelo Código Civil e o Decreto-Lei 73/1966. A atividade econômica de seguros é fortemente regulada pelo direito público, diante da grande intervenção do Estado. O fundamento dessa regulação é a necessidade de assegurar "a higidez econômico-financeira do segurador, a proteção do consumidor e da livre concorrência, assim como a cooperação entre os seguradores no mercado".[647]

A atividade securitária no Brasil se dá "em um regime de destacada intervenção do Estado",[648] sob regulação administrativa, nos termos do

---

[644] Nesse sentido ver: PETERSEN, Luiza Moreira. *O risco no contrato de seguro*. São Paulo: Editora Roncati, 2018, p. 43.

[645] BRASIL. Código Civil, art. 757. Sobre esse conceito ver ALVIM, Pedro. *O seguro e o novo Código Civil*. Rio de Janeiro: Forense, 2007, p. 5-7.

[646] ALVIM, Pedro. *O seguro e o novo Código Civil*. Rio de Janeiro: Forense, 2007, p. 10: "o contrato de seguro está indissoluvelmente ligado à existência de companhias ou empresas que o explorem como seguradoras: são coisas conexas, ideias inseparáveis de tal sorte que a existência de uma companhia seguradora, tecnicamente organizada, chegou a ser considerada como um elemento essencial do seguro. (...) Diante da importância de que se reveste a figura do segurador no mundo moderno, era natural que fosse objeto de atenção do novo código. O Parágrafo único, do art. 757, acima transcrito, prescreve que, como segurador, só poderá figurar entidade para tal fim legalmente autorizada."

[647] MIRAGEM, Bruno. O direito dos seguros no sistema jurídico brasileiro: uma introdução. *In*: MIRAGEM, Bruno; CARLINI, Angélica. *Direito dos seguros*: fundamentos de direito civil: direito empresarial e direito do consumidor. São Paulo: Editora Revista dos Tribunais, 2014, p. 33.

[648] MIRAGEM, Bruno. O direito dos seguros no sistema jurídico brasileiro: uma introdução. *In*: MIRAGEM, Bruno; CARLINI, Angélica. *Direito dos seguros*: fundamentos de direito civil: direito empresarial e direito do consumidor. São Paulo: Editora Revista dos Tribunais, 2014, p. 28.

DISTINÇÃO DAS GARANTIAS LEGAIS PREVISTAS NO CÓDIGO CIVIL

parágrafo único do artigo 170 da Constituição Federal. As seguradoras submetem-se à regulação administrativa, necessitam de autorização prévia a funcionar e têm sua atividade supervisionada pelo Estado, em especial pelo Decreto-Lei 73/1996.

Diferentemente da atividade, o contrato de seguro é matéria estrita do Direito Privado. É um contrato oneroso, porquanto ambas as partes, segurado e segurador, suportam esforços econômicos.[649] O segurado deve pagar o prêmio, que é "o preço do seguro, a remuneração do segurador ou a contraprestação do segurado",[650] ao passo que o segurador deve pagar a indenização em caso de sinistro. Além disso, o contrato de seguro não é formal, é somente consensual, pois "se aperfeiçoa pelo mero consentimento e os direitos e obrigações recíprocas do segurador e do segurado começam, uma vez verificada a convenção, antes mesmo de emitida a apólice".[651]

Diante dessas características essenciais a todos os contratos de seguros, já é possível verificar três principais distinções em relação ao contrato de garantia à primeira demanda. A primeira é que é essencial ao contrato de seguro a figura do segurador, enquanto entidade com autorização estatal para exercer a atividade de seguro, exigência que não existe para o contrato de garantia à primeira demanda, no qual qualquer pessoa capaz poderá figurar como garantidor. A segunda distinção é relativa à onerosidade do contrato de seguro, pois a garantia à primeira demanda, como visto no quinto capítulo, é um contrato gratuito. A terceira refere--se à forma, pois o contrato de garantia à primeira demanda exige forma escrita para a sua pactuação, cuja inobservância poderá acarretar a sua inexistência.

Em relação à espécie "seguro garantia — a que mais se assemelharia à garantia autônoma à primeira demanda —, verifica-se ser uma garantia prestada por uma seguradora que, a pedido do devedor e mediante o pagamento de um prêmio, garante o credor contra o incumprimento ou mora

---

[649] PETERSEN, Luiza Moreira. *O risco no contrato de seguro.* São Paulo: Editora Roncati, 2018, p. 65

[650] ALVIM, Pedro. *O seguro e o novo Código Civil.* Rio de Janeiro: Forense, 2007, p. 35.

[651] ALVIM, Pedro. *O seguro e o novo Código Civil.* Rio de Janeiro: Forense, 2007, p. 13.

na prestação, indenizando-o pelos danos sofridos.[652] Nessa modalidade de seguro, a garantia é prestada em favor de um crédito já constituído ou a constituir do beneficiário. O beneficiário adquire, enquanto credor garantido, um crédito sobre o segurador, o qual não é naturalmente afetado em virtude das exceções existentes na relação com o devedor.[653]

O seguro garantia pode assumir a modalidade de garantia autônoma automática, dependendo da estipulação.[654] De qualquer forma, referido seguro apresenta-se como um instrumento de cobrir os riscos do incumprimento ou de atraso no cumprimento das obrigações do tomador do seguro.[655] Assim, tem-se entendido que, independentemente da forma

---

[652] LEÃES, Luiz Gastão Paes de Barros. O seguro-garantia sob a modalidade de antecipação de pagamentos. *Revista de Direito Bancário e do Mercado de Capitais*, São Paulo, v. 17, p. 185-195, jul.-set. 2002, p. 187: "Nesse tipo de seguro, o devedor, investindo-se da condição de estipulante, convenciona com a seguradora a emissão de uma apólice, abonando o adimplemento de obrigações contratuais em favor do credor segurado. Nessa estipulação, o devedor supre a vontade do segurado, de cuja manifestação de vontade prescinde para a transferência do risco à seguradora. O vínculo que se constitui entre o devedor e a seguradora é, assim, autônomo em relação ao segurado, e não interfere no liame contratual subjacente, objeto da garantia. Quer dizer, no seguro em tela, não se estabelece a dependência de uma obrigação a outra, numa relação de principal e acessório, mas simples justaposição. O segurador não se obriga a pagar o crédito segurado, em lugar do devedor original, mas a indenizar o segurado das conseqüências patrimoniais do inadimplemento." No mesmo sentido: MENEZES LEITÃO, Luís Manuel Teles de. *Garantias das obrigações*. 5.ed. Coimbra: Almedina, 2016, p. 173; GUILHARDI, Pedro. *Garantias autônomas*: instrumento para proteção jurídica do crédito. São Paulo: Quartier Latin, 2019, p. 224-225.

[653] MENEZES LEITÃO, Luís Manuel Teles de. *Garantias das obrigações*. 5.ed. Coimbra: Almedina, 2016, p. 175. Ver também: LEÃES, Luiz Gastão Paes de Barros. O seguro-garantia sob a modalidade de antecipação de pagamentos. *Revista de Direito Bancário e do Mercado de Capitais*, São Paulo, v. 17, p. 185-195, jul.-set. 2002, p. 188.

[654] MENEZES LEITÃO, Luís Manuel Teles de. *Garantias das obrigações*. 5.ed. Coimbra: Almedina, 2016, p. 176-177: "o seguro-caução, sendo algumas vezes qualificado como fiança, pode ainda constituir uma modalidade de garantia autônoma, na medida em que se verifica que em diversas apólices se estabelece que a seguradora se obriga a satisfazer o pagamento, muitas vezes à primeira solicitação, com independência da obrigação que existe para o devedor."

[655] ALMEIDA, Carlos Ferreira de. *Contratos III*. Contratos de liberdade, de cooperação e de risco. Coimbra: Almedina, 2015, p. 256.

de estipulação, as regras técnicas e econômicas da atividade seguradora justificam a existência de uma disciplina específica.[656]

A previsão dessa figura no Direito brasileiro está na Circular da SUSEP 447/2013, a qual estabelece no artigo 2º que "o Seguro Garantia tem por objetivo garantir o fiel cumprimento das obrigações". O seguro garantia pode ser contratado nos setores público ou privado, e suas definições e distinções estão dispostas nos artigos 4º e 5º da referida Circular. Também há previsão no artigo 8º da Lei 11.079/04 e no artigo 56 da Lei 8.666/93. Há, então, regulação específica dessa modalidade de seguro no Brasil, na qual há previsão de definições, de valor da garantia, de forma de contratação, entre outras condições previstas pela SUSEP.

Constata-se, portanto, que, além da figura do segurador, que é exigida para caracterizar o contrato de seguro garantia e da ausência de forma legal, é elemento de distinção da garantia à primeira demanda o sistema de precificação da referida modalidade de seguro. Ela abrange uma análise personalíssima da capacidade financeira, técnica e operacional do tomador do seguro, que é definida por um criterioso e abrangente processo de subscrição de risco.[657] Esse modo de análise do risco e a figura do segurador, com atuação extremamente regulada, são muito diversos da garantia ora em estudo.

Nesse sentido, observa-se que o contrato de seguro está inserido em uma rede contratual, na qual "sua execução e seu funcionamento se apoiam em uma estrutura comunitária".[658] Consequentemente, a sua

---

[656] MENEZES LEITÃO, Luís Manuel Teles de. *Garantias das obrigações*. 5.ed. Coimbra: Almedina, 2016, p. 178.

[657] LEÃES, Luiz Gastão Paes de Barros. O seguro-garantia sob a modalidade de antecipação de pagamentos. *Revista de Direito Bancário e do Mercado de Capitais*, São Paulo, v. 17, p. 185-195, jul.-set. 2002, p. 189: "Com efeito, no seguro-garantia, a companhia seguradora leva em consideração uma mutualidade de pessoas submetidas aos mesmos riscos, sendo o encargo patrimonial decorrente descarregado em um sem-número de operações similares, realizado no mercado, inclusive o encargo do prêmio desviado contratualmente do credor-segurado para o devedor, como ocorre na espécie." No mesmo sentido: GUILHARDI, Pedro. *Garantias autônomas*: instrumento para proteção jurídica do crédito. São Paulo: Quartier Latin, 2019, p. 230.

[658] PETERSEN, Luiza Moreira. *O risco no contrato de seguro*. São Paulo: Editora Roncati, 2018, p. 70.

interpretação deve ser realizada em conformidade com o sistema no qual está inserido, "o que perpassa pelo reconhecimento de que os segurados possuem deveres colaterais sistemáticos, não podendo adotar condutas que onerem o sistema".[659] Essa inserção em uma estrutura comunitária, em que a interpretação deve ultrapassar os próprios limites do contrato de seguro, é outra diferença marcante em relação ao contrato em estudo.

Ainda, no seguro garantia, embora a relação entre tomador e segurador seja autônoma frente à relação jurídica base, não há, por expressa disposição legal (artigo 767 do CC), autonomia frente ao vínculo que se forma entre segurador e segurado, podendo o segurador opor ao segurado as defesas que tenha contra o tomador, o que é uma distinção essencial entre o seguro garantia e a garantia à primeira demanda.[660]

Verifica-se, então, que, apesar de o seguro garantia ter uma estrutura similar à garantia à primeira demanda, são diversas as distinções, a se destacar: a atividade extremamente regulada pelo Estado; a figura do segurador, enquanto entidade previamente autorizada a funcionar; e o consensualismo e o mutualismo do contrato de seguro. Consequentemente, não é possível aplicar conceitos e regras do seguro garantia à garantia autônoma à primeira demanda por incompatibilidade sistemática.

A comparação da garantia à primeira demanda com as garantias legalmente previstas no Código Civil de 2002 foi essencial para demonstrar que essa figura constitui um tipo social próprio de garantia, cujas características são diversas das garantias legais. Esse tipo de estudo é essencial para delimitar e situar a garantia à primeira demanda no ordenamento jurídico brasileiro, pois esclarece que as regras aplicáveis a esse instituto são apenas aquelas compatíveis com o seu próprio tipo social e que não é possível a aplicação, ainda que analógica, de regras de institutos tão diversos.

Por fim, pensar que a garantia à primeira demanda seria uma burla às garantias já existentes significaria limitar a liberdade contratual das partes de modo prévio e indevido. Quanto à possibilidade de as partes

---

[659] PETERSEN, Luiza Moreira. *O risco no contrato de seguro*. São Paulo: Editora Roncati, 2018, p. 70.

[660] GUILHARDI, Pedro. *Garantias autônomas*: instrumento para proteção jurídica do crédito. São Paulo: Quartier Latin, 2019, p. 227.

celebrarem novos tipos jurídicos para afastarem-se de regimes legais injuntivos, considerados indesejáveis, Pedro Pais de Vasconcelos entende que essa questão está "no relacionamento e na convivência entre a autonomia contratual e a heteronomia legal, entre Ordem Privada e Ordem Pública".[661] Sendo assim, somente normas de Ordem Pública, cuja vigência estende-se para além do tipo legal, poderão ser limitadoras da autonomia contratual, devendo a solução ser procurada caso a caso.[662] Na garantia à primeira demanda, viu-se que sua pactuação não viola, *a priori*, qualquer norma de Ordem Pública, pois as normas das garantias previstas legalmente são aplicáveis apenas ao seu próprio tipo, não se estendendo como norma injuntiva a todas as garantias existentes.

[661] VASCONCELOS, Pedro Pais de. *Os contratos atípicos*. 2ª ed. Coimbra: Almedina, 2009, p. 356.
[662] VASCONCELOS, Pedro Pais de. *Os contratos atípicos*. 2ª ed. Coimbra: Almedina, 2009, p. 359.

CONCLUSÕES

A garantia à primeira demanda foi intitulada, em 1978, o "sangue da vida do comércio internacional",[663] tamanha a sua importância para as transações nesse contexto. Porém, no Brasil de 2022, essa garantia ainda está em vias de consolidação, o que pode ser consequência do seu pouco estudo e difusão, em que pese a sua utilidade à dinâmica econômica contemporânea. Portanto, o objetivo deste trabalho foi expor a garantia à primeira demanda a partir de duas grandes perspectivas para demonstrar a sua funcionalidade, estrutura e enquadramento jurídico-dogmático no Direito brasileiro.

No primeiro capítulo, viu-se que a garantia à primeira demanda é um contrato no qual o garantidor obriga-se a pagar um determinado valor, previamente combinado, mediante simples pedido do credor. O garantidor à primeira demanda assume uma obrigação distinta da obrigação garantida, tanto em relação ao seu conteúdo, como em relação ao seu modo de execução. Quanto ao conteúdo, a obrigação de garantia será sempre um valor em dinheiro, ao passo que a obrigação garantida pode ser dos mais variados tipos, como a construção de uma ponte ou quotas de determinada sociedade, por exemplo. Em relação ao seu modo de cumprimento, a garantia à primeira demanda deve sempre ser paga de forma imediata pelo garantidor, sem a oposição de exceções ou exigências de comprovação do inadimplemento do contrato garantido.

---

[663] Almeida Costa, Mário Júlio; Pinto Monteiro, Antônio. Garantias Bancárias. O contrato de garantia à primeira solicitação. *Colectânea de jurisprudência*, Coimbra, ano XI, t. V, p. 16-34, 1986, p. 19.

Em seguida, verificou-se que a obrigação assumida pelo garantidor é uma obrigação de garantia, cujo conteúdo é a eliminação de um risco que está sobre o credor. O garantidor repara as consequências econômicas oriundas do incumprimento ocorrido no negócio jurídico subjacente. Constatou-se, então, que a garantia à primeira demanda tem por função ser um reforço quantitativo à probabilidade de satisfação do credor de outro negócio jurídico. Esse reforço difere-se do de outras garantias pelo seu modo de execução, já que o pagamento deve ser imediato, sem a exigência de prova da ocorrência do incumprimento do negócio garantido ou a possibilidade de oposição de exceções.

Em complemento ao estudo da função, examinou-se a causa da garantia à primeira demanda, detendo-se na análise da causa nos sistemas francês, italiano e português. Na França, viu-se que a causa dessa garantia é dupla: é causa-função e causa material. Na Itália, Portale entende que a causa da garantia estaria na referência à relação subjacente para justificar a obrigação do garantidor. Influenciado por essa teoria, Benatti compreende que a causa tem função dúplice: a de assegurar a seriedade da promessa, garantindo outro negócio, e de controlar a sua licitude. Já segundo Mastropaolo, a causa é o fim visado pelas partes, ou seja, é garantir um resultado ao credor. Semelhantemente, Barillá entende que a causa é a função de garantia e que a justificação patrimonial está na relação jurídica subjacente. No Direito português, a causa foi estudada de forma mais uniforme pela doutrina, sendo considerada a função de garantia.

Verificou-se, assim, que, nada obstante a polissemia inerente à causa e a existência de diversas teorias sobre esse tema, a causa da garantia à primeira demanda corresponde à função de garantia. No Brasil, da mesma forma, entende-se que a causa é a função de assegurar o pagamento de determinada soma pecuniária, mediante o simples pedido do beneficiário, sendo vedado invocar exceções oriundas do negócio subjacente. Por sua vez, a causa, como justificação da atribuição patrimonial, é *solvendi*.

Dando seguimento ao estudo da função da garantia à primeira demanda, no segundo capítulo, foram analisados dois de seus elementos centrais: a automaticidade e a autonomia. A automaticidade significa que não se exige do beneficiário a apresentação de prova da existência de seu direito de realizar o pedido, e que o pagamento pelo garantidor deve ser feito de imediato, sem a oposição de exceções, o que significa que o beneficiário da garantia não tem o ônus de comprovar a configuração dos pressupostos de responsabilidade negocial antes do pagamento. Dessa forma, é diferente da garantia autônoma simples, em que se exige que o credor comprove a existência de inadimplemento do devedor principal.

Diante dos efeitos da automaticidade, constatou-se que a garantia à primeira demanda apresenta um padrão mínimo de autonomia em relação à obrigação subjacente, que vigora até a realização de seu pagamento, independentemente do grau de conexão com o contrato base. A autonomia da garantia significa a independência em relação aos demais negócios jurídicos que formam a operação de garantia.

O garantidor, em razão da autonomia, não pode valer-se dos meios de defesa do devedor principal, tampouco pode invocar objeções sobre a subsistência ou a validade do crédito garantido. Além disso, o garantidor assume dívida e responsabilidades próprias, diversas da obrigação garantida. A validade, a duração, a forma de execução e o objeto do contrato de garantia são próprios e diversos das demais relações.

A autonomia, em suma, isola o contrato de garantia à primeira demanda das demais relações que formam a operação de garantia, limitando a possibilidade de oposição de exceções oriundas de outras relações que formam a operação de garantia. Em virtude dessas características, questionou-se se a garantia à primeira demanda não seria um contrato abstrato, sem causa.

A respeito, constatou-se que a abstração, tal como utilizada no âmbito do direito alemão, origem da garantia à primeira demanda, significa apenas a independência entre o contrato de garantia e os demais negócios jurídicos, o que acarreta a impossibilidade de oposição de exceções oriundas dos outros negócios. A abstração, nesse sentido, não significa ausência de causa, mas que há autonomia. Por isso, as discussões referentes à ausência de causa da garantia à primeira demanda em países causalistas, como França e Itália, foram pautadas a partir de um conceito de abstração diferente do adotado pelo sistema germânico. Mais tarde, essa problemática foi resolvida, pois verificou-se que a garantia à primeira demanda permanece sendo causal, pois tem a função de garantir outra relação jurídica, cuja atribuição patrimonial é *solvendi*.

Por sua vez, esclareceu-se que a causalidade da garantia à primeira demanda não acarreta a existência de acessoriedade. O contrato de garantia exige uma relação jurídica a ser garantida, mas há uma desvinculação quanto a esse contrato — tanto em relação aos requisitos de validade, quanto aos fatores de eficácia.

No terceiro capítulo, visualizou-se a garantia à primeira demanda na prática, o que permitiu compreender com mais clareza os efeitos da autonomia e da automaticidade. Esclareceu-se que a fase ativa da garantia à primeira demanda depende da existência de algum incumprimento na relação garantida, o que, no entanto, não significa que haja algum procedimento prévio ao pagamento. O credor deve apenas efetuar o pedido de pagamento da garantia em conformidade com as disposições constantes no próprio contrato de garantia.

Realizado o pedido conforme o pactuado, deverá o garantidor efetivar o pagamento, sob pena de incorrer em mora. Neste caso, o credor poderá executar o contrato judicialmente e as disposições processuais devem ser observadas, o que acarreta a dilação indevida do pagamento da garantia. Por isso, observou-se que a cooperação do garantidor é elemento essencial para que a garantia à primeira demanda alcance o seu grau máximo de efetividade.

Embora ainda haja dificuldades relacionadas ao desconhecimento da garantia à primeira demanda no Brasil, esta é uma garantia que promove mais segurança e efetividade para assegurar as relações jurídicas. A regra é que haja o pagamento sem a oposição de exceções, somente em hipóteses excepcionais será possível alegar matérias capazes de suspender o pagamento.

Dentre essas hipóteses excepcionais insere-se a ilicitude do pedido de pagamento pelo beneficiário. Essa situação ocorre, geralmente, em três casos: (i.) quando não existir o contrato subjacente; (ii.) quando não houver dúvidas quanto à satisfação do beneficiário na relação jurídica subjacente; ou (iii.) for verificado que o beneficiário foi diretamente responsável pelo não cumprimento do negócio base. A ilegalidade deverá ser provada de forma inequívoca para suspender o pagamento da garantia, não sendo compatível dilação probatória; isto é, a prova deve estar pronta, nas mãos do devedor.

CONCLUSÕES

Além disso, é lícita a suspensão do pagamento quando há prova líquida da nulidade do contrato de garantia e quando o beneficiário não observa a forma de solicitação da garantia. Verificou-se, ainda, que há nulidade do contrato de garantia, quando a causa ou o objeto do contrato base são ilícitos, pois essa situação afeta a própria função do contrato de garantia.

Posteriormente, foi exposta a forma de recuperação dos valores pagos pelo beneficiário, cuja regulação é através do contrato firmado entre o devedor e o garantidor. Na ausência de previsão de sub-rogação pelo garantidor dos direitos do beneficiário, verificou ser possível a incidência desse instituto de pleno direito, por conta da disposição do artigo 346, III, do Código Civil. Assim, o garantidor passa a ter o direito de recuperar os valores do devedor, com base na sub-rogação.

Em virtude da autonomia, que continua produzindo efeitos após o pagamento, o devedor somente poderá opor defesas e exceções oriundas da sua relação com o garantidor. Caso o devedor tenha constatado que o beneficiário pediu indevidamente o pagamento da garantia, deverá acioná-lo em ação própria, não podendo envolver o garantidor, que apenas cumpriu a sua obrigação, conforme pactuado.

Na segunda parte do trabalho, foi exposta a qualificação jurídica da garantia à primeira demanda no Direito brasileiro, a começar pela análise das relações que formam a operação econômica desse contrato, no quarto capítulo. Viu-se que, nada obstante a multiplicidade de contratos, não há a caracterização de coligação contratual, em razão da natureza do próprio contrato de garantia à primeira demanda e da manifestação de vontade das partes para manter a autonomia. Consequentemente, os problemas em um contrato não podem, em regra, afetar o outro que integra a mesma operação.

Após, analisou-se os interesses dos sujeitos da operação da garantia à primeira demanda. Viu-se que são partes do contrato apenas o garantidor e o beneficiário, ao passo que o devedor é terceiro. O interesse do garantidor é afastar-se dos litígios relacionados à obrigação garantida, receber remuneração (quando pactuada), realizar o pagamento e ser reembolsado integralmente. Por sua vez, o interesse do beneficiário é assegurar-se eficazmente quanto aos riscos do contrato subjacente. Além disso, o beneficiário pretende que o pagamento da garantia seja imediato, isto é, que não haja discussões antes do receber o pagamento. Quanto ao devedor, verificou-se ser uma figura central para o funcionamento da garantia à primeira demanda, pois é em razão do risco de incumprimento de sua prestação que o credor exige a pactuação de uma garantia. Ademais, podem ser os atos ou as omissões do devedor que desencadeiam o pedido de garantia pelo beneficiário.

Em seguida, foi necessário problematizar quem poderia figurar como garantidor da garantia à primeira demanda, se haveria limitações a bancos ou a seguradoras. No Brasil, não há limitações, pois prevalece o princípio da liberdade de contratar das partes. É preciso atentar-se, porém, que o garantidor deve ter relevante solvabilidade e que essa garantia é firmada, usualmente, em contexto empresarial.

Dando prosseguimento à qualificação jurídica da garantia à primeira demanda, o quinto capítulo foi dedicado ao estudo de sua moldura classificatória. Viu-se como esse instituto tornou-se tipicamente social no âmbito do comércio internacional e como ocorreu a sua admissão nos diversos ordenamentos jurídicos.

Os usos do comércio internacional foram determinantes para que, na Itália e em Portugal, a garantia à primeira demanda fosse utilizada internamente, passando a constituir uma garantia tipicamente social. Hoje, ambos os países possuem uma jurisprudência consolidada sobre essa garantia. Na França, o caminho foi um pouco diferente: após a tipicidade social da garantia estar consolidada, foi redigido e aprovado o artigo 2.321 do Código Civil Francês, que prevê a figura da garantia autônoma. No Brasil, em que pese o uso ainda tímido da garantia à primeira demanda, já podem ser percebidos os contornos de sua tipicidade social, haja vista as decisões prolatadas e a doutrina sobre a matéria, que evidenciam a existência de pluralidade de casos, a existência de uma prática e a consciência de que essa prática é vinculativa.

Outra questão importante exposta no quinto capítulo foi em relação à exigência, ou não, de forma para a pactuação da garantia à primeira demanda. À primeira vista, a conclusão poderia ser simples: não há previsão em lei, portanto, não há exigência de forma. Porém, a origem histórica e o próprio tipo social da garantia indicam a impossibilidade de ser pactuada uma garantia à primeira demanda senão de forma escrita, sendo a forma elemento de sua existência.

CONCLUSÕES

Ainda, no quinto capítulo, viu-se que a garantia à primeira demanda é um contrato unilateral, pois somente o garantidor tem obrigações; é gratuito, pois o beneficiário não sofre sacrifícios econômicos; é *intuito personae*, já que a confiança na capacidade econômica do garantidor é essencial para a sua pactuação, assim como a confiança do garantidor no beneficiário; por fim, é de execução diferida, pois a prestação subordina--se a um efeito futuro. Tendo em vista cada um desses enquadramentos, analisou-se os efeitos jurídicos deles decorrentes.

Para finalizar a qualificação jurídica da garantia à primeira demanda, no sexto capítulo essa garantia foi comparada e distinguida das demais garantias previstas legalmente no Código Civil de 2002. Em relação à fiança, viu-se que há duas distinções fundamentais: a acessoriedade e a subsidiariedade fortes. Consequentemente, o fiador pode opor diversos meios de defesa, antes de realizar o pagamento; já na garantia à primeira demanda o pagamento é imediato, sem a oposição de exceções, e somente em hipóteses excepcionais é que pode haver a suspensão do pagamento. Além disso, verificou-se a incompatibilidade das regras da fiança à garantia à primeira demanda, razão pela qual não é possível aplicá-las a essa nova garantia, mesmo que por analogia.

Analisaram-se, ainda, as diferenças existentes entre o aval, a garantia autônoma paradigma, e a garantia à primeira demanda. A respeito, verificou-se que, embora o aval seja uma garantia autônoma, a sua autonomia é diferente, pois é possível a oposição de nulidades formais, e a jurisprudência já tem admitido a possibilidade de o avalista arguir exceções relativas à extinção, ilicitude ou inexistência da dívida garantida, quando não há circulação do título em que ela foi lançada. Assim, as diferenças principais são a limitação do aval aos títulos de crédito, a estrutura unilateral do aval e sua limitada autonomia. Além disso, verifica-se que o objeto das garantias são diversos, pois o aval garante um título de crédito, ao passo que a garantia à primeira demanda garante qualquer tipo de obrigação.

Para finalizar o capítulo, comparou-se a garantia à primeira demanda com o contrato de seguro garantia, cujas características principais, que o distinguem da garantia à primeira demanda, são a figura do segurador, uma entidade legalmente autorizada, e a onerosidade do seguro. Além disso, o contrato de seguro está inserido em uma rede contratual, cujos contratos que formam esse sistema interrelacionam-se. Como consequência, a interpretação do contrato de seguro deve ser realizada conforme a estrutura comunitária em que ele está inserido. Ademais, verifica-se a ausência de autonomia quando o seguro é firmado à conta de outrem, já que compete ao segurador opor ao segurado defesas que tenha contra o estipulante.

A comparação com as garantias legalmente previstas permitiu delimitar, ainda mais, a garantia à primeira demanda como um tipo social próprio, e a expor suas características principais, o que foi um fechamento natural para a qualificação jurídica dessa garantia no Direito brasileiro.

Por fim, constata-se que o objetivo deste trabalho — expor como funciona, para que serve e como a garantia à primeira demanda insere-se no ordenamento jurídico brasileiro — foi alcançado a partir do desenvolvimento do tema nas duas partes desse trabalho: a relativa à função e à execução da garantia à primeira demanda e a relativa à sua qualificação jurídica no Direito brasileiro. Espera-se, com isso, que haja, cada vez mais, a sua difusão no contexto empresarial do Brasil, uma vez que as suas características principais — a autonomia e a automaticidade — podem facilitar a concretização de operações econômicas com mais segurança quanto ao seu cumprimento.

REFERÊNCIAS

AFFAKI, Georges; GOODE, Roy. *Guide to ICC Uniform Rules for demand guarantees URDG 758*. Paris: ICC Services Publications, 2011.

ALMEIDA COSTA, Mário Júlio de. *Direito das obrigações*. 12. ed. Coimbra: Almedina, 2012.

ALMEIDA COSTA, Mário Júlio; PINTO MONTEIRO, Antônio. Garantias Bancárias. O contrato de garantia à primeira solicitação. *Colectânea de jurisprudência*, Coimbra, ano XI, t. V, p. 16-34, 1986.

ALMEIDA, Carlos Ferreira de. *Contratos III*. Contratos de liberdade, de cooperação e de risco. Coimbra: Almedina, 2015.

ALMEIDA, Carlos Ferreira de. *Texto e enunciado na teoria do negócio jurídico*. v. I. Coimbra: Livraria Almedina, 1992.

ALMEIDA, Carlos Ferreira de. *Texto e enunciado na teoria do negócio jurídico*. v. II. Coimbra: Livraria Almedina, 1992.

ALVES, Alexandre Ferreira de Assumpção; DIAS, José Carlos Jordão Pinto. Aval e outorga conjugal: análise da interpretação do artigo 1.647 do Código Civil pela doutrina e jurisprudência. *Revista Brasileira de Direito Empresarial*, São Luís, v. 3, n. 2, p. 78-99, jul.-dez. 2017.

ALVIM, Pedro. *O seguro e o novo Código Civil*. Rio de Janeiro: Forense, 2007.

ALVIM, Teresa Arruda. Parecer juntado ao processo n. 1118736-63.2014.8.26.0100, da Comarca de São Paulo.

ANDRADE, Darcy Bessone de Oliveira. *Aspectos da evolução da teoria dos contratos*. São Paulo: Saraiva, 1949.

ANTUNES VARELA, João de Matos. *Das obrigações em geral*. v. I. 10ª ed. Coimbra: Almedina, 2017.

ANTUNES VARELA, João de Matos. *Das obrigações em geral*. v. II. 7ª ed. Coimbra: Almedina, 2017.

ASCARELLI, Tulio. *Teoria geral dos títulos de crédito*. Campinas: Editora Jurídica Mizuno, 2003.

ASCENSÃO, José Oliveira. O "abuso do direito" e o art. 334 do Código Civil: uma recepção transviada. *In:* Miranda, Jorge. (Org.). *Estudos em homenagem ao professor doutor Marcello Caetano no centenário do seu nascimento.* v. I. Coimbra: Coimbra Editora, 2006.

ASSUMPÇÃO, Marcio Calil. O aval e a Lei 10.406 de 10 de janeiro de 2002 (Novo Código Civil). *Revista de Direito Bancário e do Mercado de Capitais,* São Paulo, v. 35, p. 47-65, jan.-mar. 2007.

ATAÍDE, Daniel Medina. Garantia autônoma e a fiança: distinções e divergências. *In:* MONTEIRO, Jorge Ferreira Sinde (Org.). *Garantia das Obrigações:* publicação dos trabalhos do Mestrado. Coimbra: Almedina, 2007.

ÁVILA, Humberto. Subsunção e concreção na aplicação do direito. *In:* MEDEIROS, Antônio Paulo Cachapuz de (org.). *Faculdade de Direito da PUC-RS:* o ensino jurídico no limiar do novo milênio. Porto Alegre: Edipuc-RS, 1997.

AYNÈS, Laurent. CORCQ, Pierre. DELEBECQUE, Philippe. BLANCHET, Juliettte. *Le Lamy Droit des Sûretés.* Paris: Wolters Kluwer, 2018.

AZEVEDO, Antônio Junqueira de. *Negócio Jurídico:* existência, validade e eficácia. 4ª ed. atual. de acordo com o novo Código Civil. São Paulo: Saraiva, 2002.

BAIRD, Douglas G. *Reconstructing contracts.* United States of America: Harvard University Press, 2013.

BARILLÀ, Giovanni B. *Contratto autonomo di garanzia e Garantievertrag:* categorie civilistiche e prassi del commercio. Frankfurt: Ed. Peter Lang, 2005.

BARILLÀ, Giovanni. Causa esterna e garanzie bancaria autonome. *Banca Borsa e Titoli di Credito,* Milano, vol. LIX, p. 659-677, novembro-dezembro, 2006.

BASTOS, Miguel Brito. A recusa lícita da prestação pelo garante na garantia autônoma "on first demand". *In:* MIRANDA, Jorge (coord.). *Estudos em Homenagem ao prof. Doutor Sérvulo Correia.* v. III. Coimbra: Coimbra editora, 2010.

BATISTA, Nuno Martins. *Execução e tutela cautelar na garantia autônoma.* 2011. 54 f. Dissertação (Mestrado em Direito) — Universidade Católica Portuguesa, Lisboa, 2011.

BENATTI, Francesco. Il contratto autônomo di garanzia. *Banca Borsa e Titoli di Credito,* Milano, XLV, parte prima, 171-191, 1982.

BERTRAMS, Roeland. *Bank guarantees in international trade.* Amsterdam: Kluwer Law and Taxation Publishers, 2001.

REFERÊNCIAS

BETTI, Emilio. *Teoria generale del negozio giuridico*. Napoli: Edizioni Scientifiche Italiane, 1994.

BETTI, Emilio. *Teoria Generale delle obbligazioni*. v. I. Milano: Giuffrè Editore, 1953.

BIANCA, Massimo. *Diritto Civile*, t. 3, il contrato. Milano: Giuffrè Editore, 2000.

BODIN DE MORAES, Maria Celina. A causa do contrato. *Civilistica.com*. Rio de Janeiro, a. 2, n. 4, p. 1-24, out.-dez., 2013. Disponível em: http://civilistica.com/a-causa-do-contrato/ (acesso em 17.06.2020).

BONELLI, Franco. *Le garanzie bancarie a prima domanda nel commercio internazionale*. Milano: Giuffrè Editore, 1991.

BORGES, João Eunápio. *Do aval*. 4. ed. rev. Rio de Janeiro: Forense, 1975.

BOZZI, Giuseppe. *L'autonomia negoziale nel sistema delle garanzie personali*. Napoli: Jovene Editore, 1990.

BRANCO, Gerson Luiz Carlos. *Função social dos contratos*: interpretação à luz do Código Civil. São Paulo: Saraiva, 2009.

BRASIL. Superior Tribunal de Justiça. Agravo em Recurso Especial n. 1.382.463-SP, relator Min. Paulo de Tarso Sanseverino, 20 de abril de 2012.

BRASIL. Superior Tribunal de Justiça. Agravo em Recurso Especial n. 799.871-SP, relator Min. Paulo de Tarso Sanseverino, 24 de abril de 2017.

BRASIL. Superior Tribunal de Justiça. Agravo Interno no Agravo em Recurso Especial n. 931.556-SP, relator Min. Marco Aurélio Bellizze, 22 de novembro de 2016.

BRASIL. Superior Tribunal de Justiça. Agravo Regimental no Agravo n. 1360103-MG, relatora Min. Maria Isabel Gallotti, 13 de outubro de 2015.

BRASIL. Superior Tribunal de Justiça. Agravo Regimental no Recurso Especial n. 1.196.639-RJ, relator Min. João Otávio de Noronha, 10 de maio de 2011.

BRASIL. Superior Tribunal de Justiça. Recurso Especial n. 3.238-MG, relator Min. Sálvio de Figueiredo Teixeira, 23 de outubro de 1990.

BRASIL. Superior Tribunal de Justiça. Recurso Especial n. 6.268-MG, relator Min. Salvio de Figueiredo Teixeira, 15 de abril de 1991.

BRASIL. Superior Tribunal de Justiça. Recurso Especial n. 23.878-MG, relator Min. Salvio de Figueiredo Teixeira, 25 de novembro de 1992.

BRASIL. Superior Tribunal de Justiça. Recurso Especial n. 43.119-RS, relator Min. Eduardo Ribeiro, 21 de novembro de 1995.

BRASIL. Superior Tribunal de Justiça. Recurso Especial n. 93.036-RS, relator Min. Sálvio de Figueiredo Teixeira, 12 de maio de 1998.

BRASIL. Superior Tribunal de Justiça. Recurso Especial n. 162.332-SP, relator Min. Eduardo Ribeiro, 29 de junho de 2000.

BRASIL. Superior Tribunal de Justiça. Recurso Especial n. 114.436-RS, relator Min. Antônio de Pádua Ribeiro, 31 de agosto de 2000.

BRASIL. Superior Tribunal de Justiça. Recurso Especial n. 245.610-SP, relator Min. Cesar Asfor Rocha, 12 de dezembro de 2000.

BRASIL. Superior Tribunal de Justiça. Recurso Especial n. 538.832-RS, relator Min. Carlos Alberto Menezes Direito, 10 de fevereiro de 2004.

BRASIL. Supremo Tribunal Federal. Recurso Extraordinário n. 407.688-SP, relator Min. Cezar Peluso, 08 de fevereiro de 2006.

BRASIL. Superior Tribunal de Justiça. Recurso Especial n. 678.881-PR, relatora Min. Nancy Andrighi, 20 de junho de 2006.

BRASIL. Superior Tribunal de Justiça. Recurso Especial n. 1.436.245-MG, relator Min. João Otávio de Noronha, 17 de março de 2015.

BRASIL. Superior Tribunal de Justiça. Recurso Especial n. 1.633.399-SP, relator Min. Luis Felipe Salomão, 10 de novembro de 2016.

BRASIL. Superior Tribunal de Justiça. Recurso Especial n. 1.526.560-MG, relator Min. Paulo de Tarso Sanseverino, 16 de março de 2017.

CALDERALE, Alfredo. *Fideiussione e contratto autonomo di garanzia*. Bari: Cacucci Editore, 1989.

CAMPOS FILHO, Paulo Barbosa de. *O problema da causa no Código Civil Brasileiro*. São Paulo: Max Limonad, 1946.

CARBONNIER, Jean. *Droit Civil*. Tome Second, Les biens et les obligations. Paris: Presses Universitaires de France, 1957.

CARMONA, Carlos Alberto. *Arbitragem e processo:* um comentário à Lei 9.307/96. 3ª ed. rev. e ampl. São Paulo: Atlas, 2009.

CARNELUTTI, Francesco. *Teoria Geral do direito*. São Paulo: Saraiva, 1940.

COMIRAN, Giovana Cunha. A exegese do art. 425 do Código Civil e o método tipológico: notas sobre critérios hermenêutico-integrativos dos contratos atípicos. *In*: MOTA, Maurício; KLOH, Gustavo (org.). *Transformações contemporâneas do direito das obrigações*. Rio de Janeiro: Elsevier, 2011.

COMIRAN, Giovana Cunha. *Os usos comerciais*: da formação dos tipos à interpretação e integração dos contratos. São Paulo: Quartier Latin, 2019.

COMPARATO, Fábio Konder. *Essai d'analyse dualiste de l'obligation em Droit Privé*. Paris: Librairie Dalloz, 1964.

COMPARATO, Fábio Konder. Obrigações de meios, de resultado e de garantia. *Doutrinas Essenciais Obrigações e Contratos*, v. 1, São Paulo, p. 761-776, junho 2011.

REFERÊNCIAS

CORREIA, A. Ferrer. Notas para o estudo da garantia bancária. *Revista de Direito e Economia*, Coimbra, p. 1-14, 1982.

CORTEZ, Francisco. A garantia bancária autônoma — alguns problemas. *Revista da Ordem dos Advogados*, Lisboa, ano 52, Vol. II, p. 513-610, jul. 1992.

COUTO E SILVA, Clóvis. V. do. Direito Material e Processual em matéria de prova. *Revista de Processo*, São Paulo, Ano IV, n. 13, p. 135-146, jan-mar de 1979.

DELGADO, José Augusto. *Comentários ao novo Código Civil*. v. XI, t. 2. Das várias espécies de contrato. Da constituição de renda. Do jogo e aposta. Da fiança. Da transação. Do compromisso. Rio de Janeiro: Forense, 2006.

DESMET, Paul. O contrato de garantia: exame de alguns problemas técnicos específicos. *In:* LESGUILLONS, Henry. *As garantias bancárias nos contratos internacionais.* Versão brasileira organizada e anotada por Luiz Olavo Baptista e José Alexandre Tavares Guerreiro. São Paulo: Saraiva, 1985.

DIDIER JR, Fredie. *Curso de direito processual civil:* teoria da prova, direito probatório, decisão, precedente, coisa julgada, processo estrutural e tutela provisória. 15ª ed. Salvador: Ed. Jus Podivm, 2020.

DIDIER JR., Fredie. *Curso de direito processual civil:* introdução ao direito processual civil, parte geral e processo de conhecimento. 22 ed. Salvador: Ed. Jus Podivm, 2020.

DUARTE, Rui Pinto. *Tipicidade e atipicidade dos contratos.* Coimbra: Almedina, 2000.

ENNECCERUS, Ludwig; KIPP, Theodor; WOLFF, Martín. *Tratado de Derecho Civil.* t. II, v. I. Buenos Aires: BOSCH, 1948.

EPIFÂNIO, Maria do Rosário. Garantias bancárias autônomas. Breves reflexões. *In:* VAZ, Manuel Afonso; LOPES, J. A. Azeredo. (coord.) *Juris et de iure:* nos 20 anos da Faculdade de Direito da UCP Porto. Coimbra: Coimbra Editora, 1998.

FARNSWORTH, E. Allan. *Contracts.* 3rd ed. New York: Aspen Law & Business, 1999.

FERREIRA, Waldemar Martins. *Compêndio das sociedades mercantis.* v. 2. Rio de Janeiro: Freitas Bastos.

FERRI, Giovanni. *Causa e tipo nella teoria del negozio giuridico.* Milano: Giuffrè Editore, 1966.

FLUME, Werner. *El negocio jurídico.* Parte General del Derecho Civil. Cuarta Edición. Traducción José María Miguel González y Esther Gómez Calle. Madrid: Fundación Cultural del Notariado, 1998.

FORGIONI, Paula A. *Contratos empresariais:* teoria geral e aplicação. 3.ed. revista, atualizada e ampliada. São Paulo: Revista dos Tribunais, 2018.

FRADERA, Vera. Os contratos autônomos de garantia. *Revista da Ajuris*, v. 18, n. 53, Porto Alegre, p. 170-180, nov. 1991.

FRIED, Charles. *Contract as promise*: a theory of contractual obligation. New York: Oxford University Press, 2015.

GALGANO, Francesco. Fideiussione omnibus e contratto autonomo di garanzia. *In:* POLO, Antonio *et al* (org.). *Estudios de Derecho Bancario y bursatil — Homenaje a Evelio Verdera y Tuells*. T. II. Madrid: La Ley, 1994.

GALGANO, Francesco. *Trattato di diritto civile*. Volume secondo: Le obbligazioni in generale, il contratto in generale, i singoli contratti. Padova: CEDAM, 2010.

GALGANO, Francesco. *Trattato di diritto civile*. Volume terzo: Gli atti unilaterali e i titoli di credito, i fatti illecitti e gli altri fatti fonte di obbligazioni, la tutela del credito, l'impresa. Padova: CEDAM, 2010.

GOMES, Fátima. Garantia bancária autônoma à primeira solicitação. *Direito e Justiça*, Lisboa, v. VIII, t. 2, p. 119-210, 1994.

GOMES, Manuel Januário da Costa. A Chamada "fiança ao primeiro pedido". *In:* GOMES, Manuel Januário. *Estudos de direito das garantias*. Coimbra: Almedina, 2003.

GOMES, Manuel Januário da Costa. A fiança no quadro das garantias pessoais. Aspectos de regime. *In: Comemorações dos 35 anos do Código Civil e dos 25 anos da reforma de 1977*. v. III. Coimbra: Coimbra Editora, 2007.

GOMES, Manuel Januário da Costa. *Assunção fidejussória de dívida*: sobre o sentido e o âmbito da vinculação como fiador. Coimbra: Almedina, 2000.

GOMES, Manuel Januário da Costa. Sobre a circulabilidade do crédito emergente de garantia bancária autônoma ao primeiro pedido. *In:* MENEZES CORDEIRO (Coord.). Centenário do Nascimento do Professor Doutor Paulo Cunha. Estudos em homenagem. Coimbra: Almedina, 2012.

GOMES, Manuel Januário da Costa. Sobre a mora do garante na garantia bancária autónoma. *In:* MIRANDA, Jorge. (Coord.) *Estudos em honra de Ruy de Albuquerque*. Edição Faculdade de Direito da Universidade de Lisboa. Coimbra: Coimbra Editora, 2006.

GOMES, Orlando. *Contratos*. 26ª ed., rev., atual. e aum. de acordo com o Código Civil de 2002 por Antonio Junqueira de Azevedo e Francisco Paulo De Crescenzo Marino. Rio de Janeiro: Forense, 2008.

GUILARTE, Juan Sánchez-Calero. *El contrato autónomo de garantía*. Las garantías a primera demanda. Madrid: Centro de documentación bancaria y bursátil, 1995.

REFERÊNCIAS

GUILHARDI, Pedro. *Garantias autônomas:* instrumento para proteção jurídica do crédito. São Paulo: Quartier Latin, 2019.

HUCK, Hermes Marcelo. Garantia à primeira solicitação no comércio internacional. *Doutrinas Essenciais de Direito Internacional,* São Paulo, vol. 5, p. 447-458, fev. 2012.

ITÁLIA. Corte di Cassazione, Sezioni Unite Civili, Sentenza 1º ottobre 1987, n. 7341. *Il Foro Italiano,* 1988, vol. 111, parte prima: Giurisprudenza Constituzionale e Civile, pp. 103/104 — 129/130.

JABUR, Gilberto Haddad. Classificação dos contratos. *In:* LOTUFO, Renan; NANNI, Giovanni Ettore (coord.).*Teoria Geral dos Contratos.* São Paulo: Editora Atlas, 2011.

JARDIM, Mónica. *A garantia autónoma.* Coimbra: Almedina, 2002.

JHERING, Rudolf Von. *El fin en el derecho.* Buenos Aires: Editorial Atalaya, 1946.

KONDER, Carlos Nelson. *Contratos conexos:* grupos de contratos, redes contratuais e contratos coligados. Rio de Janeiro: Renovar, 2006.

LEÃES, Luiz Gastão Paes de Barros. O seguro-garantia sob a modalidade de antecipação de pagamentos. *Revista de Direito Bancário e do Mercado de Capitais,* São Paulo, v. 17, p. 185-195, jul.-set. 2002.

LEONARDO, Rodrigo Xavier. Os contratos coligados. *In:* BRANDELLI, Leonardo (coord.). *Estudos em homenagem à Professora Véra Maria Jacob de Fradera.* Porto Alegre: Lejus, 2013.

LEONARDO, Rodrigo Xavier. *Redes contratuais no mercado habitacional.* São Paulo: Revista dos Tribunais, 2003.

MACARIO, Francesco. *I Singoli contrati.* Garanzie Personali. Milano: Utet Giuridica, 2009.

MARINO, Francisco Paulo de Crescenzo. *Contratos coligados.* São Paulo: Saraiva, 2009.

MARTIN, Claude. Les Garanties bancaires autonomes. *In: Repertoire pratique du droit belge* — legislation, doctrine et jurisprudence. Bruxelles: Établissements Émile Bruylant, 1990.

MARTIN, Claude; DELIERNEUX. *Les Garanties bancaires autonomes.* Bruxelles: Bruylant Bruxelles, 1991.

MARTINEZ, Pedro Romano; DA PONTE, Pedro Fuzeta. *Garantias de cumprimento,* 4ª ed. Almedina, Coimbra, 2006.

MARTINS-COSTA, Judith. *Comentários ao novo Código Civil*. v. V, t. I. Do direito das obrigações, do adimplemento e da extinção das obrigações. Rio de Janeiro: Forense, 2006.

MARTINS-COSTA, Judith. *Comentários ao Novo Código Civil*, v. V, t. II. Do inadimplemento das obrigações. 2.ed. São Paulo: Editora Forense, 2009.

MARTINS-COSTA, Judith. Contratos: conceito e evolução. *In:* LOTUFO, Renan; NANNI, Giovanni Ettore (Coord.). *Teoria geral dos contratos*. São Paulo: Atlas, 2011.

MARTINS-COSTA, Judith. *A boa-fé no direito privado:* critérios para a sua aplicação. São Paulo: Marcial Pons, 2015.

MARTINS-COSTA, Judith. Os avatares do abuso do Direito e o rumo indicado pela boa-fé. *In:* NICOLAU, Mario Jr. (Org.). *Novos Direitos*. Curitiba: Juruá, 2007.

MASTROPALO, Fulvio. *I contratti autonomo di garanzia*. Torino: G. Giappichelli Editore, 1995.

MASTROPAOLO, Fulvio. *I contratti di garanzia*. Tomo Primo e Secondo. Torino: UTET, 2006.

MASTROPAOLO, Fulvio. Pagamento a prima richiesta, limiti alla inopponibilità delle eccezioni e problemi probatori. *Banca Borsa e Titoli di Crédito*, Milano, V, p. 553-590, 1990.

MCKENDRICK, Ewan. *Goode on Commercial Law*. London: Penguin Group, 2010.

MENDES, Eduardo Heitor da Fonseca. A garantia autônoma no direito brasileiro. *In:* GUEDES, Gisela Sampaio da Cruz; MORAES, Maria Celina Bodin de; MEIRELES, Rose Melo (coord.). *Direito das garantias*. São Paulo: Saraiva, 2017.

MENDES, Evaristo. Garantias bancárias. Natureza. *Revista de Direito e de estudos sociais*, Coimbra, Ano XXXVII, X da 2.ª série, n. 4, p. 411-473, out-dez. 1995.

MENEZES CORDEIRO, António. *Da boa-fé no Direito Civil*. Coimbra: Almedina, 2017.

MENEZES CORDEIRO, Antônio. *Tratado de Direito Civil*, v. II, parte geral, negócio jurídico. 4ª ed. Coimbra: Almedina, 2018.

MENEZES CORDEIRO, Antônio. *Tratado de Direito Civil*, v. X, Direito das Obrigações, Garantias. Coimbra: Almedina, 2015.

MENEZES LEITÃO, Luís Manuel Teles de. *Garantias das obrigações*. 5.ed. Coimbra: Almedina, 2016.

MIRAGEM, Bruno. *Abuso do Direito:* ilicitude objetiva e limite ao exercício de prerrogativas jurídicas no Direito Privado. 2ª ed. rev., atual., e ampl. São Paulo: Editora Revista dos Tribunais, 2013.

REFERÊNCIAS

MIRAGEM, Bruno. Abuso do direito: ilicitude objetiva no direito privado brasileiro. *Revista dos Tribunais*, São Paulo, v. 842, p. 11-44, 2005.

MIRAGEM, Bruno. *Direito Civil*: direito das obrigações. São Paulo: Saraiva, 2017.

MIRAGEM, Bruno. O direito dos seguros no sistema jurídico brasileiro: uma introdução. *In*: MIRAGEM, Bruno; CARLINI, Angélica. *Direito dos seguros*: fundamentos de direito civil: direito empresarial e direito do consumidor. São Paulo: Editora Revista dos Tribunais, 2014.

MONTANARI, Andrea. Garanzia autonoma e autonomia privata. *Banca Borsa Titoli di Credito*, Milano, Anno LXXIX, fasc. 3, p. 347-367, 2017.

NANNI, Giovanni Ettore. Contratos coligados. *In*: LOTUFO, Renan; NANNI, Giovanni Ettore (coord.). *Teoria Geral dos Contratos*. São Paulo: Editora Atlas, 2011.

NANNI, Giovanni Ettori. Abuso de direito. *In*: LOTUFO, Renan; NANNI, Giovanni Ettore (coord). *Teoria Geral do direito civil*. São Paulo: Atlas, 2008.

NATUCCI, Alessandro. *Astrazione causale e contratto autonomo di garanzia*. Milano: CEDAM, 1992.

NAVARRETA, Emanuela. Il contratto autonomo di garanzia. *In*: GITTI, Gregorio; MAUGERI, Marisaria; NOTARI, Mario (coord.). *I contratti per l'impresa*. I. Produzione, circolazione, gestione, garanzia. Bologna: Il Mulino, 2012.

NORONHA, Fernando. *Direito das obrigações*. 3ª ed. São Paulo: Saraiva, 2010.

NOVAES FRANÇA, Erasmo Valladão Azevedo e. *Conflito de interesses nas assembleias de S.A. (e outros escritos sobre conflito de interesses)*. 2. ed., rev. e aum. São Paulo: Malheiros, 2014.

PASQUALOTTO, Adalberto. Contratos Nominados III: seguro, constituição de renda, jogo e aposta, fiança, transação e compromisso. *In*: MARTINS-COSTA, Judith; REALE, Miguel (coord.). *Estudos em homenagem ao Professor Miguel Reale*, v. 9. São Paulo: Editora Revista do Tribunais, 2008.

PASQUALOTTO, Adalberto. *Garantias no direito das obrigações*: um ensaio de sistematização. 2005. 262 f. Tese (Doutorado em Direito Civil) — Faculdade de Direito, Universidade Federal do Rio Grande do Sul, Porto Alegre, 2005.

PATRÍCIO, José Simões. Preliminares sobre a garantia on first demand. *Revista da Ordem dos Advogados*, Lisboa, ano 43, p. 677-718, dezembro 1983.

PAULIN, Luiz Alfredo. Da fiança bancária. *Revista de Direito Bancário e do Mercado de Capitais*, São Paulo, v. 53, p. 159-181, jul. 2011.

PENTEADO, Luciano Camargo. *Efeitos contratuais perante terceiros*. São Paulo: Quartier Latin, 2007.

PENTEADO, Luciano de Camargo. *Doação com Encargo e causa contratual:* Uma nova teoria do contrato. 2ª ed. rev., atual. e ampl. São Paulo: Editora Revista dos Tribunais, 2013.

PEREIRA, Caio Mário da Silva. *Instituições de Direito Civil.* V. 3. 15ª ed., rev. e atual. por Régis Fichtner. Rio de Janeiro: Editora Forense, 2011.

PEREIRA, Caio Mário da Silva. *Instituições de Direito Civil.* v. II. 29ª ed., rev. e atual. por Guilherme Calmon Nogueira da Gama. Rio de Janeiro: Forense, 2017.

PEREIRA, Caio Mário da Silva. *Obrigações e contratos — pareceres:* de acordo com o Código Civil de 2002. Rio de Janeiro: Forense, 2011, p. 211.

PERERA, Angel Carrasco. *Fiança, accessoriedad y contrato de garantia.* Madrid: La Ley,1992.

PERERA, Angel Carrasco; LOBATO, Encarna Cordeiro; LÓPEZ, Manuel J. Marín. *Tratado de los derechos de garantía.* Tomo I: garantias personales, introdución a las garanías reales, hipoteca. Cizur Menor: Aranzadi, 2015.

PERILLO, Joseph. *Contracts.* United States of America: West Academic Publishing, 2014.

PETERSEN, Luiza Moreira. *O risco no contrato de seguro.* São Paulo: Editora Roncati, 2018.

PIERCE, Anthony. *Demand guarantees in international trade.* London: Sweet & Maxwell, 1993.

PINHEIRO, Jorge Duarte. A garantia bancária autônoma. *Revista da Ordem dos Advogados,* Lisboa, ano 52, p. 417-465, julho 1991.

PINTO E SILVA, Fábio Rocha. *Garantias das obrigações:* uma análise sistemática do direito das garantias e uma proposta abrangente para a sua reforma. São Paulo: Editora IASP, 2017.

PINTO MONTEIRO, Antônio. *Cláusula Penal e indenização.* Coimbra: Almedina, 1990, p. 266-267.

PONTES DE MIRANDA, Francisco C. *Tratado de Direito Privado.* Parte Geral, t. III. atual. por Marcos Bernardes de Mello, Marcos Ehrhardt Jr. São Paulo: Editora Revista dos Tribunais, 2012.

PONTES DE MIRANDA, Francisco C. *Tratado de Direito Privado.* Parte Especial, t. XXXVIII. 3ª ed. São Paulo: Editora Revista dos Tribunais, 1984.

PONTES DE MIRANDA, Francisco C. *Tratado de Direito Privado.* Parte Especial, t. XLIV. atual. por Cláudia Lima Marques, Bruno Miragem. São Paulo: Editora Revista dos Tribunais, 2013.

PONTES DE MIRANDA, Francisco C. *Tratado de Direito Privado*. Parte Especial, t. XXIV. atual. por Nelson Nery Jr. e Rosa Maria de Andrade Nery. São Paulo: Editora Revista dos Tribunais, 2012.

PONTES DE MIRANDA. Francisco C. *Tratado de Direito Privado*. Parte Especial, t. XXII. atual. por Nelson Nery Jr. e Rosa Maria de Andrade Nery. São Paulo: Editora Revista dos Tribunais, 2012.

PORTALE, Giuseppe B. Fideussione e Garantievertrag nella prassi bancaria. *In:* PORTALE, Giuseppe B. *Le garanzie bancarie internazionale*. Milano: Giufrè Editore, 1989.

PORTALE, Giuseppe B. *Lezioni pisane di diritto commerciale a cura di Francesco Barachini*. Pisa: Pisa University Press, 2014.

PORTALE, Giuseppe. Fideiussione e garantievertrag nella prassi bancaria. *In:* PORTALE, Giuseppe. *Le operazione Bancarie*, t. II. Milano: Giuffrè Editore, 1978.

PORTALE, Giuseppe. Le garanzie bancarie internazionale (Questioni). *In:* PORTALE, Giuseppe. *Le garanzie bancarie internazionali*. Milano: Giuffrè Editore, 1989.

PORTALE, Giuseppe. Le sezione unite e il contratto autonomo di garanzia (causalità ed astrattezza nel Garantievertrag). In: PORTALE, Giuseppe. *Le garanzie bancarie internazionali*. Milano: Giuffrè Editore, 1989.

PORTALE, Giuseppe. Nuovi sviluppi del contratto di garanzia. In: PORTALE, Giuseppe. *Le garanzie bancarie internazionale*. Milano: Giuffrè Editore, 1989.

PORTUGAL. Tribunal da Relação de Lisboa. Processo n. 9515/14.2T8VLSB.L1-7, Rel. Maria da Conceição Saavedra, julgado em 10/11/2015.

PORTUGAL. Supremo Tribunal de Justiça. Processo n. 086426. Relator Miranda Gusmão, julgado em 23/03/1995.

POULLET, Yves. Apresentação e definição das garantias praticadas na Europa. *In:* LESGUILLONS, Henry (org.). *As garantias bancárias nos contratos internacionais*. Versão brasileira organizada e anotada por Luiz Olavo Baptista e José Alexandre Tavares Guerreiro. São Paulo: Saraiva, 1985.

POULLET, Yves. *L'abstraction de la garantie bancaire automatique*: étude de droit civil comparé. Thése, Louvain la Neuve, 1982. Disponível em https://researchportal. unamur.be/fr/studentTheses/labstraction-de-la-garantie-bancaire-automatique (acesso em 09/05/2020).

POULLET, Yves. La garantie à première demande: un acte unilateral abstrait? *In:* MELANGES Jean Pardon. *Etudes en droit bancaire et financier Studies inzake bank — en financieel recht*. Bruxelles: Bruylant, 1996.

POULLET, Yves. La jurisprudence recente em matière de garantie bancaire dans les contrats internationaux. *Banca Borsa e Titoli de Credito*, Milano, III, p. 397-440, 1982.

PRUM, André. La consecration légale des garanties autonomes. *In*: ABRY, Bernard. *Études offertes au Doyen Philippe Simler*. Paris: Dalloz, 2006.

PRUM, André. *Les garanties à première demande*: essay sur l'autonomie. Paris: Litec, 1994.

RIBEIRO, Antônio Sequeira. Garantia bancária autônoma à primeira solicitação: algumas questões. *In*: MENEZES CORDEIRO, Antônio; LEITÃO, Luís Menezes; GOMES, Manuel Januário da Costa (coord.). *Estudos em homenagem ao Professor Doutor Inocêncio Galvão Telles*, vol. II, Direito Bancário. Coimbra: Almedina, 2002.

RIBEIRO, Joaquim de Sousa. *O problema do contrato*: as cláusulas contratuais gerais e o princípio da liberdade contratual. Coimbra: Almedina, 1999.

RIO DE JANEIRO, Tribunal de Justiça do Rio de Janeiro. Rio de Janeiro, Trigésima Terceira Vara Cível, processo n. 0128629-82.2003.8.19.0001.

RIO DE JANEIRO. Tribunal de Justiça do Rio de Janeiro. Agravo de Instrumento n. 0000305-52.2018.8.19.0000, Nona Câmara Cível, relator Des. Adolpho Andrade Mello, 13 de março de 2018.

RIO DE JANEIRO. Tribunal de Justiça do Rio de Janeiro. Apelação Cível n. 2007.001.15509, Décima Sexta Câmara Cível, relator Des. Mauro Dickstein, 07 de agosto de 2007.

RIO GRANDE DO SUL. Tribunal de Justiça do Rio Grande do Sul. Apelação Cível n. 70015334832, Décima Segunda Câmara Cível, relator Des. Cláudio Baldino Maciel, 24 de agosto de 2006.

RIO GRANDE DO SUL. Tribunal de Justiça do Rio Grande do Sul. Apelação Cível n. 70030476295, Décima Segunda Câmara Cível, relator Des. Cláudio Baldino Maciel, 20 de agosto de 2009.

RIO GRANDE DO SUL. Tribunal de Justiça do Rio Grande do Sul. Apelação Cível n. 70077074417, Décima Sétima Câmara Cível, relator Des. Giovanni Conti, 25 de outubro de 2018.

RIZZARDO, Arnaldo. *Títulos de crédito*. 5ª ed. Rio de Janeiro: Forense, 2015.

ROPPO, Enzo. *O contrato*. Tradução de Ana Coimbra e M. Januário Costa Gomes. Coimbra: Almedina, 2009.

ROSA JUNIOR, Luiz Emygdio Franco da. *Títulos de crédito*. Rio de Janeiro: Forense, 2019.

REFERÊNCIAS

SANSEVERINO, Paulo de Tarso. Contratos nominados II: contrato estimatório, doação, locação de coisas, empréstimo (comodato-mútuo). *In:* MARTINS-COSTA, Judith. REALE, Miguel (coord.). *Estudos em Homenagem ao Professor Miguel Reale*, v.4. São Paulo: Revista dos Tribunais, 2011.

SÃO PAULO. Tribunal de Justiça de São Paulo. Agravo de Instrumento n. 79611-4/6, Nona Câmara Cível de Direito Privado, relator Des. Thyrso Silva, 17 de março de 1998.

SÃO PAULO. Tribunal de Justiça de São Paulo. Agravo de Instrumento n. 1254799-0/0, Vigésima Quinta Câmara de Direito Privado, relator Des. Amorim Cantuaria, 19 de maio de 2009.

SÃO PAULO. Tribunal de Justiça de São Paulo. Agravo de Instrumento n. 0028833-77.2013.8.26.0000, Segunda Câmara Reservada de Direito Empresarial, relator Des. José Reynaldo, 07 de maio de 2013.

SÃO PAULO. Tribunal de Justiça de São Paulo. Agravo de Instrumento n. 1118736-63.2014.8.26.0100, Vigésima Primeira Câmara de Direito Privado, relator Des. Silveira Paulilo, 06 de maio de 2019.

SÃO PAULO. Tribunal de Justiça de São Paulo. Apelação Cível n. 0011750-60.2010.8.26.0224, 21ª Câmara de Direito Privado, relator Des. Maia da Rocha, 27 de maio de 2013.

SÃO PAULO. Tribunal de Justiça de São Paulo. Apelação Cível n. 0043991-10.2002.8.26.0405, Vigésima Quinta Câmara de Direito Privado, Rel. Des. Eduardo Rosa, 31 de julho 2014.

SÃO PAULO. Tribunal de Justiça de São Paulo. Apelação Cível n. 1001335-66.2015.8.26.0663, 1ª Câmara Reservada de Direito Empresarial, relator Des. Fortes Barbosa, 21 de setembro de 2018.

SILVA, João Calvão da. *Estudos de Direito Comercial (Pareceres).* Capítulo II. Garantia Bancária. Coimbra: Almedina, 1996.

SILVA, Jorge Cesa Ferreira da. Inadimplemento das Obrigações. *In:* MARTINS-COSTA, Judith; REALE, Miguel (coord.). *Estudos em homenagem ao Professor Miguel Reale*, v. 7. São Paulo: Editora Revista do Tribunais, 2007.

SILVA, Luis Renato Ferreira da. *Reciprocidade e contrato:* a teoria da causa e sua aplicação nos contratos e nas relações paracontratuais. Porto Alegre: Livraria do Advogado Editora, 2013.

SIMLER, Philippe. *Cautionnament. Garanties autonomes. Garanties indemnitaires.* Paris: LexisNexis, 2015.

SIMPSON, A. W. B. *A history of the Common Law of contract: the rise of action of assumpsit.* New York: Oxford University Press, 1987.

STAMMLER, Rudolf. *Der Garantievertrag. Eine civilistische Abhandlung.* Archiv für die civilistische Praxis, 69, n. 1, 1886, pp. 1-141. Disponível em https://www.jstor.org/stable/41039199. (Acesso em 22/03/2020)

TELLES, Inocêncio Galvão. *Direito das Obrigações.* Coimbra: Coimbra Editora, 2014.

TELLES, Inocêncio Galvão. Garantia bancária autônoma. Estudo e Parecer. *O Direito*, Coimbra, ano 120, III-IV, p. 275-293, 1988.

TEPEDINO, Gustavo. *Fundamentos do Direito Civil.* Contratos, vol. 3. São Paulo: Grupo GEN, 03/2020, acesso Minha Biblioteca (Bridge).

TEYSSIE, Bernard. *Les groups de contracts.* Paris: Pichon & Durand-Auzias, 1975.

TOMASETTI JR, Alcides. A parte contratual. *In:* ADAMEK, Marcelo Vieira Von (coord.). *Temas de direito societário e empresarial contemporâneos.* São Paulo: Malheiros, 2011.

TRINDADE, Cláudia. Limites da autonomia e da automaticidade da garantia autônoma em especial a prova da falta de fundamento material da solicitação. *In: Estudos em homenagem ao Prof. Doutor José Lebre de Freitas.* Vol. II. Coimbra: Coimbra Editora, 2013.

TUELLS, Evelio Verdera. Prólogo. *In:* GUILARTE, Juan Sánchez-Calero. *El contrato autónomo de garantía.* Las garantías a primera demanda. Madrid: Centro de documentación bancaria y bursátil, 1995.

UNCITRAL. United Nations convention on independent guarantees and stand-by letters of credit. United Nations, 1996.

VASCONCELOS, Miguel Pestana. *Direito das Garantias.* Coimbra: Almedina, 2019.

VASCONCELOS, Pedro Pais de. *Os contratos atípicos.* 2ª ed. Coimbra: Almedina, 2009.

VAZ SERRA, Adriano Paes da Silva. Fiança e figuras análogas. *Separata do Boletim do Ministério da Justiça*, Lisboa, n. 71, 1957.

VIALE, Mirella. Le garanzie bancarie. *In:* GALGANO, Francesco. *Trattato di diritto commerciale e di diritto pubblico dell'economia.* Padova: CEDAM, 1994.

VIALE, Mirella. Sfogliando la margherita: "Garantievertrag" e fideiussione "omnibus" in Cassazione. *Il Foro Italiano*, 1988, vol. 111, parte prima: Giurisprudenza Constituzionale e Civile, pp. 103/104 — 129/130.

VILLEREY, André. As garantias bancárias em direito francês. In: LESGUILLONS, Henry (org.). *As garantias bancárias nos contratos internacionais.* Versão brasileira organizada e anotada por Luiz Olavo Baptista e José Alexandre Tavares Guerreiro. São Paulo: Saraiva, 1985.

WALD, Arnoldo. A garantia a primeira demanda no direito comparado. *Revista de Direito Mercantil, Industrial Econômico Financeiro*, São Paulo, ano XXVI, n. 66, abril/junho 1987.

WALD, Arnoldo. Alguns aspectos da garantia à primeira demanda no direito comparado. *Revista da Ajuris*, Porto Alegre, v. 39, n. 40, p. 66-76, julho, 1987.

WIEACKER, Franz. *História do Direito Privado Moderno*. Tradução de A. M. Botelho Hespanha. Lisboa: Fundação Calouste Gulbenkian, 1967.

ZANETTI, Cristiano de Sousa. *A conservação dos contratos nulos por defeito de forma*. São Paulo: Quartier Latin, 2013.

ZIMMERMANN, Reinhard. *The new German law of obligations:* historical and comparative perspectives. Oxford: Oxford University Press, 2005.